作者简介

孙文杰 （1981—），男，汉族，河南沈丘人，博士，新疆师范大学文学院副教授。主要从事中国古典文献学、西域历史地理的教学与研究。先后主持完成国家哲学社会科学基金项目2项，作为骨干成员参与完成国家级、省部级社科基金课题多项。在《文学评论》等期刊发表论文20余篇，出版《和瑛西域著述考论》等专著多部。

新疆师范大学优秀教学团队"中国古代文学课程群"
教学团队阶段成果

《西藏赋》笺证

（清）和瑛 著 孙文杰 笺证

人民日报学术文库

人民日报出版社

图书在版编目（CIP）数据

《西藏赋》笺证 ／（清）和瑛著；孙文杰笺证 . —北京：
人民日报出版社，2017. 11
ISBN 978 - 7 - 5115 - 5088 - 0

Ⅰ.①西… Ⅱ.①和…②孙… Ⅲ.①西藏—地方史—史料
—清代②《西藏赋》—注释 Ⅳ.①K297. 5

中国版本图书馆 CIP 数据核字（2017）第 278378 号

书　　名：《西藏赋》笺证
著　　者：（清）和瑛
笺　　证：孙文杰

出 版 人：董　伟
责任编辑：马苏娜　张炜煜
封面设计：中联学林

出版发行：人民日报出版社
社　　址：北京金台西路 2 号
邮政编码：100733
发行热线：（010）65369509　65369846　6536528　65369512
邮购热线：（010）65369530　65363527
编辑热线：（010）65369522
网　　址：www. peopledailypress. com
经　　销：新华书店
印　　刷：三河市华东印刷有限公司

开　　本：710mm×1000mm　1/16
字　　数：187 千字
印　　张：13. 5
印　　次：2018 年 1 月第 1 版　　2018 年 1 月第 1 次印刷

书　　号：ISBN 978 - 7 - 5115 - 5088 - 0
定　　价：68. 00 元

前　言

一

　　和瑛，原名和宁，避清宣宗旻宁之讳改，字润平，号太菴，额尔德特氏，蒙古镶黄旗人①。乾隆三十六年（1771 年）进士，后历任庐凤道、四川按察使、陕西布政使等职。《清史稿·和瑛传》有载："（乾隆）五十八年，予副都统衔，充西藏办事大臣。寻授内阁学士，仍留藏办事。"② 但其实，彼时和瑛所受命的并非办事大臣，而是驻藏帮办大臣。乾隆五十八年，清军与入侵西藏的廓尔喀战事正酣，正值前线用人之际，但此时的西藏帮办大臣成德不仅年事已高，而且才干也不能应付战事所需。所以，清政府命和瑛至西藏替换帮办大臣成德，而不是正主持西藏战事的驻藏办事大臣和琳："成德在外已久，年力就衰，且非能办事之人。陕西布政使和宁，系蒙古人员，人尚明白，亦稍谙卫藏情形。着赏给副都统职衔，即由彼处驰赴西藏更换成德，帮同和琳办事。不必来京请训。"③ 对此，《清代驻藏大臣考》也有切实考述："（乾隆）五十八年，赏副都统衔，命赴西藏，继成德为帮办大臣，于五十九年三

---

① 有关和瑛姓氏、字号的问题，详见拙文《和瑛西域著述的价值与意义》，《新疆大学学报》（哲学社会科学版）2016 年第 4 期，第 70—76 页。

② 赵尔巽等：《清史稿》，北京：中华书局，1977 年，第 11282 页。

③ 《高宗纯皇帝实录》卷一四四〇，北京：中华书局，2012 年，第 241 页。

月到任。寻授内阁学士兼吏部侍郎，仍兼副都统。"① 和瑛本人参与编纂的《卫藏通志》亦有明确记载："内阁学士、副都统和宁，乾隆五十九年三月到任，换成德回京。"②

和瑛不仅在乾隆五十八年入藏担任驻藏帮办大臣而非办事大臣，即使在五十九年和琳调任四川总督后，亦未担任办事大臣："所有四川总督员缺，即着和琳补授……现在西藏甫经和琳整顿之后，正须妥员接待，慎守成章，以期更臻宁谧。所有和宁在彼，伊系甫用之人，恐未能经理裕如。松筠即升授工部尚书，前往驻藏办事。"③ 嘉庆四年春，松筠调任陕甘总督④。但此时，朝廷又任命英善为驻藏办事大臣⑤，和瑛继续为副职。直至嘉庆五年，嘉庆帝因教匪久未平定，追究英善前在四川护理总督任内玩忽职守罪，撤其驻藏办事大臣之职："英善着革去吏部侍郎，加恩四品顶戴，随同和宁，仍在西藏办事。"⑥ 至此，和瑛才真正担任驻藏大臣。

综上可见，乾隆五十八年和瑛任西藏帮办大臣，嘉庆五年正月迁为驻藏办事大臣，直至嘉庆六年召为工部侍郎，共驻藏八年。有清一代，不管是以哪种原因至西藏的文人⑦，都会创作与西藏相关的文史作品。和瑛"娴习掌故，优于文学"⑧，在繁忙政事之余，面对辽阔的西南边陲，整个西藏的一切，无论是边疆民俗、政事，还是塞外历史、风物与民俗，都时刻在激发着这位封疆大吏的创作灵感，和瑛也用手中的诗笔记录了他对西藏的全部情感，其于嘉庆二年成书的《西藏赋》，即记录

---

① 丁实存：《清代驻藏大臣考》，蒙藏委员会印行，1943 年，第 53—54 页。
② 《西藏研究》编辑部：《西藏志·卫藏通志》，拉萨：西藏人民出版社，1982 年，第 324 页。
③ 《高宗纯皇帝实录》卷一四五七，第 437 页。
④ 丁实存：《清代驻藏大臣考》，第 54 页。
⑤ 丁实存：《清代驻藏大臣考》，第 56 页。
⑥ 《仁宗睿皇帝实录》卷六〇，第 798 页。
⑦ 清代赴西藏文人大致可分为从军型、宦游型、使者型、谪戍型、投边型等五类，详见赵宗福《论清代西部旅行诗歌及其民俗影响》，《西藏大学学报》2000 年第 4 期。
⑧ 赵尔巽等：《清史稿》，第 11284 页。

了他对西藏的全部感情，也由此可见西藏在诗人心中的地位，以及对诗人创作的影响之强烈①。

二

有清一代，边疆舆地赋的创作蔚成风气。自乾隆皇帝御制《盛京赋》之后，曾出现大批优秀的边疆舆地赋，如《乌鲁木齐赋》《天山赋》《伊犁赋》《长白山赋》《澎湖赋》《台湾赋》等。而在其中，成书于乾嘉之际的和瑛《西藏赋》、英和《卜魁城赋》、徐松《新疆赋》，以其特有的民族特色及边疆地域特征而被人所熟知，在光绪九年由王秉恩、元尚居汇刻成《西藏等三边赋》。《西藏赋》因其极为丰富的内容，对西藏之历史、地理、宗教、风俗、文化、民族、气候、物产等方面进行多角度的全方位、立体化、多层次的描述与铺陈，既是具有"百科全书"性质的西藏历史资料汇编，又具有西藏地方志的方志特点，自问世以来，即广为流传，成为当时入藏人员的必读之书。姚莹《康輶纪行》即称："其于藏中山川、风俗、制度言之甚详，而疆域要隘通诸外藩形势，尤为讲边务者所当留意，不仅供学人文士之披寻也。"②

《西藏赋》的版本主要有以下几种：

第一，嘉庆二年写刻本（简称"嘉庆本"）。

嘉庆二年写刻本，单卷单册，半页八行，行二十字（注文小字双行）。白口，双边，单鱼尾。四十七页，无序跋，尾署"嘉庆二年岁次丁巳五月卫藏使者太庵和宁著"。作为仅见的《西藏赋》单行本，该版主要藏于国家图书馆、西北师范大学图书馆、复旦大学图书馆等地。

第二，李光廷《反约篇》丛书本（简称"反约本"）。

同治十三年八月，李光廷抄。一卷，半页九行，行二十五字（注文小字双行），三十六页，首无序，尾有李光廷跋。现藏于福建师范大

---

① 详见孙文杰《和瑛诗歌与西藏》，《西藏大学学报》2012 年第 4 期，第 132—138 页。
② 姚莹：《康輶纪行》，北京：中华书局，2014 年，第 321 页。

学图书馆。

第三，张丙炎《榕园丛书》本（简称"榕园本"）。

《西藏赋》收于该书第二十五册。半页十行，行二十一字（注文小字双行）。白口，无鱼尾。三十六页，中缝有"西藏赋"，版心署"榕园丛书"。赋尾署名"菴"改作"庵"、"寧"改为"宵"，同时"岁"字亦缺笔。尾附李光廷跋。现藏国家图书馆、甘肃省图书馆等地。

第四，华阳王秉恩《元尚居汇刻三赋》本（简称"元尚居本"）。

光绪八年，王秉恩将《西藏赋》《新疆赋》《卜魁城赋》汇刻成一册。《西藏赋》前有小记"光绪壬午八月元尚居校刊，华阳徐道宗署检"。半页十行，行二十一字（注文小字双行）。白口，单鱼尾，版心署"西藏赋""元尚居校刊"字样，共三十六页。现藏国家图书馆、湖南省图书馆、山西大学图书馆等地。

第五，黄沛翘《西藏图考》本（简称"图考本"）。

《西藏图考》成书于光绪十二年，所收《西藏赋》半页十行，行二十二字（注文小字双行）。黑口，单边，单鱼尾。版心署"西藏图考卷之八，艺文考下"，二十七页，题署"和宁西藏赋注"。现藏于西藏民族学院图书馆等地。

第六，盛昱《八旗文经》本（简称"八旗本"）。

《八旗文经》于光绪二十七年由盛昱刊刻于武昌，所收《西藏赋》半页十行，行二十三字（注文小字双行）。黑口，单边，双鱼尾。版心署"八旗文经卷四□赋丁"及具体页码，共二十七页。

第七，《四川通志》本（简称"通志本"）。

重修于嘉庆二十一年的《四川通志》所收《西藏赋》，半页九行，行三十八字（小字双行），是目前仅见的无注本①。

---

① 有关《西藏赋》之版本，详参孙福海《〈西藏赋〉版本考》，《西藏民族学院学报》2011年第1期，第87—89页。

三

丁实存先生曾这样赞誉过《西藏赋》："（和瑛）在藏著《西藏赋》，于西藏之地理、历史、物产、气候、风俗等均有叙述，加以丰富之注释，中具不经见之材料甚多。"① 和瑛驻藏时间长达八年之久，极为熟悉藏地历史，也正是在这种亲历考察的基础之上，致使《西藏赋》不仅具有赋体文学的特征，其涵盖的西藏历史、地理、政治、民俗等诸多方面的史实记载也足可补史之阙，将其称之为"清代西藏的百科全书"似乎也不为过。

（一）描述西藏山川地理

在《西藏赋》的开篇，和瑛即对西藏的地理形势做出了整体的宏观描述：

粤坤维之奥域，实井络之南阡。风来阊阖，日跃虞渊。斗杓东偃，月窆西联。三危地广，五竺名沿②。

诗人句下自注："西藏距京师一万三千里为前藏，由前藏至后藏又千里，又后藏至西南极边又二千余里，乃坤维极远之地。按：《星经》井宿三十度，为二十八宿中度数最多者。以陕西、四川分野推之，当在井宿之南。"③ 诗人以首都北京城为坐标，从时空上对西藏在中国的疆域位置做出总体定位。

紧接着，诗人又将文笔对准了西藏政治、宗教、经济中心——拉萨：

其阳则牛魔僧格，搴云蔽天；札拉罗布，俯麓环川。其阴则浪荡色拉，精金韫其渊；根柏洞噶，神螺现其颠。左脚孜而奔巴，仰青龙于角箕之宿；右登龙而聂党，伏白虎于奎觜之躔。夷庚达乎四维，羌蛮兑矣；铁围周乎百里，城郭天然。藏布衍功德之水；机楮涌智慧之泉。池

---

① 丁实存：《驻藏大臣考》，蒙藏委员会印行，1943 年，第 76 页。

② 和瑛：《西藏赋》，王有立《中文文史论丛·八旗文经》（赋丁），台北：华文书局，1969 年，第 69 页。

③ 和瑛：《西藏赋》，第 69 页。

映禄康插木于后，峰拥磨盘笔洞于前。普陀中突，布达名焉①。

因作者曾任四川按察使、四川布政使、驻藏帮办大臣、驻藏大臣等职，职责所在，每年必须巡察各地，因此对由京入藏以及西藏周边的地理形势极为熟稔，所以能对拉萨周边的地理风貌做出详尽的描述。比如在萨城中有布达拉山，前有招拉笔洞、磨盘等山，后有龙湾潭。城南有僧哥拉、牛魔、扎拉等山，山下有拉萨河环绕。北有浪荡、根柏、色拉等山，东有脚孜拉、奔巴拉等山，西有聂党、登龙登山，四面环山，宛若天然城郭。

然后，作者又从拉萨向四周延展，进而铺陈西藏内部各地情形：

禽则曲水宿鸿，前藏西南行二日，地名曲水，多暖，雁于冬月在此处避寒。南山翔鹤。前藏东南四十里南山凹多白鹤。羊卓鹅凫，过巴则岭即羊卓雍错海子，其中多天鹅野鸭②。

在描述西藏内部地理时，作者通常借助台站之间行走路线来铺陈，除用传统的站台间里程记地之外，还使用了较为常用的每日行程法。西藏地偏人稀，很多地方的地理勘测都没有完成，和瑛驻藏期间，在大量实地考察的基础之上保存了翔实的西藏相关数据，而这也使得《西藏赋》这样一部赋体文学具有了更多现实参考价值，成为后世官员、文人进藏的必备之书。

在赋的后半部，和瑛还对西藏的河流、湖泊、冰川、雪山以及藏内的重要台站做了详细的描绘。更重要的是，作者在《西藏赋》的自注中大量引用《卫藏通志》等多部西藏方志史料，准确地记载了藏地的山川形势、路程方位、沿途环境等方面条件，不仅可以使内地学人增长知识，开阔眼界，更为进藏之官员文人提供了翔实的地理指南与宝贵经验。

---

① 和瑛：《西藏赋》，第71页。
② 和瑛：《西藏赋》，第82页。

（二）描述西藏宗教文化

和瑛出身于蒙古镶黄旗，蒙古族自元代始即已信奉藏传佛教，至清时又深受黄教影响。而西藏作为藏传佛教的发源地，其地佛教影响处处可见。尤其是当和瑛任职于藏地时，藏传佛教已经洋洋大观，格鲁派创立的政教合一地方行政制度已经确立，和瑛亲身见证了活佛金瓶掣签的认定轨制。因此，和瑛在《西藏赋》及其自注中详细地描述了藏传佛教的独特文化：

四十二章流传震旦，三十二相化本修罗。遂有宗喀巴雪窦潜修，金轮忏悔；无上空称，喇嘛翻改。持团堕之盦，披忍辱之铠。紫褫韬光，黄冠耀采。萨迦开第一义天，拉萨涨其三昧海。龙象遴于沙门，衣钵传诸自在。此达赖传宗，班禅分宰。拟北山之二圣，化西土于千载也①。

和瑛在简单叙述西藏地理环境后，即围绕着布达拉宫论述印度佛教的发源与经义以及藏传佛教的形成与发展过程。作者叙述了藏传佛教中最具影响力的格鲁派历史：佛教由印度渐进中原，再由中原传入藏地，然后经宗喀巴大师雪地修行，才最终形成格鲁派。宗喀巴（tsong – kha – pa, 1357—1419），本名洛桑扎巴，出生于宗喀地方，童年时受到良好的宗教教育，16 岁到卫藏各地拜访各家名师研习佛理，在贡嘎贝、仁达瓦·熏奴洛追等名师的指点下，渐成黄教知名人士。后在藏传佛教教派混乱、相互倾轧之际，开始系统传播自己的宗教思想，进行宗教革新。明永乐七年，宗喀巴在拉萨举办大祈愿法会，这次法会以及随后甘丹寺的建立，标志着藏传佛教史上一个讲究修习次第、注重戒律约束的的新教派——格鲁派的诞生。其后，宗喀巴不断讲经说法、著书立说，遂使格鲁派成为藏地第一教派，宗喀巴本人也成为西藏公认的佛教领袖②。和瑛在赋中的描述，是切合格鲁派历史发展实际的："宗喀巴为番众所敬信，衣紫衣。其受戒时相传染僧帽诸颜色不成，惟黄色立成，

---

① 和瑛：《西藏赋》，第76页。
② 王尧：《西藏历史文化辞典》，拉萨：西藏人民出版社，1998 年，第353—354 页。

遂名黄教。"①

宗喀巴大师圆寂之后，他的弟子们采取了噶玛派主张的活佛转世制度，从而形成了藏传佛教所特有的转世系统。而在这之中，最重要的就是宗喀巴大弟子达赖喇嘛与二弟子班禅额尔德尼两个流派，和瑛不仅在赋中详细记载了达赖与班禅两大谱系，而且也详细铺陈了达赖与班禅为了扩大影响而兴复的两昭、桑鸢、色拉、别蚌、甘丹等寺庙的历史、地理、佛教地位以及寺庙内所供奉的名目繁多的佛像、佛经与盛大的法会。

乾隆五十八年，清政府为杜绝活佛转世的流弊，加强中央政府对藏传佛教的治理，特地制定金瓶掣签的活佛转世制度。《西藏赋》对此也有着详细的描述：

至于牙简书名，根尘寂静；金瓶选佛，意想空无。自达赖喇嘛、班禅额尔德尼、大小胡图克图、沙布咙等，凡转世初生幼童，皆曰呼毕勒罕，神异之称也。喇嘛旧俗，凡呼毕勒罕出世，悉凭垂仲降神指认，遂至贿弊百出。乾隆五十八年钦颁金奔巴瓶一具，牙签六枝，安放大招宗喀巴前供奉。如有呈报呼毕勒罕者，将小儿数名生辰书签，入瓶掣定，永远遵行②。

彼时，和瑛正任西藏帮办大臣，作为金瓶掣签制度制定的亲历者，他对转世制度制定的历史背景与现实过程极为熟悉，通过与清政府记载金瓶掣签的档案《钦定藏内善后章程二十九条》比对，我们可以发现和瑛在赋中的描述是非常切实、准确与细致的。

当然，和瑛在《西藏赋》中对佛教的理解也并不仅仅限于藏传佛教，他也具有较高的汉传佛教涵养，对汉传佛教相关的诗文、掌故及典籍也能了然于胸，在赋中随处可见。例如，和瑛在赋中不仅引用了苏轼《宿海会寺》《明州阿育王广利寺宸奎阁碑》等诗歌，更是将这些诗文

---

① 和瑛：《西藏赋》，第75页。
② 和瑛：《西藏赋》，第73页。

与藏传佛教一一对应，并且找到了其中的共同特征。从中可见，"优于文学"的和瑛任职西藏后，不仅在宗教认同方面取得了藏地人民的信任，其深邃的佛学修养也拉近了他与藏地人民的联系，这些都为他管理西藏提供了某些方面的帮助与便利。

（三）描写藏族源流

藏族是中国境内独具特色之民族，具有自己独特的生活习俗与语言，历代有关西藏的文学作品均较多，但却很少涉及其族源历史。和瑛《西藏赋》一反常态，不仅将藏族源流与古代多个民族联系起来，更是在突厥与古吐蕃的民族历史中，寻找到了藏族渊源的线索：

吐蕃种别，突厥流延。《唐类函》："吐蕃在吐谷浑西南，不知国之所由。或云秃发利鹿有子樊尼，其主为傉檀，为乞伏炽盘所灭。樊尼率余种依沮渠蒙逊。其后子孙西魏时为临松郡丞，甚得众心。魏末招抚群羌，日以强大，遂改姓为窣勃野。始祖赞普自言天神所生，号鹘堤悉补野，因以为姓。其国都号逻娑城，雄霸西羌。隋开皇中，其主罗卜藏索赞普都牂牁西匹播城，已五十年。国西南与婆罗门接。"今考前藏名拉萨藏，旧有石城，即古逻娑城也。藏布江即古赞普名也。又考青海所属七十族并四川打箭炉明正司迤西各土司至西藏附近各部落，其语言文字皆同，名唐古特。唐古特者，即唐突厥之遗种也。其名突厥，以其先世居西域之金山，工于铁作。以金山状如兜鍪，俗呼兜鍪为突厥，因为国号。今考唐古特及青海各番其帽状如铁俯，高屋短沿，上缀红缨，与兜鍪同，是其证也。明成化时，乌斯藏大宝法王来朝①。

藏族，唐时称"吐蕃"，清代又名"土伯特""唐古特"②。作者在赋中开宗明义，直言藏族为古突厥之后裔，并且在自注中引用《唐类函》的记载对藏族追根溯源：十六国之南凉国王秃发利鹿（秃发利鹿孤）——藏族始祖赞普鹘堤悉补野——隋时君主罗卜藏索赞普。和瑛

---

① 和瑛：《西藏赋》，第69—70页。
② 赵尔巽等：《清史稿》，第2470页。

这部分自注内容虽然源自成书嘉庆间的藏地方志《卫藏通志》，但亦与信实可征的 P.T.1286 号敦煌文献内容互为印证，这也在一个方面说明了和瑛《西藏赋》史料价值的准确性。

随后，和瑛对"唐古特"部落生活范围与共同特征，尤其是"突厥"之词的根源进行的考证也切合史实，当下"西藏"的音译"Tibet"源于"唐古特"即一个侧面的印证。同时，《西藏赋》中有关乌斯藏大宝法王于明成化时来朝一事，《明史》不载，亦可补史之缺。和瑛有关西藏族源的描述，不仅考述了藏族与其他少数民族之渊源，也论证了藏地与内地的历史文化交流，这也在一个侧面反映了中原文化与藏地文化的互为影响之关系。

（四）描述了西藏民俗特征

西藏地处西南一隅，其民俗文化多与内地不同。和瑛虽驻藏时间长达八年，其足迹遍布藏地，于西藏风土人情极为熟悉，但初见眼中稀，藏地与内地截然不同的民俗风情还是引起了他的关注。和瑛在《西藏赋》中不仅描述了西藏历法、礼仪、丧葬等方面的习俗，对节日习俗更是浓墨重彩，如上元节：

厥惟元夕，竞尚燃灯。煎万户之饧膏，星流月偃；耀百华之宝树，霞蔚云蒸。青鸾彩凤，灵鹫仙鹏。法象吼狮，神光夜炳；木牛流马，业火宵兴。琉璃世界，点长明大千活佛；坚固庵罗，传不昧十万高僧。烟煤彻于重霄，云间沃雪；灰烬余于徼道，地上销冰。此则太乙祠坛之伊始，金吾驰禁之明征也①。

作者描述的是藏历正月十五日，这天为宗喀巴大师的圆寂之日，藏传佛教为纪念这位格鲁派大师而特地举办隆重的酥油花灯展。人们白天到寺庙拜佛祈祷，晚上则在拉萨八廓街搭起各色花架，上面插满各色各状油灯。酥油灯点燃后，如同星光般灿烂。因此，藏地谓酥油灯节为"金吾驰禁"，人们彻夜狂欢。

---

① 和瑛：《西藏赋》，第82页。

同时，作者在自注中参考《容斋随笔》《七修类稿》《唐书》《事物纪元》《两京新记》等大量文献，不仅对藏地上元节的起源、发展及各种举办细节进行考证，而且还试图在这之中寻找中原与西藏两地文化的互为影响之关系。他认为，中原传统文献对上元节的记载多而复杂，但经过对两地元宵节张灯习俗的比对之后可以发现，中原地区元宵节张灯之习俗应源自于西藏，并考证出《事物纪元》有关内地与西藏"朔望相反"之论的谬误所在。从赋中的这些考证我们可以看出，和瑛一方面从文化的角度论证中原对藏地的影响，但也从民俗文化方面寻找到了西藏对中原文化的反哺之处，这也印证了历史上西藏与内地在文化上的互为影响关系。

（五）描述西藏的官制与兵制

清政府收复西藏后，为了更好地治理西藏，除了先后册封达赖、班禅，还于雍正五年在藏设官制予以经营，并同时派驻藏大臣给予监督。乾隆十五年，清代中央政府又吸取了珠尔墨特叛乱时因西藏没有常设驻军而致使驻藏大臣被杀的教训，制定并确立在西藏常设驻军的定制，这标志着清政府在西藏政治体系的成熟，基本上奠定了清代西藏的施政格局。对此，和瑛《西藏赋》也有着详细的描述：

其设官也，商上统僧众之宗，噶厦驭蛮疆之广。噶布伦领四方之政治，权居岳牧之尊；仓储巴综五库之藏储，职等金仓之掌。希约第巴秸粟征科，业尔仓巴廪糈给养。浪孜辖稽市井之奇衺，协尔邦听闾阎之直枉。卓尼奔走，兔侣维勤；孜琫会要，漆书无爽。密本司版户之登，达本任马闲之长。第巴分治于外寨，厥品惟三；分中译书记于公衙，其阶有两①。

通过和瑛的论述我们可以知道，在清代西藏的官职设置中，商上管理僧俗事务，噶厦管理疆域地方，在僧俗官员中地位最高的噶布伦掌管四方政治，职权等同于仓库总管的仓储巴管理五库的贮藏，希约第巴负

---

① 和瑛：《西藏赋》，第83页。

责征收钱粮赋税，业尔仓巴管理僧众口粮的发放，卓尼供职杂事，孜琫负责账目管理，密本管理户籍名册，达本管理马厩。第巴负责管理外寨，分中译负责书写文书。同时，和瑛还在自注中对各级官员的具体职责做出了详细的解释与介绍。

而对于西藏兵制，和瑛在《西藏赋》中也有着详细的记载：

其治兵也，古创轨里连乡之制，今有戴如甲定之名。壮獠科头，团三千之劲旅；瞎巴嚆矢，分五百之屯营。习之以步伐齐止，表之以旗旄旌旌。刃锻矛砺，干比戈称。射侯破的，长埭飞埘。一鼓两甄，江涛卷浪；五花九子，火阵连城。奈国提陀作一夫当关之气，仁祠菩萨备百年不用之兵①。

通过他的描述，我们得知西藏兵制古代即设有在家为民、出则为兵的轨里连乡制度，清代则有戴琫、茹琫、甲琫、定琫这些名号。不戴帽子的獠人组成三千劲旅，勇猛的巴中士兵则装备响箭五百人以为伍。经过严格的训练后，佛地的僧侣也能守住要隘，吃斋的活佛亦准备军队以备不虞。

经过《西藏赋》正文的描述以及和瑛自注的解释，我们可以看到清晰而严密的清代西藏政治体系。同时，和瑛对西藏政治体系的这些描述也反映出了清廷的治边思想，从中可以看到中原治边理念在西藏地区的传播与渗透。这不仅为今天学界对清代西藏政治史的研究提供了准确的史料，更凸显了《西藏赋》作为文学作品的信而有征之价值。

四

如前所述，《西藏赋》不仅内容丰富，包罗万象，其自注内容更是涉及颇广，仅引用的正史即有《左传》《史记》《陈书》《唐书》《十六国春秋》《元史》等20余部，涉及的笔记、野史则有《两京新记》《宣室志》《广异记》《春明退朝录》《事物纪元》《七修类稿》《西藏番王

---

① 和瑛：《西藏赋》，第84页。

传》等30多部，而征引的佛经更多。由此可知，清代边疆重臣和瑛虽
出身于蒙古世家，但"优于文学"，通过《西藏赋》的自注内容，我们
即能看到其具有深厚的汉文化修养与渊博的知识储备，集疆臣与文人于
一身。而《西藏赋》所体现出的清代中央政府之治边思想，其实也正
是身为驻藏帮办大臣的和瑛在贯彻清政府治藏理想的同时，又从自己独
特的视角出发，在西藏特殊的政治、宗教、文化等背景下对治藏理念所
做出的进一步探寻。当然，这所有的一切，都离不开和瑛深厚的汉文化
知识储备。

　　21世纪之初的西方，在清史研究领域出现了所谓的"新清史"派，
他们过度拔高了"满族文化"及其特定内涵，认为清代中央政府正是
因为在治国理念中实施了"非汉文化因素"，才能够成功地治理中国这
个多文化、多民族融汇的国家①。这种思想理论，已经对中国的"国家
概念"产生了一定的颠覆作用。而身为清代边疆大臣的和瑛，驻藏时
间长达八年之久，作为清代中央政府治藏思想的主要贯彻者之一，无论
是《西藏赋》所体现出的清廷治边理念，还是和瑛本人所具备的汉文
化修养，都是反驳西方"新清史"思想有力的证据。尤其是和瑛在
《西藏赋》自注中对治藏思想的探寻，恰恰证明清代中央政府正是因为
吸收并融汇了中原文化的精髓，接受并继承了中国历代王朝的治国经验
与思想，才能够成功地治理中国这个多民族融合的国家。同时也证明了
清政府之所以能够长时期地维系国家的统一，也恰恰是因为中国边疆各
少数民族与中原文化一直存在的密切联系，以及各少数民族对中华民
族、中原文化以及历代中央政府有强烈认同感的结果②。

---

① 欧立德：《清代满洲人的民族主体意识与满洲人的中国统治》，华立译，《清史研究》
　　2002年第4期，第86—83页。
② 孙文杰：《和瑛诗歌与西藏》，《西藏大学学报》2012年第4期，第132—138页。

凡　例

　　和瑛，是清代中期重要的蒙古族诗人，一生历仕乾、嘉、道三朝，入仕凡五十年，足迹遍及大江南北。其间在藏八年，驻疆七年，集文人与疆臣于一身，《清史稿》称其"娴习掌故，优于文学"。他一生笔耕不辍，著述颇丰，被誉为"除法式善外，影响面最广的蒙古族汉文诗人。"《西藏赋》恰为其诗才的集中体现。在复旦大学图书馆所藏嘉庆二年刻本为目前所见最早的刊行本，本笺证本即在此基础上进行整理、笺证。有关体例，有以下几点说明：

　　一、《西藏赋》嘉庆二年刻本为目前所见最早的刊行本（简称"嘉庆本"），本书即以嘉庆本为工作本，以"反约本""榕园本""元尚居本""图考本""八旗本""通志本"等为参考，进行标点、校注，整理格式主要以《古籍点校释例（初稿）》（《书品》1991 年第 4 期）为依据而略有变通。

　　二、《西藏赋》底本无而他本有者，即在相应位置补入，并注明他书之来源。底本有他本有重复者，只取底本，并加按语说明，他本径行删去，不再作注。

　　三、底本混有他人之作诗者，本书仍旧保留，并随文附注。

　　四、底本所收诗歌题下注、句下注及前后按语，本书大体仍旧保留。

　　五、凡底本文字脱讹者，径于正文中改正、添补，在笺证中加以说明，其他校勘、考辨类文字也均在笺证中予以说明。笺证中所引原注及他书之文有误者，亦直接改正，再括号注加按说明。

六、和瑛《西藏赋》囊括经史，贯穿百家，笔者不揣浅陋，妄为作注，虽疑文剩义，究未能尽惬私衷，而时事古典，贯穿证发，或有一二之可取之处。

七、本书之笺证，以征引举典为主。辞藻方面，驱遣自如的融经铸史，本为和瑛《西藏赋》之一大特征，故其凡确为脱意前人，或化用古典者，为其寻根择源，注明出典。至于字句训诂及单言词组之与古合者，均略而不注。

八、本书自着手迄于完成，历时凡五年。其间，关于资料之搜集、体例之变更，以至注文之更定等事，所受益学界前辈至多，铭感不忘，书志谢忱。

目 录
CONTENTS

西藏赋

　　粤坤维之奥域①，实井络之南阡②。西藏距京师一万三千里为前藏③，由前藏至后藏又千里④，又后藏至西南极边又二千余里，乃坤维极远之地。按：《星经》井宿三十度⑤，为二十八宿中度数最多者⑥。以陕西、四川分野推之⑦，当在井宿之南。风来阊阖⑧，日跃虞渊⑨。八风，西南曰阊阖风。今藏地西南风最多。若东风，非雨即雪。○《淮南子》："日在虞渊，是为黄昏。"今藏地日西垂⑩，景最长⑪。

　　①粤：句首发语词，无意。《说文》："粤，亏也。审慎之词也。"徐曰："凡言粤者，皆在事端句首，未便言之，驻其言以审思之。"段注："《释诂》曰：'粤、于、爰，曰也。''爰、粤，于也。'爰、粤、于、那，都繇'于'也。'粤'与'于'，双声。而又从'亏'，则亦象气舒于也。《诗》、《书》多假'越'为'粤'。《笺》云：'越，于也。'又假'曰'为'粤'。"坤维：《易·坤》："西南得朋。"坤指西南，此当借指西南方位。《文选》："大火流坤维，白日驰西陆。"李善注："《毛诗》曰：'七月流火。'毛苌曰：'火，大火也。'《淮南子》曰：'坤维在西南。'"《易》中坤卦为西南之卦，故。奥域：复地。唐王勃《梓州飞乌县白鹤寺碑》："裂岷山之奥域，分井络之荣光。"
　　②井络：即井宿，为二十八宿中南方朱雀七宿的第一宿，也称"东井""鹑首"。有星八颗，属双子座。其分野为雍州，相当于今陕

1

西、甘肃、青海一带。晋左思《蜀都赋》："岷山之精，上为井络。"刘逵注："《河图括地象》曰：'岷山之地，上为井络，帝以会昌，神以建福，上为天井'，言岷山之地，上为东井维络；岷山之精，上为天之井星也。"南阰：南边的地界。

③西藏：最早出现于《清实录》康熙二年八月丙申条："西藏班禅胡土克图故，遣官致祭。"至康熙四十八年正月己亥条，既已多次出现"西藏"一词："先是，拉藏立波克塔胡必尔汗为达赖喇嘛，青海众台吉等未辨虚实，彼此争论讦奏，上命内阁学士拉都浑率青海众台吉之使入赴西藏看验。至是，拉都浑回奏：'臣遵旨会同青海众台吉之使前往西藏，至噶木地方见拉藏……'寻议：'青海众台吉等与拉藏不睦，西藏事务不便令拉藏独理，应遣官一员前往西藏协同拉藏办理事务。'得旨：'依议。其管理西藏事务着侍郎赫寿去。'"康熙六十年清军驱逐侵扰西藏的准噶尔军后，康熙帝撰《御制平定西藏碑文》，其中有"爰记斯文，立石西藏"一语，正式把以拉萨为主的卫藏地区命名为"西藏"。英文 Tibet 一词，源于蒙古人称藏族为"土伯特"，也即是源于藏族的自称 bod。在民族称谓上，Tibet 对应于"藏族"；但是在地域称谓上，Tibet 有时对应于"西藏"，有时又泛指整个藏族地区，与"西藏"之含义有较大差异。参王尧《西藏历史文化辞典》。京师：指清朝都城北京。前藏：清时称"卫""乌斯"为前藏，称"藏"为后藏，至今仍在沿用。《卫藏通志·山川》称："今以布达拉为前藏，札什伦布为后藏，统名曰卫藏。"前藏即指以布达拉所在地拉萨为中心的区域，包括今拉萨市辖区、林芝地区、山南地区大部和昌都地区大部。前藏在吐蕃时为卫藏四翼中的"伍如"和"约如"部。元时置乌斯藏田地里管民万户辖属，在八思巴受封帝师返藏新设卫藏十三万户区中，前藏有嘉麻、直贡、蔡巴、唐波齐、帕主、雅桑六个和前、后藏交界处的羊卓达陇万户区。明时为乌思藏都指挥使司。五世达赖建立甘丹颇章后，前藏大部地区归属于甘丹颇章政权及以后的西藏地方政府噶厦所属。居住前藏地区的藏族被称为"卫巴"。参丹珠昂奔《藏族大辞典》。

④后藏：西藏境内区域名。清朝初年始译称"藏"为后藏，一直沿用至今。指以札什伦布所在地日喀则为中心的区域，大致相当于今日喀则地区辖地。吐蕃时依东西被划为卫藏四翼中的"叶茹"和"茹拉"两部。元时八思巴在后藏萨迦建立萨迦地方政权统辖西藏，在原置十三万户基础上重新建立了万户区，后藏建有拉堆洛、拉堆绛、固莫、曲未、香和夏鲁六个万户区。明时归乌思藏都指挥使司属。后藏巴汗在此地建立政权。五世达赖在固始汗建立甘丹颇章政权后，后藏主要由历辈班禅统属。住在后藏的藏族被称为"藏巴"。参丹珠昂奔《藏族大辞典》。

⑤《星经》：榕园本误作"星极"，即《甘石星经》，又名《通占大象历星经》，春秋战国时托名甘公、石申的著名天文学著作。井宿，井宿八星形似"井"字，故名。其为南方朱雀之第一宿。有星八颗，在双子座。其分野为秦，属雍州。《史记·天官书》："祸成井，诛成质。"裴骃《集解》晋灼曰："东井主水事，火入一星居其旁，天子且以火败，故曰祸也。"《宋史·天文志四》："按，汉永元铜仪，井宿三十度；唐开元游仪，三十三度，去极七十度。景祐测验，亦三十三度，距西北星去极六十七度。"

⑥二十八宿：中国古代把太阳和月亮所经天区的恒星分成的二十八个星座。《淮南子·天文训》："五星、八风，二十八宿。"汉高诱注："二十八宿，东方：角、亢、氐、房、心、尾、箕；北方：斗、牛、女、虚、危、室、壁；西方：奎、娄、胃、昴、毕、觜、参；南方：井、鬼、柳、星、张、翼、轸也。"

⑦分野：划分的范围，这里指我国古代星占学根据二十八星宿将地上的州、国划分为若干个不同区域，使其两两对应。就天文而言，叫"分星"；就地面来说，叫"分野"。《国语·周语下》："岁之所在，则我有周之分野也。"韦昭注："岁星在鹑火。鹑火，周分野也。岁星所在利以伐之也。"

⑧风：《说文》："风，八风也。东方曰明庶风，东南曰清明风，南

方曰景风，西南曰凉风，西方曰阊阖风，西北曰不周风，北方曰广莫风，东北曰融风。风动虫生，故虫八日而化。"阊阖：八方之风中的西风。《淮南子·天文训》："凉风至四十五日，阊阖风至。"高诱注："《兑》卦之风也。"

⑨虞渊：神话传说中的日落之处。《淮南子·天文训》："日……至于虞渊，是谓黄昏。"

⑩西垂：西落。唐裴说《棋》诗："临轩才一局，寒日又西垂。"

⑪景：通"影"。

斗杓东偃①，月窟西联②。四时观北斗，只见其半③，人再其右④。通南海、西洋各部落⑤，西北通叶尔羌⑥。三危地广⑦，五竺名沿⑧。《禹贡》："导黑水，至于三危。"旧注：三危，地名，不知其地。今考三危者，犹中国之三省也。察木多为康⑨，布达拉为卫⑩，札什伦布为藏⑪，合三地为三危，又名三藏⑫。"窜三苗于三危"⑬，故其地皆苗种⑭。○《南州异物志》："天竺国地方三万里，佛道所生。"⑮《括地志》："天竺国有东、南、西、北、中央五天竺，大国隶属者二十一，在昆仑山南。"⑯今考康、卫、藏在天竺之东，为东天竺。

①斗杓：即北斗星的斗柄。指北斗的第五至第七星，即玉衡、开泰、摇光。北斗，第一至第四星像斗，第五至第七星像柄。《淮南子·天文训》："斗杓为小岁。"高诱注："斗，第五至第七为杓。"东偃：向东倾斜。

②月窟：即月窟，比喻极西之地。《文选》颜延之《宋郊祀歌》之一："月窟来宾，日际奉土。"吕延济注："窟，窟也。月窟，西极。"

③只：图考本作"祇"。

④右：西边。

⑤南海：指极南之地区。《礼记·祭义》："推而放诸南海而准，推而放诸北海而准。"西洋：南宋始将今之南海以西海洋及沿海各地称为

"西洋"。明朝永乐至宣德年间郑和七次率领船队远航南海，通称下西洋。《明史》："夏六月己卯，中官郑和帅舟师使西洋诸国……癸亥，郑和复使西洋……夏六月乙巳，郑和还自西洋……丙申，郑和复使西洋。"《三宝太监西洋记通俗演义》第九回："西洋道路遥远，崎岖险峻，南朝的人马寸步难行。"

⑥叶尔羌：地名，即今新疆莎车县。汉时为莎车国地，魏时为渠莎国，元代有"鸭儿看""押儿牵""也里虔"诸称，明代做"牙儿干""叶尔羌"。《西域图志·叶尔羌》："旧对音叶尔奇木，或曰叶尔钦，皆音之转也。"祁韵士《西域释地·叶尔羌》："本名叶尔奇木，或称叶尔钦，后定今名。叶尔谓土字，奇木急呼为羌，广大之谓，言其土字广大也。"此处之叶尔羌，泛指新疆各地。

⑦三危：上古西部边疆山地名。《尚书·禹贡》："三危既宅。"孔《传》："三危为西裔之山也。"至于三危的具体位置，自汉代以来即说法不一，大体有西裔、鸟鼠山、敦煌、天水、河关、迭州、滇池、云龙、丽江、四川等多种说法。和瑛自注"三藏"之说当是本自康熙五十九年谕旨，《清圣祖实录》："《禹贡》：'导黑水，至于三危。'旧注以三危为山名，而不能知其所在。朕今始考其实。三危者，犹中国之三省也。打箭炉西南，达赖喇嘛所属，为危地；拉里城东南，为喀木地；班禅额尔德尼所属，为藏地。合三地，为三危耳。哈拉乌苏，由其地入海，故曰：'导黑水，至于三危，入于南海也。'"《圣祖任皇帝御制文集·谕大学士九卿等》："三危者，犹中国之三省也。打箭炉之西南，达赖喇嘛所属；拉里城之东南，为喀木地，达赖喇嘛所属，为危地；班禅胡士克图所属，为藏地。合三地，为三危耳。"李光廷《〈西藏赋〉跋》称和氏"以三藏为三危，为东天竺，俱不免于传会"。

⑧五竺：古代印度有中、东、西、南、北五天竺，在今印度、巴基斯坦一带。《旧唐书·西戎传》，五天竺"地各数千里，城邑数百。南天竺际大海；北天竺拒雪山，四周有山为壁，南面一谷，通为国门；东天竺东际大海，与扶南、林邑邻接；西天竺与罽宾、波斯相接；中天竺

据四天竺之会"。清魏源《圣武记》卷五："（西藏）在五天竺之东，非古佛国也。"和瑛以三藏为五天竺，清黄沛翘《西藏图考》卷八《艺文考下·和宁西藏赋注》谓"此公之讹也。"名沿：名称沿袭。

⑨察木多：藏语意为"双河口"，即今西藏昌都地区，亦作"叉木多""洽木多"。《西域同文志》八："西番语：分流水也。其地有之，故名。"康熙五十八年，清军进藏始归附，封僧人帕巴拉为正呼图克图，驻江巴林寺，副呼图克图驻八宿。辖大小寺院，设商卓特巴管理百姓。雍正四年，会勘划界，宁静山以西察木多等部归西藏。康：即康区，康巴地区。藏族传统将藏区分为"卫"（dbus）、"藏"（gtsang）、"康"（khams）三部分。"卫"即以拉萨为中心的前藏地区，"藏"即后藏地区，"康"即康巴地区。一般而言，现今康区包括西藏的昌都地区、四川的甘孜藏族自治州、云南迪庆藏族自治州、青海的玉树藏族自治州等藏语康方言的分布区。参王尧《西藏历史文化辞典》。

⑩布达拉：梵语"普陀罗"的音译，意为"佛教圣地"。此处指布达拉宫，始建于松赞干布时期，新、旧《唐书》载，松赞干布与文成公主联姻后，赞普"为公主筑一城以夸示后代"，后毁于战火。顺治二年，五世达赖喇嘛受清政府册封后，历时三年重建成白宫。五世达赖圆寂后，第巴桑杰嘉措又建达赖灵塔、红宫等，后经历代达赖不断修建，至十三世达赖时扩建为现在规模。

⑪札什伦布：即札什伦布寺，全称"札什伦布巴基德钦却唐杰南巴杰娃林"，藏语"札什伦布"（bkra – shis – lhun – po），意为"吉祥须弥""吉祥妙高山寺"。汉文史籍为"仍仲宁翁结巴寺""札什隆布寺"等。位于今西藏日喀则市郊尼色日山麓，为一世达赖根敦朱巴于明正统十二年倡建，后为班禅额尔德尼驻锡之所，系后藏第一大寺，也是格鲁派六大寺院之一。

⑫三藏：即康、卫、藏的合称。参王尧《西藏历史文化辞典》。

⑬三苗：古部族名称。《尚书·舜典》："窜三苗于三危。"孔《传》："三苗，国名，缙云氏之后，为诸侯，号饕餮。"司马迁《史

6

记·五帝本纪》：“三苗在江淮、荆州数为乱。”张守节《正义》：“吴起云：‘三苗之国，左洞庭而右彭蠡。’……以天子在北，故洞庭在西为左，彭蠡在东为右。今江州、鄂州、岳州，三苗之地也。”

⑭苗种：苗族后裔。一般认为三苗是苗族的族源之一。《国语·楚语》：“其后三苗复九黎之德。”

⑮《南州异物志》：地理学著作，一卷，三国吴丹阳太守万震撰，已佚。佛道所生：司马迁《史记·大宛列传》“大夏在大宛西南二千余里妫水南……其东南有身毒国。”张守节《正义》：“万震《南州志》云：‘地方三万里，佛道所出。’”《艺文类聚》亦作“佛道所出”。

⑯《括地志》：唐代分道计州的地理著作，又名《魏王泰坤元录》，唐初魏王李泰命著作郎萧德言、秘书郎顾胤所编，今已佚。全书正文五百五十卷、序略五卷。全书按贞观十道排比三五八州，再以州为单位，分述辖境各县的沿革、山川、城池、古迹、神话传说、重大历史事件等。

吐蕃种别①，突厥流延②。《唐类函》：“吐蕃在吐谷浑西南③，不知国之所由。或云秃发利鹿有子樊尼④，其主为傉檀⑤，为乞伏炽盘所灭⑥。樊尼率余种依沮渠蒙逊⑦。其后子孙西魏时为临松郡丞⑧，甚得众心。魏末招抚群羌，日以强大，遂改姓为窣勃野⑨。始祖赞普自言天神所生⑩，号鹘堤悉补野，因以为姓。其国都号逻娑城⑪，雄霸西羌⑫。隋开皇中⑬，其主罗卜藏索赞普都牂牁西匹播城⑭，已五十年⑮。国西南与婆罗门接⑯。”今考前藏名拉萨藏，旧有石城，即古逻娑城也。藏布江即古赞普名也⑰。又考青海所属七十族并四川打箭炉明正司迤西各土司至西藏附近各部落⑱，其语言文字皆同，名唐古特⑲。唐古特者，即唐突厥之遗种也。其名突厥，以其先世居西域之金山，工于铁作。以金山状如兜鍪⑳，俗呼兜鍪为突厥，因为国号。今考唐古特及青海各番其帽状如铁俯，高屋短沿，上缀红缨，与兜鍪同，是其证也。明成化时㉑，乌斯藏大宝法王来朝㉒。今称卫藏，盖乌斯二字合读㉓，与卫字合音。

7

又前藏地名拉萨者㉔，番语：拉，山也；萨，地也，盖山中之平地，俗云佛地也，古所云逻逤，云罗娑，云乐些者，与拉萨者音相近耳。乌斯旧号，拉萨今传。其地四围皆山，南北百余里，东西百五六十里㉕。

①吐蕃：汉文史籍记载的公元 7 至 9 世纪时建于青藏高原的古代藏族政权名称。也作"吐番""土番""土蕃"，敦煌汉文写本作"大蕃""大番"，古藏文写本记为 Bod。《新唐书·吐蕃传》认为，吐蕃为汉代"发羌"之后，"蕃、发声近"，故得其名。自松赞干布以后，吐蕃赞普九人，历时 218 年。此后，宋、元及明初汉文史籍仍泛称古代藏族和藏族地区为吐蕃或西蕃。参季羡林《敦煌学大辞典》。别种：种族、属别，同一种族的分支。

②突厥：古代北方族名和国名。公元 6 世纪中期兴起于阿尔泰山地区，建立突厥汗国，统治蒙古地区、中亚地区达两世纪之久。王族阿史那氏。突厥族起源不详，史载有"匈奴之别种"（《周书·异域下》），"出于索国，在匈奴之北"（《周书·异域下》）与"平凉杂胡"（《隋书·突厥传》）三种传说。后迁至阿尔泰山南麓从事锻铁业并臣属于柔然，被称为"锻奴"。阿史那土门时始强大，西魏废帝元年土门攻破柔然可汗阿那瑰，自号伊利可汗，建立突厥汗国。隋开皇三年突厥汗国分裂为东突厥、西突厥。唐贞观四年东突厥被唐朝征服；唐显庆二年西突厥亦被唐朝征服。唐朝在东、西突厥所辖之地设置了一系列军政设施。唐调露元年骨咄禄叛唐并在于都斤山建庭复国，史称"后突厥汗国"。唐天宝三年回鹘兴起，骨力斐罗自立为可汗，后突厥汗国灭亡。参朱杰勤《中外关系史辞典》。和瑛此处沿用杜佑《通典》及康熙御旨："今之土伯特，即唐之突厥。"（《清圣祖实录》），并从青海藏族各部服饰加以印证附会。流延：绵延流传。

③《唐类函》：明俞安期编，共二百卷。俞氏把唐代的《艺文类聚》《初学记》《北堂书钞》《白氏六帖》等四部类书的内容集中起来，汇为一书，分四十三部。其引文次序是先录《艺文类聚》，次引《初学

记》《北堂书钞》《白氏六帖》。内容以《艺文类聚》为主，后三书内容与之重复，则予删去，若比之详细则列于其后加以补充。"岁时部"兼取唐韩鄂《岁华纪丽》以充实，又采摘唐杜佑《通典》有关政典的材料，补充其他著作之不足。《四库全书总目》称其"取材不滥，于诸类书中为近古"。和瑛所注内容系《唐类函》录自《通典·边防》，多有删减。吐谷浑：古鲜卑族的一支。本居辽东，西晋时在首领吐谷浑的率领下西徙至甘肃、青海间，至其孙叶延时，始号其国曰吐谷浑。隋初，夸吕称可汗，建都伏俟城。唐时，诸曷钵可汗曾来朝，受封号。后为吐蕃所并。《资治通鉴·齐东昏侯永元二年》："吐谷浑王伏连筹事魏尽礼。"胡三省注："吐，从暾入声。谷，音浴。"参《周书·异域传·吐谷浑》《通典·边防六》。

④秃发利鹿：即秃发利鹿孤，十六国时期南凉国君，秃发乌孤之弟。南凉太初三年继立，徙都西平。次年，改元建和，击败后凉吕纂。建和二年，称河西王。后病死，谥康王。樊尼：即秃发樊尼，十六国时期南凉王秃发利鹿孤之子，官至安西将军。

⑤傉檀：即秃发傉檀，秃发利鹿之弟。建元三年，秃发利鹿孤去世，秃发傉檀继位，改元弘昌，后改嘉平。弘昌十年，败后秦军，复称凉王。后被北凉沮渠蒙逊所逼，迁到东都。嘉平七年败降于西秦。次年被毒死。在位十五年，谥景王。

⑥乞伏炽盘：十六国时西秦国君，陇西鲜卑人，乞伏干归之子。干归死后，嗣父位，自称河南王、大将军，改元永康。永康五年五月，闻秃发傉檀西征，袭陷乐都，灭南凉。十月，自立为秦王，史称"西秦"。建宏九年去世，在位凡十六年。

⑦沮渠蒙逊：十六国时北凉国君，匈奴人，北凉的建立者。北凉天玺三年，杀段业，自称大将军、大都督、张掖公、凉州牧，改元永安。永安三年，灭后凉。十年，灭南凉。十一年，攻占姑臧。十二年，自称凉王。改元玄始，据有整个凉州，称河西王。

⑧临松郡：十六国前凉置郡县名，治所在今甘肃张掖南。

⑨窣勃野：也作悉勃野，又称鹘提悉勃野、鹘提悉补野，吐蕃王族姓氏。自聂赤赞普后，各代赞普皆沿用"鹘提悉补野"称号，故《通典》等文献以其为姓氏。《旧唐书·吐蕃传上》："樊尼威惠夙著，为群羌所怀，皆抚以恩信，归之如市。遂改姓为窣勃野，以秃发为国号，语讹谓之吐蕃。"

⑩始祖赞普：即聂赤赞普，为吐蕃王朝第一代赞普。在泽当的赞塘阁希等地先后征服许多小邦国，统一雅砻部落，成为各部落邦国共同拥戴的国王，从而开创了藏族历史上统一的中央集权制王朝——吐蕃王朝。聂赤赞普为吐蕃王朝第一代赞普，王室苯教师为采米木杰和交吾夏格二人，大兴苯教，修建雍布拉岗堡。娶木措氏为王后，生穆赤赞普继承王位。古译别名为"鹘提悉补野"。赞普：吐蕃君长之称号。《新唐书·吐蕃传》："其俗谓雄强曰赞，丈夫曰普，故号君长曰赞普。"其意义、说法各异。最先是西藏雅砻悉勃野部落的酋长采用此称号，吐蕃统一青藏高原建立吐蕃王朝后沿用为王朝君主的称号。藏文古籍称最早的赞普聂赤赞普是天神降世，被拥戴为王，其后的赞普有天赤七王、上丁二王、中列六王、地德八王等。《敦煌本吐蕃历史文书》称聂赤赞普三十传至松赞干布，从松赞干布开始的吐蕃王朝的赞普共10人，即松赞干布（？—650年在位）、贡松贡赞（松赞干布之子，藏文史籍称他在父王在世时即位，他去世后松赞干布复位）、芒松芒赞（贡松贡赞之子，650—676年在位）、赤都松（芒松芒赞之子，676—704年在位）、赤德祖赞（赤都松之子，470—754年在位）、赤松德赞（赤德祖赞之子，755—797年在位）、牟尼赞普（赤松德赞之子，797—798年在位）、赤德松赞（牟尼赞普之弟，798—815年在位）、赤祖德赞（赤德松赞之子，亦称热巴巾，815—841年在位）、达玛（赤祖德赞之兄，赞吾东，841—864年在位）。参丹珠昂奔《藏族大辞典》。

⑪逻逤城：亦作逻莎、逻娑、逻挲。《旧唐书·吐蕃传》作逻些城、《西藏志》作拉萨。故址在今西藏拉萨。唐高适《九曲词三首》："铁骑横行铁岭头，西看逻逤取封侯。"《旧唐书·薛仁贵传》："咸亨元

年，吐蕃入寇，又以仁贵为逻娑道行军大总管。"

⑫西羌：羌人的泛称，因其居地在国之西境，故名。《后汉书·西羌传》："西羌之本，出自三苗，姜姓之本也。"

⑬开皇：隋文帝年号，公元581—600年。

⑭罗卜藏索赞普，又作囊日松赞（gnam－ri－srong－btshan），汉文典籍作"论赞索"，即吐蕃第三十一代赞普。在位期间，继承其父达布聂塞的统一事业，继续与苏毗娘、韦、嫩及蔡邦四姓贵族结盟，使雅隆悉补野部实力大增。期间，属下贵族共上"赞普"尊号，此为吐蕃赞普称谓之始，以前历代赞普之号系追认。后为属下叛乱贵族毒死，其子松赞干布嗣赞普位。参王尧《西藏历史文化辞典》。牂牁：亦作"牂柯"，古郡名，位于今贵州省内。《管子·小匡第二十》载齐桓公之语："余乘车之会三，兵车之会六，九合诸侯，一匡天下，南至吴、越、巴、牂牁、不庚、雕题、黑齿。荆夷之国，莫违寡人之命。"西汉元鼎六年置牂牁郡，治所在且兰，属益州。晋常璩《华阳国志·南中志》："周之季世，楚威王遣将军庄蹻，泝沅水出且兰以伐夜郎，植牂牁系舡……因名且兰为牂牁国。"宋孙奕《履斋示儿编·字说·集字一》："牂牁者，系船杙也。楚伐夜郎，柫船于且兰岸，因以名其地。"匹播城：亦作疋播城、跋布川，即今西藏山南琼结县治。为7世纪初叶吐蕃赞普松赞干布迁都拉萨前的旧都。为赞普夏牙所在地，吐蕃历代赞普陵墓亦在此。

⑮已：底本作"以"，据《通典》校改。年，底本无，据《通典》校补。

⑯婆罗门：印度种姓制度中最高种姓或僧侣，此处指古印度。唐玄奘《大唐西域记·印度名称》："印度种姓族类群分，而婆罗门特为清贵，从其雅称，传以成俗，无云经界之别，总谓婆罗门国焉。"

⑰藏布江："藏布"是"赞普"的转音，而"赞普"是藏族历史上吐蕃王朝藏王的尊号。"藏布"，藏语指大水、江河的意思，此处之藏布江，指拉萨河。

⑱七十族：清代驻藏大臣辖下之三十九个藏族部落与青海境内南称、巴彦等处四十族合名"七十九族"。雍正十年划属西藏，设总百户一员、百户十三员、百长五十三员，准予世袭。此处"七"当为"四"之误。打箭炉：地名，在今四川康定炉城镇，明清时为川藏间贸易重镇。清雍正十一年置打箭炉厅，属雅州府，后改名康定。《卫藏通志》："相传汉诸葛武侯南征，遣将郭达安炉打箭之地。"故有此名。然其实是该地为打、折二水汇流之处，藏语称打折多，音讹为打箭炉，简称为炉城。明正司：即明正土司，清代康区四大土司之一，或称明正宣慰司，其正式全称为"长河西鱼通宁远军民宣慰使司"。因其治所在打箭炉，故又称打箭炉土司。其建置始于元代，驻地在大渡河与雅砻江之间的木雅。元朝设长河西、鱼通、宁远、碉门、黎、雅六安抚司，统隶于设在河州"吐蕃等处宣慰司都元帅府"。长河西、鱼通、宁远三安抚司"本各为部"，明洪武九年以后"始合为一"，称"长河西鱼通宁远军民宣慰司"。清代颁给该土司大印印文为"四川长河西鱼通宁远军民宣慰使司印"。参王尧《西藏历史文化辞典》。迤西：明时称云南昆明市以西地区为迤西。清置迤西道，驻大理府。《清史稿·孙可望传》：顺治三年，"可望入云南会城……与文秀俱至楚雄，略迤西诸府"。土司：亦称"土官"。元、明、清时期于西北、西南地区设置的由少数民族首领充任并世袭的官职，按等级分为宣慰使、宣抚使、安抚使等武职和土知府、土知州、土知县等文职。明、清两代曾在部分地区进行改土归流。新中国成立后，土司制度被废除。《元史·仁宗纪三》："云南土官病故，子侄兄弟袭之，无则妻承夫职。"《明史·职官志一》："凡土司之官九级，自从三品至从七品，皆无岁禄。"后来也用土司指代土司官吏所辖少数民族聚居的地区。

⑲唐古特：亦作唐古忒，清代文献中对青藏地区及当地藏族的称谓。元时蒙古人称党项人及其所建的西夏政权为"唐兀"或"唐兀惕"，后渐用于泛称青藏地区及当地藏族诸部。清初曾沿用此称，作"唐古特"。今蒙古语仍称青藏地区及当地藏族为唐古特。

⑳兜鍪：古代战士戴的头盔。秦、汉以前称胄，后叫兜鍪。《东观汉记·马武传》："身被兜鍪铠甲，持戟奔击。"宋洪迈《夷坚丙志·牛疫鬼》："见壮夫数百辈，皆被五花甲，着红兜鍪，突而入。"亦作"兜牟"。

㉑成化：明宪宗年号，公元 1465—1487 年。

㉒乌斯藏：一作"乌思藏"。元、明两代对西藏前、后藏地区的合称。乌斯指前藏，藏指后藏。大宝法王，法名得银协巴（de - bzhin - gshegs - pa），《明史》称其为"哈立麻"，即噶玛巴，明代著名的三大法王之一。幼年时即被认作黑帽系第四世活佛瑞贝多杰的转世灵童，被迎请至则拉岗出家，为噶玛巴黑帽系第五世活佛。后从堪钦涅普瓦索南桑波和大师坚赞贝受沙弥戒，起法名为却贝桑波。永乐元年，明成祖即位不久，闻悉其道法甚高，遂遣司礼少监侯显前往迎请。在南京期间，他将藏族普遍推崇的蔡巴《甘珠尔》手抄本推荐给明成祖，明成祖即命其担任永乐版《甘珠尔》刻本的总纂，刊梓印施。后噶玛巴率领僧众先后在南京灵谷寺和山西五台山设普度大斋，为已故的明太祖朱元璋及皇后"荐福"，由于"多有灵瑞，帝大悦"，故赐予"如来"名号，封其为"万行具足十方最胜圆觉妙智慧善普应佑国演教如来大宝法王西天大善自在佛"。此后，历辈噶玛巴黑帽系活佛都被明朝封为"大宝法王"，地位高于大乘和大慈两法王，成为当时藏传佛教领袖人物中的最高封号。参王尧《西藏历史文化辞典》。《清圣祖实录》卷二百九十："明成化中、乌斯藏大宝法王来朝。辞归时，以半驾卤簿送之，遣内监护行。内监至四川边境，即不能前进而返，留其仪仗于佛庙。至今往来之人，多有见之。此载于《明实录》者。"和瑛似以此为据，将大宝法王入朝时间误作为明成化间。

㉓读：反约本、榕园本作"之"。

㉔拉萨：藏文意为"羊土""山羊地"。现为西藏首府。地处西藏中部，雅鲁藏布江支流拉萨河中下游北岸。北连那曲地区，西邻日喀则地区，南接山南地区，东与林芝地区接壤。是西藏政治、经济、文化、

宗教的中心。

㉕百五六十：反约本、榕园本、元尚居本作"十六"。

其阳则牛魔僧格①，搴云蔽天②；札拉罗布③，俯麓环川④。前藏南面山高二百余丈，名牛魔山。连岗环抱这名僧格拉山。唐古特谓狮曰僧格，以山形似狮，故名。与僧格拉相连者，名札拉山，又西名罗布岭冈。藏布江绕其下西流，江北岸平野丛林，开砌池沼⑤。达赖喇嘛岁于伏后秋初澡浴于此⑥。住月余乃还山。此清凉圣境也。

①牛魔僧格：即牛魔山、僧格拉山。

②搴：摘取、拔取之意。

③札拉罗布：即罗布尔卡，又称"罗布岭岗""隆布岭卡"。"罗布"，意为"宝贝"；林卡，是"园林"之意；罗布尔卡即"宝贝园林"。始建于18世纪40年代七世达赖时期，后经历代扩建成为达赖的夏宫，每年藏历四—九月，达赖在此办公并举行庆典。

④俯麓：俯视山脚。环川：河流环抱。

⑤开砌：开挖修砌。池沼：大型水池。

⑥达赖喇嘛：藏传佛教格鲁派两大活佛转世系统之一的称号。达赖，蒙语，意为"海"；喇嘛，藏语，意为"上师"。藏传佛教格鲁派最高领袖人物之一。明万历六年，蒙古土默特部领袖俺答汗在青海邀见格鲁派领袖人物索南嘉措，赠以"圣识一切瓦齐尔达喇达赖喇嘛"尊号。自此建立达赖喇嘛活佛转世系统。索南嘉措被认定为达赖三世。达赖一世根敦朱巴和达赖二世根敦嘉措皆为后人追认。自达赖三世起，历世达赖喇嘛都以哲蚌寺为母寺。清顺治十年，封达赖五世阿旺罗桑嘉措为"西天大善自在佛所领天下释教普通瓦赤喇怛喇达赖喇嘛"，赐金册金印，正式确定达赖喇嘛为藏传佛教最高领袖。此后，历世达赖喇嘛必经中央政府册封，成为定制。乾隆十六年，授权达赖七世噶桑嘉措掌管西藏地方政权，达赖喇嘛遂成为西藏地方实力最大的政教领袖。参郑天

挺《中国历史大辞典》。

　　其阴则浪荡色拉^①，精金韫其渊^②；根柏洞噶^③，神螺现其颠。前藏北面山名浪荡山，平险参半。其东名色拉山。唐古特谓金曰色，山曰拉，以山产金，故名^④。又根柏山为布达拉北屏障，其西北三十里相连，名洞噶拉山，耸峭冲霄，巉岩如削^⑤，高四百余丈。唐古特谓海螺曰洞噶，以山形似海螺，故名。上旧设碉卡^⑥，为前藏西之关隘也^⑦。

　　①浪荡：即浪荡山，也作"朗塘""浪岩"，在林周县。《西藏志》："由拉萨北行十里，向色拉寺东，过郭拉至浪岩。"色拉：即色拉乌孜山，在拉萨市北，山下有色拉寺。色拉寺为宗喀巴弟子释迦益西遵师命，于明永乐十七年始建的格鲁派拉萨三大寺中的最后一座大寺。
　　②精金：纯金。韫：蕴藏、蕴含。
　　③根柏，即棍巴俄则山，亦作"根培乌孜山"，在拉萨市西北。山南坡有哲蚌寺，明永乐十四年由嘉央曲杰札西班丹倡建，格鲁派拉萨三大寺之一，为历代达赖喇嘛的主寺。五世达赖阿旺罗桑嘉措以后，哲蚌寺僧人定额为7700名，为格鲁派各寺之冠。该寺在格鲁派中较早推行活佛转世制度，三世达赖喇嘛索南嘉措是正式作为根敦嘉措的转世灵童迎进寺院的第一位活佛。参王尧《西藏历史文化辞典》。
　　④和瑛谓"以山产金，故名。"系将"色拉"二字分开训释的结果。
　　⑤巉岩：险峻而隆起的岩山。
　　⑥碉卡：碉堡和哨卡。
　　⑦关隘：险要的关口。

　　左脚孜而奔巴^①，仰青龙于角箕之宿^②；前藏东北脚孜拉山极高峻，山背建哷正寺^③。东南奔巴拉山，高耸群山。唐古特谓瓶曰奔巴，以山形似瓶，故名。山势起伏相连。东面东方七宿曰：角、亢、氐、房、心、尾、箕。右登龙而聂党④，伏白虎于奎觜之躔⑤。前藏西三十里名登龙冈，过大桥折西南名聂党山，山势陡峻，有通后藏大道。西方七宿曰：奎、娄、胃、昴、毕、觜、参。

①脚孜：即脚孜拉山，在林周县。奔巴：即奔巴拉山，也作"奔巴日"，今名碰巴日，意为宝瓶山，在拉萨市东。

②青龙：即苍龙。二十八宿中东方七宿"角宿、亢宿、氐宿、房宿、心宿、尾宿、箕宿"的总称，也代指东方。《淮南子·兵略训》："所谓天数者，左青龙，右白虎，前朱雀，后玄武。"高诱注："角、亢为青龙。"角箕：东方七宿中的角宿和箕宿。

③呼正寺：即热振寺。阿底夏的弟子仲敦巴于北宋嘉祐二年创建，位于藏北林周县普多曲境内，专门传习噶当派，是噶当派的首寺。热振寺的组织机构与其他黄教寺院不同的是未设札仓和康村，寺内一切政教大权均掌握在热振活佛手中。参王尧《西藏历史文化辞典》。

④聂党：亦作"业党""聂塘""涅当"，在拉萨市西南曲水县。松筠《丁巳秋阅吟·邺党》作者题下自注："前藏至此七十里。"

⑤白虎：二十八宿中西方七宿"奎、娄、胃、昴、毕、觜、参"的总称，也代指西方。奎觜：西方七宿中的奎宿和觜宿。躔：星之躔次，行迹、足迹。

夷庚达乎四维①，羌蛮兑矣②；西南通江孜赴后藏大道③，西北通羊八井草地④，东北通喀喇乌苏赴西宁大道⑤，东南通江达、拉里赴打箭炉大道⑥。○《左传》："以塞夷庚。"注："往来要道也。"⑦铁围周乎百里⑧，城郭天然⑨。四面崇山峻岭，不施草木，耸矗如城垣，故俗名铁山⑩。○《艺林伐山》云："铁围山，佛经所称，不知的在何处。"⑪唐初宋昱诗云："梵宇开金地，香龛凿铁围。"⑫今以前藏大小招、布达拉考之⑬，即铁围山也。

①夷庚：平坦大道。《左传·成公十八年》："今将崇诸侯之奸，而披其地，以塞夷庚。"杜预注："夷庚，吴、晋往来之要道。"孔颖达疏："夷，平也。《诗序》云：'由庚，万物得由其道。'是以庚为道也……知谓塞吴晋往来之要道也。"四维：四方、四隅。东南、西南、东北、西北四隅，四方之隅为四维。

②兑：通达。《诗·大雅·绵》："柞棫拔矣，行道兑矣。"《毛传》："兑，成蹊也。"《注》："兑，通也。"

③江孜：地名，今西藏江孜镇，在西藏南部、年楚河上游，地处拉萨、日喀则和亚东之间。江孜系藏语音译，曾译为"季阳则""江喀孜""协噶江孜""佳勒则"宗等。江孜因地处前后藏和通往拉萨的门户，军事地位重要。参谢启晃《藏族传统文化辞典》。

④羊八井：旧宗名，亦作"阳巴井"，藏文音译。本为大草原，在今西藏拉萨以北偏。清时设宗，据噶厦地方政府嘉庆二十四年呈报给当时的驻藏大臣的各级官员任职情况的呈文所载，羊八井宗为藏政府辖43个普通宗之一，宗本为六品官。羊八井宗地处后藏和前藏通往青海、内地的交通要道之上，历史上五世达赖、六世班禅及前后藏进京纳贡的僧俗官员多由此地北上。参谢启晃《藏族传统文化辞典》。

⑤喀喇乌苏：地名，又作"纳曲卡""黑河""那曲卡""那曲宗"，即今西藏那曲县，清代设有驿站，为拉萨至西宁的重要通道。那曲，藏文音译，意为"黑河"，故又有"黑河"之俗称，因那曲河流经其境内而得名。西宁：即今青海省省会所在地。

⑥江达：地名，即今工布江达。藏文音译，又译为"降达"，因其与四川德格为邻，故又称德格江达，以区别于贡布江达。藏语"江达"意为"江普"寺沟口，该地山谷脑处有江普寺一座，在藏文中"江"为江普寺之简称，"达"为谷口，故称之为"江达"。参谢启晃《藏族传统文化辞典》。拉里：地名，亦作"拉哩""喇里"，意为神山之顶，即今西藏嘉黎县。

⑦要：榕园本、反约本、元尚居本作"大"。

⑧铁围：佛教语，佛教认为在东胜神洲、西牛贺洲、南赡部洲和北俱芦洲等四大部州之外有铁围山，周匝如轮，故名。宋陈善《扪虱新话·司马迁班固言出昆仑》："佛书说有四天下……此四天下之外，乃有大铁围山、小铁围山围焉，是谓一世界。"文中指群山环绕拉萨，形如铁围。

⑨城郭：城事内城墙，郭是外城墙，后泛指城市。

⑩铁山：即药王山，藏语名"夹波日"，亦作"加不日""贾波日"等，汉语为铁山。早年元丹贡布曾在此处传播藏药，故又名药王山。为今西藏四大名山，是拉萨西部重要门户。文中比喻坚固之屏障。唐王勃《上刘右相书》："铁山四面，金城千里。"

⑪《艺林伐山》：明杨慎撰。

⑫宋昱，唐代诗人，天宝元年任监察御史，二年因事贬桂阳尉，十载入剑南节度使杨国忠幕府，十二载任中书舍人，十五载为安史乱军所杀。"梵宇开金地，香龛凿铁围"，为宋昱《题石窟》诗前两句。宋昱主要生活在盛唐，而非唐初，和瑛所注"唐初"当误。梵宇：即佛寺。

⑬大小招：即大昭寺与小昭寺。大昭寺：位于西藏拉萨市老城中心，其藏语全称"惹萨垂朗祖拉康"（ra – sa – vphrul – snang – gtsug – lag – khang），意为"羊土神变经堂"，简称"祖拉康"。"大昭寺"系藏语"觉卧康"的音译。清代汉文史籍又据"大昭"义而称其为"伊克昭庙"，即蒙语"大庙"之意。始建于唐贞观二十一年，元、明、清屡加扩建。清乾隆皇帝颁赐的"金本巴瓶"（gser – bum）珍藏于此，认定达赖、班禅等藏区大活佛转世灵童的金瓶掣签仪式，就在寺内释迦殿释迦佛像前举行。小昭寺：位于西藏拉萨市内大昭寺北约一千米处。其藏文全称为"甲达惹木切拉康"（rgyas – btab – ra – mo – che – lha – khang）。"甲达"，意即"汉人所建"；"惹木切"一词有"牝山羊""藏宝处""大庭院"等几种解释，当地藏族群众都直呼为"惹木切"，汉语称"小昭寺"。相传与大昭寺同时开工、同时竣工、同时开光。清代文献又作"喇木契""巴汉招庙"。参王尧《西藏历史文化辞典》。

藏布衍功德之水①；布达拉南②，自东向西南流，名藏布江，又名噶尔招木伦江③，其源委详后山川节注。○《广舆记》："梁番僧隐钟山④，值旱，有庞眉叟谓曰⑤：'予，山龙也，措之何难哉？'俄而一沼沸出。后有西僧至，云西域八池已失其一⑥。其水有八功德：一清、二冷、三香、四柔、五甘、六净、七不饐、八蠲屙⑦。机楮涌智慧之泉⑧。机楮河发北山下，自东北经布达拉前，上建琉璃桥⑨，其水澄澈萦碧，南入藏布江。唐古特谓水曰楮，一曰机，言一道河也。拉萨田苗资其灌溉。○五祖偈云："巍巍七宝山⑩，常出智慧泉。回为真法味，能度诸有缘。"

①藏布：即拉萨河，发源于念青唐古拉山南麓嘉黎里彭措拉孔马沟，流经那曲、当雄、林周、墨竹工卡、达孜、彭波、堆龙德庆等地，于曲水县注入雅鲁藏布江，是雅鲁藏布江主要支流之一。衍：繁盛、富裕。功德之水，即功德水，也称"八功德水"。佛教认为西方极乐世界处处皆有七妙宝池，而八功德水注满其中。清黄沛翘《西藏图考·和宁西藏赋注》："八功德水，一澄净，二清冷，三甘美，四轻软，五润泽，六安和，七除饥渴，八长养诸根。"

②南：图考本作"河"。

③噶尔招木伦江：即今西藏中部拉萨河，系蒙古语名，藏语为拉萨曲，意为圣地河。参史为乐《中国历史地名大辞典》。

④《广舆记》：地理著作，为明陆应旸仿《明一统志》并参考史籍、地方志编撰而成，共二十四卷。

⑤庞眉叟：眉毛花白的老人。唐钱起《赠柏岩老人》："庞眉忽相见，避世一何久。"

⑥域：八旗本作"城"。

⑦饐：食物变质而腐烂发臭。蠲屙：除去疾病。《艺文类聚》："岂若醴泉消疾，闻乎建武之朝，神水蠲屙，在乎咸康之世。"

⑧机楮：亦作"机楚河""吉楚河""吉特河"，即今拉萨河。

⑨琉璃桥：又称"宇妥桥"，藏语称"宇妥桑巴"，即"绿松石桥"。拉萨旧桥名，在今西藏拉萨大昭寺以西、布达拉宫以东处。相传为唐代古迹，桥身五孔，桥上是甬堂式建筑，绿瓦飞檐，故汉语称之为"琉璃桥"。是连接拉萨古城内外的重要通道，今已不存。参丹珠昂奔《藏族大辞典》。

⑩五祖：佛教禅宗称唐代弘忍禅师为"五祖"。弘忍俗姓周，七岁出家，后以《金刚经》传教，开"东山法门"，称"东土第五祖"，下传慧能、神秀，衍生禅宗南、北二宗。宋赞宁《宋高僧传·神秀传论》："昔者达磨没而微言绝，五祖丧而大义乖。"偈：佛教僧人的唱词。七宝：七种珍宝。佛经中于此说法不一，如：《法华经》以金、银、琉璃、砗磲、码磰、真珠、玫瑰为七宝；《无量寿经》以金、银、琉璃、珊瑚、琥珀、砗磲、玛瑙为七宝；《大阿弥陀经》以黄金、白银、水晶、瑠璃、珊瑚、琥珀、砗磲为七宝；《恒水经》以白银、黄金、珊瑚、白珠、砗磲、明月珠、摩尼珠为七宝。参丹珠昂奔《藏族大辞典》。

池映禄康插木于后①，布达拉后有池，周约四五里，中筑高台，上建八角琉璃阁三层，中供龙王，为祈雨处。唐古特谓龙为禄，故禄康插木名之。峰拥磨盘笔洞于前②。布达拉西南孤峰耸出，名招拉笔洞。上住喇嘛医生。其西连岗稍低平，名磨盘山。上建关圣帝君庙。山阳建喇嘛寺，乾隆六十年赐号卫藏永安寺③，为济咙胡图克图焚修之所④。普陀中突⑤，布达名焉⑥。梵书言天下普陀山有三：一在额纳特克国之南海中⑦，山上有石天官⑧，乃观自在菩萨游舍处⑨，此真普陀也；一在浙江定海县南海中，为善才第二十参观音菩萨处⑩；一在图伯特之布达拉⑪，亦观音化现处⑫。今考图伯特即唐古特，布达拉与普陀音相近也。

①禄康插木：园林建筑，即宗角禄康，也即今西藏拉萨市内布达拉

宫后之龙王潭，在布达拉宫背面。五世达赖重建布达拉宫时因在此取土形成人工湖，六世达赖在湖中小岛建一三层阁楼供奉九头鲁神，取名鲁康。鲁，亦作"龙""禄"，是藏族宗教中的一种神，俗称龙王。

②磨盘：即磨盘山，藏语"帕玛日山"，亦作"巴玛日""蚌瓦日"，位于今拉萨市布达拉宫西南约一公里处，为药王山西面的一处小山峰。因山顶平似磨盘，故名。

③卫藏永安寺：清乾隆五十九年参赞海兰察等捐资五千两，于西藏拉萨磨盘山之南建庙，作为摄政济咙呼图克图住锡之所，翌年落成，乾隆帝赐名"永安寺"，颁满、汉、蒙、藏四体匾额。碑文由钦差驻藏内阁学士兼礼部侍郎和瑛撰，汉文碑文载于《卫藏通志》。笔洞：即招拉笔洞，俗称药王山。

④济咙胡图克图：亦作"济咙呼图克图"，又称"功德林"或"达祭"（rta – tshags）呼图克图，系西藏四大呼图克图之一。驻锡于拉萨磨盘山南麓的功德林寺，庙名系清嘉庆皇帝所题"卫藏永安"的藏语音译。济咙活佛系统在西藏历史上曾两次出任摄政（rgyal – tshab 或 srd – spyong，又称"掌办商上事务""代理达赖喇嘛"）。乾隆五十六年，八世济咙活佛益西罗桑丹贝贡布（ye – shes – blo – bzang – bstan – vphel – mgon – po）任摄政职。五年后，清参赞公海兰察、巴图鲁等捐资在拉萨磨盘山南麓建庙一座，御赐庙名曰"卫藏永安"。后清帝准其所请，将羊八井庙、江洛金田庄赏其永远管理，认为其"自派赴藏协理事务以来，迄今二十余载，一切事件，俱能尽心办理，唐古特番众敬服安帖。"光绪元年，十世济咙活佛阿旺白丹却吉坚赞（ngag – dbang – dpav – ldan – chos – kyi – rgyal – mtshan）出任摄政职，曾任十三世达赖喇嘛图登嘉措的正经师。光绪十二年，圆寂于布达拉宫东颇章宫内，共执政十二年。参王尧《西藏历史文化辞典》。呼图克图：大喇嘛名号，"呼图克图"系蒙古语，"呼图克"意为"寿"，"图"意为"有"，合起来是长生不老之意。清代以此称作为藏族和蒙古族地区大喇嘛的封号，他们拥有领地和喇嘛教僧众，世世"转生"，称为活佛，是仅次于

达赖和班禅的大封建领主。参俞鹿年《中国官制大辞典》。焚修：即焚香修行。

⑤普陀：山名，亦作"补陀"，梵语"补陀落迦"（Potalaka）的省音译。其梵文原意即小白华山、白莲华山、小花树山。中突：从中间突起。

⑥布达：即布达拉宫。

⑦额纳特克国：即天竺国。

⑧官：榕园本作"宫"。

⑨观自在菩萨：即观世音菩萨、观音菩萨。观自在：《心经略疏》："于事理无碍之境，观达自在，故立此名，又机往救，自在无关，故以为名。前释就智，后释就悲。"游舍：游玩休息。唐玄奘《大唐西域记·秣罗矩咤国》："池侧有石天宫，观自在菩萨往来游舍。"

⑩善才，亦作"善财"，梵语"sudhana"的意译，即"善财童子"，佛教菩萨之一。《罗摩伽经》："尔时善财童子，皆得见闻，善知解了诸奇特事。"

⑪图伯特：亦作"图白忒""土伯特""退摆特"，吐蕃之音转，是清代对西藏及其附近地区的称呼。

⑫化现：以化身出现，指佛教诸神为普度众生而变化出现的种种外在形象。

厥维沙伽吐巴绰尔济①，传写贝多②；唐古特谓释迦牟尼佛曰沙伽吐巴。绰尔济，通经典之称，俗名曲结。江来孜格陀罗尼③，降摄妖魔④。唐古特谓观音菩萨曰江来孜格。陀罗尼，咒也。泥梨速昭五戒⑤，《释氏要览》："泥梨⑥，地狱也。"佛家有五戒：不杀、不偷盗、不淫邪、不妄语、不饮酒。闻思修入三摩⑦。《心经注》："一切禅定摄心者皆云三摩提⑧，译言正心行处，谓是心端正也。观音闻思修入三摩地。"

①厥维：句首发语词。

②贝多：树名，梵语音译，意为树叶。古印度常以多罗树叶写经，称贝叶经，后以贝叶经代指经文。段成式《酉阳杂俎·木篇》："贝多，出摩伽陁国，长六七丈，经冬不凋。此树有三种：一者多罗娑力叉贝多；二者多梨娑力叉贝多；三者部娑力叉多罗多梨。并书其叶，部阇一色取其皮书之。贝多是梵语，汉翻为叶；贝多娑力叉者，汉言叶树也。西域经书，用此三种皮叶，若能保护，亦得五六百年。"参丹珠昂奔《藏族大辞典》。

③陀罗尼：梵语译音，意译为"总持"，谓持善法而不散，伏恶法而不起的力用。今多指咒，即秘密语。黄沛翘《西藏图考·和宁西藏赋》："按，《佛经》：陀罗尼。总持之义，谓持善不失，持恶不生也。原注训经咒，误。"《词源》："陀罗尼，咒。意为总持，或译遮持、持盟。谓菩萨不可思议的秘语。"五代齐己《赠念〈法华经〉僧》："便堪诵入陀罗尼，唐音梵音相杂时。"参丹珠昂奔《藏族大辞典》。

④降摄：降服、摄服之意。

⑤泥梨：亦作"泥犁""泥犂"，梵语音译，意为地狱。在此界中，一切皆无，为十界中最恶劣的境界。南朝梁简文帝《〈大法颂〉序》："恶道蒙休，泥犂普息。"速：同"束"，约束。昭：彰显。五戒：亦作"五诫"。佛教指在家信徒终身应遵守的五条戒律。即不杀生、不偷盗、不邪淫、不妄语、不饮酒。《晋书·会稽文孝王道子传》："臣闻佛者清远玄虚之神，以五诫为教，绝酒不淫。"《魏书·释老志》："又有五戒，去杀、盗、淫、妄言、饮酒，大意与仁、义、礼、智、信同，名为异耳。"参丹珠昂奔《藏族大辞典》。

⑥《释氏要览》：北宋释道诚撰，成书于天禧三年。是书杂录释典，旁求书传，分门编次，共三卷、二十七篇。

⑦闻思修：即闻慧、思慧、修慧，修学佛法的三大次第。闻，谓听闻佛法，包括研读佛典、听讲经说法等，由此可知晓佛法，得"闻慧"。思，谓对所闻法思索理解，由此得"思慧"。然后依思慧而修行，

由修行证得"修慧"，以修慧断尽烦恼，证得道果。三摩：梵语"Sa-madhi"音译，即三摩地，又称"三昧""三摩提""三么地""三昧地"等，意为定，即往心于一境而不凌乱。金王良臣《牧牛图》："三摩不受一尘侵，本分功夫日念深。"《法华玄赞》："梵云三摩地，此云等持，平等持心而至于境，即是定也。云三昧者讹也。"参丹珠昂奔《藏族大辞典》。

⑧《心经注》：《般若波罗蜜多心经》简称《心经》，历代注者颇多，此不知何指。

聚顽石而点头①，风行身毒②；《十道四蕃志》："生公③，异僧竺道生也④。讲经于虎邱寺⑤，人无信者。乃聚顽石为徒，与谈至理，石皆点头。"《后汉书·西域传论》："佛道神化地曰身毒。"《史记·大宛传》："大夏东南有身毒国。"注：《索隐》曰："身音干，毒音笃。孟康云⑥，天竺也。"放屠刀而摩顶⑦，花雨曼陀⑧。《果径山书》：广颡屠在涅槃会上放下屠刀⑨，立便成佛。《法华经》云："天雨曼陀罗花。"四十二章流传震旦⑩，《括地志》：王舍国有灵鹫山⑪，山有小姑石⑫，石上有石室，佛坐其中。天帝释以四十二事问佛，一一以指画石，其迹尚存，即《四十二章经》也。○《楼炭经》：葱岭以东名震旦⑬，盖西域称中国之名也。又初祖达摩曰：当往震旦⑭，设天法乐。遂泛重溟⑮，达于南海传法。今考汉明帝时白马驮经即《四十二章经》也。三十二相化本修罗⑯。《楞严经》："是名妙净三十二应入国土⑰，身皆以三昧闻熏闻修，无作妙力，自在成就。"注："观音俱现三十二应，现十法界身而为说法也⑱。"佛氏以修罗为经，梵语也。

①聚顽石而点头：《莲社高贤传·道生法师》："师被摈，南还，入虎丘山，聚石为徒。讲《涅槃经》，至阐提处，则说有佛性，且曰：'如我所说，契佛心否？'群石皆为点头，旬日学众云集。"参任继愈

《佛教大辞典》。

②身毒：中国古代对印度的称呼之一。《史记·大宛列传》："（大夏）东南有身毒国。"司马贞《索隐》引孟康曰："即天竺也，所谓浮图胡也。"唐玄奘《大唐西域记》："详夫天竺之称，异议纠纷，旧云身毒，或曰贤豆，今从正音，宜云印度。"

③《十道四蕃志》：唐梁载言所著地理著作，简称《十道志》。共十卷，分记唐 贞观间分天下为岭南、剑南、陇右、江南、淮南、山南、河北、河东、河南、关内等十道。

④竺道生：东晋刘宋时高僧。幼年从竺法汰出家，后至庐山向慧远问学，并从僧伽提婆学习教义。后又获悉鸠摩罗什在长安翻译经论，前往就学，并参与译事。义熙五年回到建康，结合般若学和涅槃学，"孤明先发"，阐发佛性说，乃立"善不受极"，"顿悟成佛"诸义。又以法显所译六卷《大般泥洹经》的经义不够圆满，从众生平等的教义出发，倡导"一切众生，莫不是佛，亦皆泥洹"，提出一阐提人皆有佛性、也可成佛的观点。参任继愈《佛教大辞典》。

⑤虎邱寺：亦作"虎丘寺"，地在苏州。

⑥孟康：字公休，三国时魏中书令、中书监。曾作《〈汉书〉注》，唐前单本通行。唐颜师古将其汇入二十三家《汉书》注中，后单本失传。

⑦放屠刀：意为屠夫放下屠刀，改过从善。摩顶：《法华经》谓释迦牟尼佛以大法付嘱大菩萨时，用右手摩其顶。后佛用手抚摸弟子头顶为佛教授戒传法时的仪轨。

⑧雨：名词动用，意为诸天为赞叹佛说法之功德而散花如雨。曼陀：即曼陀罗，梵语音译，即曼陀罗花，意为悦意花儿或风茄儿，在印度为极神圣之植物，常在寺庙间种植。《本草纲目》："风茄儿；山茄子。时珍曰：《法华经》言佛说法时，天雨曼陀罗花；又道家北斗有陀罗星使者，手执此花。故后人因以名花。曼陀罗，梵言杂色也。茄乃因叶形尔。姚伯声《花品》呼为'恶客'。"参任继愈《佛教大辞典》。

⑨《果径山书》：是书具体信息不详。董康《曲海总目提要·任风子》："元马致远撰，记任屠从马真人成仙事。按径山书，广颡屠儿在涅盘会上放下屠刀，立地成佛。屠儿既可成佛，自可成仙，总在一念转移耳。此作者意也。"参任继愈《佛教大辞典》。广颡：颡，额头。《说文》段注："中夏谓之额，东齐谓之颡。"广颡，即额头宽大。

⑩四十二章：即《四十二章经》，佛经名，后汉迦叶摩腾和竺法兰共译于汉明帝永平十年，仅一卷，为中国第一部汉译佛经。《四十二章经》简要阐述了早期佛教的基本教义及人生无常和爱欲之蔽。震旦：古印度对中国的称呼，亦作"振旦""神丹""真丹"等。《翻译名义集》："东方属震，是日出之方，故云震旦。"参任继愈《佛教大辞典》。

⑪王舍国：古印度摩揭陀国都城，梵语"曷罗阇姞利呬城""罗阅揭梨酰""罗阅祇""罗阅"等音译，在今印度比哈尔邦底赖雅附近，有新城、旧城之分。旧王舍城为摩揭陀国频婆娑罗王建都之地，四周有鞞婆罗跋恕山、萨多般那求呵山、因陀世罗求呵山、勒那山、萨簸恕困直迦钵婆罗山等五座山，佛经称为"灵山"。唐玄奘《大唐西域记》："曷罗阇结利呬城，唐云王舍。"灵鹫山：山名，在古印度摩揭陀国王舍城之东北十里，梵名耆阇崛（Grdhrakuta）。《大智度论》："耆阇名鹫，崛名头。"因山中多鹫，故名。或云山形像鹫头而得名。如来曾在此讲《法华》等经，故佛教以为圣地。参任继愈《佛教大辞典》。

⑫姑：《史记·大宛列传》："其东南有身毒国。"《正义》作"孤"。

⑬《楼炭经》：为《大楼炭经》之简称，六卷，西晋竺法立、法炬所译。另有《起世经》《起世因本经》等多个译名。葱岭：始见于两汉书《西域传》，为帕米尔高原和昆仑山、喀喇昆仑山西部诸山的总称。《水经注》称其山高大，上生葱，故曰葱岭。玄奘《大唐西域记》又以山崖葱翠得名。参任继愈《佛教大辞典》。

⑭初祖达摩：即天竺高僧菩提达摩，本名菩提多罗。南朝梁普通元年入中原，后驻锡于嵩山少林寺，面壁九年而化，传法于高僧慧可。达

摩被禅宗奉为初祖，故称初祖达摩。

⑮重溟：海洋。

⑯三十二相：谓佛陀具有的三十二种不同凡俗的显著特征，与微细特征八十种"好"，合称"相好"。黄沛翘《西藏图考·和宁西藏赋注》："按佛经：'如来具足三十二相。'谓眼、耳、鼻、舌、身各具六波罗密，故成三十。又，意根中修无住、无为二行，故共成三十二也。"化本：源自、源于。修罗：即阿修罗，是梵文"Asura"音译，亦译作"阿素洛""阿素罗""阿须罗""修罗"等，意译"不端正""非天"等。其为六道之一，天龙八部之一。参《大智度论》。黄沛翘《西藏图考·和宁西藏赋注》："梵语修多罗，译言契经也。凡佛所说之经，皆契理契机之教也。原注训'佛氏以修罗为经，梵语也。'究未得解。必取修多罗之义方合。否则阿修罗为魔王，可以称三十二相乎？"参任继愈《佛教大辞典》。

⑰《楞严经》：也称《大佛顶首楞严经》《大佛顶经》《首楞严经》，是《大佛顶如来密因修证了义诸菩萨万行首楞严经》之简称。唐般剌蜜帝与弥伽释迦、房融等共译，共十卷，为大乘佛教的重要经典。参任继愈《佛教大辞典》。此经自唐代始即有真伪之辩，近来学界亦疑其为唐人之撰述。三十二应：观世音菩萨三十二种应化身的总称。

⑱十法界：天台宗关于法界的分类。智分"有情"为十类：谓天、人、阿修罗、畜生、饿鬼、地狱、佛、菩萨、缘觉、声闻。他们所见的世界各不相同，此不相同的境界即称法界，十类有情即有十法界。又，密宗立密教"十法界"，以阐发其"五凡五圣"：地狱、饿鬼、畜生、人、阿修天、声闻、缘觉、菩萨、权佛、实佛也。参任继愈《佛教大辞典》。

遂有宗喀巴雪窦潜修①，金轮忏悔②；明番僧宗喀巴名罗布藏札克罗③，生于永乐十五年，幼而神异，精通佛法，号甲勒瓦宗喀巴。在大雪山修苦行。穆隆经④，其所立也。穆隆经者，即今之摩罗木也。无上空称⑤，喇嘛翻改⑥。《梵书》：释子勤佛行者曰德士⑦，又曰无上士，谓空也。唐古特谓上曰喇，谓无曰嘛也。喇嘛者，无上也。

①宗喀巴（1357—1419）：宗教改革家，原名罗桑札巴、贡嘎宁布，生于青海湟中，因藏语称湟中一带为"宗喀"，所以称"宗喀巴"，意即"宗喀地方的人"，藏传佛教格鲁派创始人、甘丹寺的创建者、第一任甘丹池巴，著名佛教理论家。他针对当时西藏佛教各教派戒律松弛，僧侣生活放荡，追逐世俗名利的弊端极力倡导"改革"，主张僧人严守戒律，斩断与世俗社会的联系，规定僧人学经次第，严密寺院组织。明洪武二十一年，改戴桃形尖顶黄色僧帽，以示坚持戒律。他以中观为正宗，以噶当派教义为立说之本，结合自己的见解建立了完整的佛学思想体系。他的宗教改革活动得到西藏帕竹地方政权的支持。卒于永乐十七年。其著作主要有《菩提道次第广论》《密宗道次第广论》等，著名弟子有贾曹杰、克主杰、绛央却杰、绛钦却杰、根敦主巴等。参王尧《西藏历史文化辞典》。雪窦：雪山岩洞。潜修：潜心修养。

②金轮：佛教用语。轮，古印度武器中的一种，据《俱舍论》之十二说，佛经中称各转轮王中，以金轮王为最胜；此王一出时，各国皆服。忏悔：佛教仪轨。"忏"是梵语"Ksama"音译之略，"悔"为意译，合称"忏悔"。原为对人发露自己的过错、求容忍宽恕之意。佛教制度规定，出家人每半月集合举行诵戒，给犯戒者以说过、悔改的机会。后成为专门以脱罪祈福为目的的宗教仪式。参任继愈《佛教大辞典》。

③番僧：即西番之喇嘛。

④穆隆经：即宗喀巴倡建的藏历新年之传召大法会。

⑤无上：佛十种尊号之第六种，即无上士，意为至高无上之士。隋慧远《大乘义章·十号义》："其十号者，是佛如来名称功德，名有通别。"

⑥喇嘛：梵语"Guru"藏语对应翻译，本意是"重"，引申为"受

尊重的""受敬重的",又引申为"所尊重、敬重的人",即"上师"
"本师"或"师长",是藏传佛教中对上师的称呼。参王尧《西藏历史
文化辞典》。翻改:同"翻",改正之意。

⑦梵书:古印度宗教文献的一种,用梵语写成,是婆罗门教及印度
教的圣典吠陀的一部分。其编写时间大约在公元前1000—公元400年,
为散文体,其主要内容是对吠陀本集的解释,并讲解吠陀的祭祀仪式。
主要记载举行各种祭祀的起源、规定和论述,也保存了大量神话和古代
帝王的传说故事。

持团堕之盋①,披忍辱之铠②。释氏团堕,言食堕在钵中。梵言
傧茶波,又曰傧茶夜,华言团。团者,食团,行乞食也。今考番僧食糌
粑皆手团而食之。盋,音窥,钵也。忍辱铠,袈裟也。又名离尘服③;
又名清瘦衣④。紫祓韬光⑤,黄冠耀采⑥。宗喀巴为番众所敬信⑦,衣
紫衣。其受戒时相传染僧帽诸颜色不成,惟黄色立成,遂名黄教。

①团堕:佛教用语,谓行乞而食。南宋释法云《翻译名义集·斋
法四食》"分卫"注:"正言傧茶波多,此云团堕,言食堕在钵中也。
或云傧茶夜,此云团;团者,食团,谓行乞食也。"和注亦源此。盋:
《玉篇》:"盋,钵也。"

②忍辱之铠:袈裟之别名,谓忍辱能防一切外难,故以铠甲为喻。
《法华经·持品》:"恶鬼入其身,骂詈毁辱我。我等敬信佛,当着忍
辱铠。"

③离尘服:袈裟、僧服。《翻译名义集·沙门服相篇》:"《真谛杂
记》云:'袈裟是外国三衣之名。名含多义,或名离尘服,由断六
尘故。'"

④衣:反约本、榕园本作"服"。

⑤祓:衣襟,泛指僧衣。韬光:敛藏光彩,喻指隐藏声誉与才华。

⑥黄冠:黄色僧帽。宗喀巴创立格鲁派之后,其弟子皆黄帽,故名

黄教。耀采：光彩照耀，喻指格鲁派发扬光大。

⑦敬信：虔诚信奉。

　　萨迦开第一义天①，宗喀巴初出家时，学经于萨迦庙之胡图克图②，乃元时帕思巴之后③，为红帽教之宗④，布达拉经簿载其为仁育菩萨之后人也⑤。其教有家室，生子后坐床掌教⑥，不复近家室矣。其始祖名昆·贡确嘉卜⑦，通达经典，见萨迦沟之奔布山风脉佳胜，欲创建庙宇。向业主降雄固喇娃、班第仲喜纳、密酌克敦三人乞售，伊三人乃施舍其地，不取直⑧。遂建庙，供释迦牟尼佛。附近土地、人民、庙宇、僧众皆其所属。世代相传，至今七百余年。其庙平地起阁，周墙甚固，中殿楹柱皆古树，三人合抱，高三丈余，不加雕饰，其皮节文理如生树然。又有海螺，坚白如玉，左旋纹，向明吹之，背现观音像⑨，寺僧宝之。又有藏经数万卷，架函充栋。庙北依山，僧楼梵宇约数千间。亦有佛屠金殿，供诸佛像，皆红帽喇嘛居之。其所诵经与黄教无异。西南通拉孜大道⑩，山南通野人国界⑪。拉萨涨其三昧海⑫。宗喀巴修行既成，其教大行⑬，最盛于前藏。今拉萨各庙咸供奉其像。龙象遴于沙门⑭，《达摩传》："波罗提，法中龙象。"⑮《传灯录》："水中行⑯，龙力大；陆中行，象力大。"⑰负荷大法者，比之龙象。衣钵传诸自在⑱。《传灯录》：释迦佛生四十九年，将金缕僧迦黎传与一祖摩诃迦叶⑲。六祖慧能衣钵南奔岭外⑳，有明上士追至大庾岭㉑。《六祖传》注：传衣㉒，乃西域屈眴布㉓，缉木棉花心织成者㉔。

　　①萨迦：藏语意为"白土"，本地名，为藏传佛教萨迦派的发祥地。北宋熙宁六年，贡却杰波在后藏萨迦建寺弘法，后以此寺为主寺，形成萨迦派，因在白色土地上建寺，故名。又以此派寺庙围墙涂有象征文殊、观音和金刚手菩萨的红、白、黑三色花条，俗称之为"花教"。显宗方面主张兼修因明、俱舍、般若、中论等，并且有一整套教学辩经

制度和学位制度；密宗方面有著名的不出寺墙的"十三金法"，修习多种本尊、护法，尤以喜金刚为主。此派不禁娶妻，唯规定生子后不再接近女人，至元朝势力最盛。其四祖萨班衮噶坚赞德高望重，代表西藏归顺蒙古，声威远播，使萨迦派为诸派之首。第五祖八思巴被元世祖忽必烈封为帝师，并领西藏十三万户，掌西藏政教大权。后此派又有多人被封为帝师。元末其政治地位被帕竹噶举派取代，仅保有萨迦地方的政教权力。但自14世纪后半期起，该派又出现知名学者多人，使教法得以维持并有所发展。后绒敦·玛微僧格则在藏北创建那烂陀寺，广弘显教教理，成为萨迦派的又一重镇。这是宗喀巴宗教思想形成的重要时期，故和瑛称之为"萨迦开第一义天"。参任继愈《佛教大辞典》。义天：北宋释道诚《释氏要览》："能解诸法义，见一切法空义，名义天。"

②学经于萨迦庙之胡图克图：宗喀巴曾拜萨迦派大学者仁达瓦·熏奴洛追为师。

③帕思巴：即八思巴（1235—1280），亦译作"发思八""拔思发""帕克思巴""发合思巴""八合思巴"等，圣者之意，藏传佛教萨迦派第五代祖师。本名"罗卓坚赞"（blo－gros－rgral－mtshan），意为"慧幢"。南宋淳祐七年，随其伯父萨班·贡噶坚赞至凉州，会见蒙古窝阔台汗第二子阔端皇太子。宝祐元年，忽必烈闻其名，召置左右，从受佛戒。蒙古中统元年，忽必烈尊之为国师，赐玉印。至元元年，领总制院事，管理全国佛教及藏族地区事务。至元六年，献所制蒙古新字，颁行全国，是为"八思巴文"。次年，升号"帝师"，进封"大宝法王"，统领西藏十三万户。至元十三年，返藏，聚卫藏僧徒七万众，兴曲弥法会，自任萨迦寺第一代法王，同时任命"本勤"统领西藏十三万户，僧俗并用、军民兼摄，是为西藏实行贵族僧侣统治之始。卒后赐号"大元帝师"。参任继愈《佛教大辞典》。

④红帽教：指萨迦派，因该派僧人戴红帽，故名。俗称红教。

⑤仁育菩萨：文殊菩萨的别称。

⑥坐床：藏传佛教新转世活佛接替前世活佛法位的升座仪式。经此

仪式后，灵童始正式成为活佛。

⑦昆·贡确嘉卜：即昆·贡却杰布，亦作"昆·贡却杰波"，意为"宝王"，萨迦派创始人。初从父兄学习宁玛派教法，后改从卓弥译师、释迦耶歇学新密教法，而以卓弥所传"道果法"经续讲解为主要教法。熙宁六年，在后藏仲曲河谷本波山附近之白土堆旁建萨迦寺，并以之为主寺，凭借家族家传的办法继任寺主，逐渐形成萨迦派。参任继愈《佛教大辞典》。

⑧直：通"值"。

⑨背：反约本、榕园本、元尚居本均作"皆"。

⑩拉孜：县名，藏语译音，意为"神山顶""光明最先照耀之金顶"。今西藏拉孜县，曾译作"纳孜""章拉则""拉则宗""拉兹""拉孜宗"。拉孜设宗始于元代帕莫竹巴建立政权后，为首设宗之一。县府所在地的达昌木切寺是萨迦派在拉孜的第一大寺。参丹珠昂奔《藏族大辞典》。

⑪野人：未开化的民众与族群。

⑫三昧：又作"三摩地"，梵语音译，意译为"正定"。谓屏除杂念，心不散乱，专注一境。《大智度论》："何等为三昧？善心一处住不动，是名三昧。"

⑬教：榕园本作"数"。行：图考本作"兴"。

⑭龙象：一般指高僧，文中借指宗喀巴弟子。遴：慎重选择。沙门：泛指僧人。《魏书·释老志》："诸服其道者，则剃落须发，释累辞家，结师资，遵律度，相与和居，治心修净，行乞以自给。谓之沙门，或曰桑门，亦声相近，总谓之僧，皆胡言也。"

⑮此句源于出自宋释道原《景德传灯录》。

⑯《传灯录》：即《景德传灯录》，宋真宗景德年间沙门道原编，专记佛教禅宗各家语录，三十卷。

⑰"龙力大""象力大"：《大智度论》："复次，那伽或名龙，或名象。是五千阿罗汉，诸阿罗汉中最大力，以是故言如龙如象。水行中

龙力大，陆行中象力大。"明程登吉《幼学求源幼学须知》："水行龙力大，陆行象力大，负荷佛法，故有龙象之称。"

⑱衣钵：本指佛教僧尼的袈裟与饭盂，佛家的重要法器，后引申指师传的思想、学问、技能等。诸："之、于"的合音。自在：佛教用语，远离烦恼、进退无碍，自由自在。文中借指宗喀巴弟子。

⑲金缕：即金丝。僧迦黎：亦作"僧伽梨"，僧人大衣之名，为比丘所服"三衣"之一种，在大众集会、受戒说戒等严议时所传。北魏杨衒之《洛阳伽蓝记·宋云惠生使西域》："初，如来在乌场国行化，龙王瞋怒，兴大风雨，佛僧迦梨表里通湿。"周祖谟《校释》："僧迦梨者，沙门之法服，即复衣也。由肩至膝束于腰间。"金缕僧迦黎"一语，首见于《景德传灯录》："释迦牟尼佛……说法住世四十九年。后告弟子摩诃迦叶。吾以清净法眼涅槃妙心实相无相微妙正法将付于汝。汝当护持……复告迦叶。吾将金缕僧伽梨衣传付于汝。转授补处。"摩诃迦叶：亦作"迦叶""大迦叶"，释迦牟尼十大弟子之一，古印度摩揭陀国王舍城人，属于婆罗门种姓。原与兄弟共同出家修习外道，后归顺释迦牟尼。少欲知足，常修头陀行，被称为"头陀第一"。释迦牟尼灭度后，成为教团领袖，并主持了第一结集。中国佛教禅宗有"世尊拈花，迦叶微笑"之传说，奉迦叶为西天第一祖。参丹珠昂奔《藏族大辞典》。

⑳六祖慧能：始祖达摩传衣于慧可、慧可传衣于僧璨、僧璨传衣于道信、道信传衣于宏忍、宏忍传衣于慧能，慧能被尊为六祖。慧能(618—713)：唐代高僧，俗姓芦，新州人。中国禅宗南宗创始人，佛教史上称其为禅宗六祖。其事迹见于《六祖能禅师碑铭》《宋高僧传》《景德传灯录》《六祖坛经》及《曹溪大师别传》等。参任继愈《佛教大辞典》。岭外：南岭以南地区。

㉑大庾岭："五岭"之一，又名东峤、梅岭，在今江西大余、广东南雄交界处，向为岭南、岭北之交通咽喉。相传汉武帝时有庾姓将军筑城于此，故名。

㉒传衣：据传佛教禅宗在六祖慧能之前，传法时皆付以袈裟为信物，故此袈裟又称"信衣"，师徒传法谓之"传衣"。《景德传灯录》："昔达磨初至，人未知信，故传衣以明得法。今信心已熟，衣乃争端，止于汝身，不复传也。"

㉓屈眴：一由木棉心织成的细布。《景德传灯录》："塔中有达磨所传信衣。西域屈眴布也，缉木绵华心织成，后人以碧绢为里。"《翻译名义集》："屈眴，此云大细布。缉木绵华心织成，其色青黑。即达磨所传袈裟。"

㉔缉：编织、纺织。

　　此达赖传宗①，班禅分宰②。达赖喇嘛，宗喀巴之大弟子也；班禅额尔德尼，宗喀巴之二弟子也。头辈达赖喇嘛名根敦珠巴，生于明洪武二十四年辛未，在喀那木萨喀木青熙处出家，二十岁受大戒③，创建札什伦布庙宇，诵《穆隆经》④。其时有博洞班禅在雪地修行，闻名依附，遂号根敦珠巴为汤澈清巴，寿八十七岁。第二辈名根敦嘉木磋⑤，生于明成化十二年丙申，创建群科尔汪庙宇⑥。第三辈名索诺木嘉木磋，生于明嘉靖二十二年癸卯⑦，亲赴各蒙古地方布行黄教，蒙古王等咸称为达赖喇嘛班禅杂尔达拉，明万历间封为大国师⑧。第四辈名云丹嘉木磋，生于明万历十七年己丑，生蒙古地方敬格尔家，十五岁到藏，在噶勒丹寺坐台之桑杰仁庆处出家⑨，班禅罗卜藏曲津处受大戒，万历间封为沙布达多尔济桑结。能驱邪逐崇，曾于石上踏留足印。第五辈名阿旺罗卜藏嘉木磋，明万历四十五年生于前藏崇结萨尔合王家⑩，其生之日与释迦牟尼佛同，在班禅罗卜藏曲津处出家，受大戒。国朝太宗文皇帝崇德七年⑪，达赖喇嘛同班禅喇嘛差乌巴什台吉达盛京进贡，约行善事。顺治元年，达赖喇嘛差人赴京进贡。九年入觐。世祖章皇帝赐居黄寺⑫，封为掌天下黄教西方自在佛足墨多尔济嘉木磋喇嘛，金册十五页。第六辈名罗卜藏林沁仓洋嘉木磋，康熙二十二年生于蒙巴拉沃松地方⑬。第七辈名罗布藏噶勒桑嘉木磋，康熙帝四十七年生于里塘地方，在察汉诺们罕家出家十三岁。康熙五十九年，赐达赖喇嘛名号、统领黄教敕书、金印。雍正二年，赐西方汤澈清巴巴木载达赖喇嘛掌天下释教金册金印。第八辈名罗藏丹碑旺楚克江巴尔嘉木磋，乾隆二十三年戊寅生于后藏托结地方，现住布达拉。○班禅第一辈名刻珠尼玛绰尔济伽勒布格尔，生于明正统十年乙丑。第二辈名珠拜旺曲索诺木绰尔济朗布，生年缺。第三辈名结珠拜旺曲罗布藏敦玉珠巴，生于明宏治十八年乙丑[⑭]。第四辈名班禅罗卜藏绰尔济嘉勒参，生于明隆庆元年丁卯，国朝崇德七年遣使进贡。太宗文皇帝诏令班禅、达赖二人内年少者拜年长者为师[⑮]，学习经典。寿九十六岁。第五辈名班禅罗布藏伊喜，生于康熙二年癸卯，五十二年圣祖赐金册、印，注明札什伦布庙宇、地方属班禅管理。第六辈名班禅哲布尊巴勒丹伊喜，生于乾隆三年戊午，三十年赐金册，四十五年入觐，高宗纯皇帝赐四体字玉册、玉印[⑯]。第七辈生于乾隆四十七年壬寅，现住札什伦布。拟北山之二圣[⑰]，化西土于千载也[⑱]。《魏书》：僧法度、法绍，游学北山[⑲]，综习三藏[⑳]，灵迹异事，皆得见闻于世，时号北山二圣云。

①达赖：即达赖喇嘛，藏传佛教格鲁派两大活佛转世系统称号之一。明万历六年，土默特蒙古俺答汗尊格鲁派领袖索南嘉措为"圣识一切瓦齐尔达赖喇嘛"，此为"达赖"称号之始。格鲁派认索南嘉措为第三世达赖，追认根敦嘉措为第二世达赖，根敦朱巴为第一世达赖。达赖转世系统迄今共传十四世：一世根敦朱巴（1391—1474）；二世根敦嘉措（1475—1542）；三世索南嘉措（1542—1588）；四世云丹嘉措（1589—1616）；五世罗桑嘉措（1616—1682）；六世仓央嘉措（1683—1707）；七世噶桑嘉措（1708—1757）；八世强白嘉措（1757—1804）；九世隆朵嘉措（1805—1815）；十世楚臣嘉措（1816—1837）；十一世克珠嘉措（1838—1855）；十二世程列嘉措（1856—1875）；十三世图登嘉措（1876—1933）；十四世拉木登珠，1934年生，青海平安县人，1939年入藏，1940年坐床，法名丹增嘉措。1950年，派代表到北京签

订《中央人民政府与西藏地方政府关于和平解放西藏办法的协议》。1959 年 3 月起叛国外逃，流亡印度。参丹珠昂奔《藏族大辞典》。传宗：传承宗派。

②班禅："班禅额尔德尼"的省称，藏传佛教格鲁派两大活佛转世系统称号之一。"班"为梵语"班智达"的简称，意为"学者"；"禅"为藏语音，意为"大"；"班禅"即"大学者"之意。"额尔德尼"为满语音译，意为"珍宝"。17 世纪初札什伦布寺的罗桑却吉坚赞因学识渊博被人尊称为"班禅"。清顺治二年统治卫、藏的蒙古和硕特部首领固始汗尊赠罗桑却吉坚赞"班禅博克多"称号，并使其主持札什伦布寺，划分后藏部分地区归其管辖，为班禅四世，此为班禅活佛系统获得名号之始。后来其徒众按师承上溯，追认克珠杰、索南确朗、罗桑丹珠分别为一世、二世、三世班禅，遂形成班禅活佛转世系统，视其为阿弥陀佛的化身。清康熙五十二年册封五世班禅罗桑益西为"额尔德尼"，赐给金册金印，确认班禅在格鲁派中的地位，分管后藏部分地区的政教大权。班禅至今共传十一世，即一世克珠杰（1385—1438）；二世索南确朗（1439—1504）；三世罗桑丹珠（1505—1566）；四世罗桑曲结（1567—1662）；五世罗桑益喜（1663—1737）；六世巴丹益喜（1738—1780）；七世丹白尼玛（1782—1854）；八世丹白旺修（1855—1882）；九世曲吉尼玛（1883—1937）；十世确吉坚赞（1938—1989）；十一世坚赞诺布，1990 年 2 月 13 日生，西藏嘉黎县人，1995 年 11 月 29 日在拉萨大昭寺"金瓶掣签"认定，1995 年 12 月 8 日在西藏日喀则札什伦布寺举行坐床典礼。参王尧《西藏历史文化辞典》。分宰：犹言共同主管、治理。

③大戒："具足戒"的别称，为佛教比丘和比丘尼所受的戒律。因与沙弥、沙弥尼所受"十戒"相比，戒品具足，故有是称。至于戒条数目，说法不一。

④诵：反约本、元尚居本、榕园本均作"创"。

⑤嘉木磋：今译作"嘉措"。

⑥群科尔汪庙宇：即琼果结寺，在今西藏加查县拉姆拉错湖边。

⑦嘉靖：明世宗朱厚熜年号，公元 1507—1566 年。

⑧万历：明神宗朱翊钧年号，公元 1573—1620 年。大国师：万历十六年，明廷遣人赴归化城册封三世达赖喇嘛索南嘉措为"朵儿只唱"，而非国师之号。

⑨噶勒丹寺：即拉萨甘丹寺，位于西藏拉萨市达孜县境内，为藏传佛教格鲁派宗师宗喀巴于永乐七年倡建的第一座格鲁派寺院，与其后建于拉萨市郊的哲蚌寺、色拉寺合称"三大寺"。因其为宗喀巴创建，又是宗喀巴升座和圆寂之地，备受崇敬，其宗教地位居于格鲁派各寺之首。其藏语全称为"卓噶丹朗巴杰卧林"（vbrog－dgav－ldan－rnam－par－rgyal－bavi－gling），意为"喜足尊胜洲"，或译"兜率天宫"，另有"噶勒丹寺""噶尔丹庙""甘当寺"等译名。清雍正十一年赐名"永泰寺"，今通称"甘丹寺"。宗喀巴圆寂后，该寺法台由塔玛仁钦继承，为第二任甘丹赤巴（dgav－ldan－khri－pa），每任为七年，由绛孜法王或夏孜法王升任。在前辈达赖圆寂、新达赖亲政前这段时间，甘丹赤巴有资格出任原西藏地方政府的摄政，代行达赖喇嘛的政教职权。迄今，甘丹赤巴已历一百零二任。参丹珠昂奔《藏族大辞典》。

⑩崇结：即琼结。

⑪太宗文皇帝：即清太宗皇太极。

⑫世祖章皇帝：即清世祖福临。

⑬康：八旗本作"唐"。二十二，反约本、榕园本作"二十一"。蒙巴：即门隅、门城、门巴，在今西藏错那县，为门巴族聚居地。

⑭宏：应为"弘"，避乾隆皇帝讳。

⑮内：榕园本、反约本作"约"。

⑯高宗纯皇帝：即清高宗弘历。

⑰拟：犹如、仿效之意。北山之二圣：南朝梁释慧皎《高僧传》："释法度，黄龙人。少出家，游学北土，备综众经，而专以苦节成务……时有沙门法绍，业行清苦，誉齐于度，而学解优之，故时人号曰

北山二圣。"

⑱化：教化。西土：西方，文中借指西藏。

⑲游学北山：未见载于《魏书》。

⑳三藏：佛教经典的总称，分经、律、论三部分。经，总说根本教义；律，记述戒规威仪；论，阐明经义。

于是金妆宝像①，玉缀珠联②。示相如来③，本今皆觉；《道院集》："本觉为如④，今觉为来也。"现身菩萨⑤，普济为缘。《释典》：菩，普也；萨，济也，言能普济众生。"菩，普也；萨，济也"：语出《资治通鉴》。

①金妆：饰金、涂金。宝像：佛像。

②联：连接。

③示相：即八相示现，谓如来为化度众生，以成道为中心而示现的由生至灭的八个阶段：降兜率、入胎、住胎、出胎、出家、成道、转法轮、入灭。参《大乘起信论》。如来：佛的十种法号之一。《金刚经·威仪寂静分》："如来者，无所从来，亦无所去，故名如来。"

④《道院集》：宋晁迥撰，为佛教教理随笔，十五卷。后宋人王古将其删改为《道院集要》三卷。本觉：《大乘起信论》："心体杂念，离念相者，等虚空界，无所不遍。法界一相，即是如来平等法身。依此法身，说名本觉。"

⑤菩萨：梵语"Bodhisattva"的音译之略，全称"菩提萨埵"，亦作"菩提索埵""冒地萨怛缚"等；意为"觉有情""道众生""道心众生"等；亦称"开士""高士""大士""正士""始士""法臣""法王子""广大萨埵""最胜真子""大法师""大福"等。《大毗婆沙论》："如契经言：有一有情是不愚类，是聪慧类，谓菩提萨埵。"故"菩萨"的原始含义是"聪慧者"。此论又将发"无上菩提心"、有成佛的强烈信心，并为佛所授记，有成就"三十二相"的作为，当作菩

萨的本质规定。参任继愈《佛教大辞典》。

拈花仗剑之殊观^①，金刚救度^②；金刚力士皆怒目仗剑，若救度
佛母则拈花善相也^③。五台二嵋之异品^④，曼殊普贤^⑤。五台清凉山
文殊菩萨、四川峨眉山普贤菩萨。

①拈花：手中拿着花朵。仗剑：手中拿着宝剑。殊：差异、差别。
观：形象。

②金刚：即金刚力士，是佛的侍从力士，也称"执杖药叉"或
"密迹金刚"，外貌恐怖丑陋，且手持刀剑。救度：即救度母，也称度
母，梵语为"多罗母"，藏传佛教中最善良、最美丽之女神。

③善相：相貌和善。

④五台：即五台山，在今山西忻州境，是文殊菩萨道场。二嵋：即
峨眉山，在今四川乐山境，是普贤菩萨道场。

⑤曼殊：即曼殊室利，亦作"文殊师利""曼殊菩萨"，中国佛教
四大菩萨之一。相传其显灵说法的道场在山西五台山，与普贤菩萨随侍
释迦牟尼左右，司智慧。顶结五髻，手持宝剑，塑像多骑狮子。"文
殊"之名，始见于东汉支娄迦谶译《道行般若》。参任继愈《宗教大辞
典》。普贤：中国佛教崇奉的四大菩萨之一，为理德化身、大乘经典总
护法、菩萨行典范、大日如来同体，普贤菩萨塑像多乘白象。《探玄
记》："德周法界曰普，至顺调善曰贤。""普贤"之名，始见于《三曼
陀罗菩萨经》。参任继愈《宗教大辞典》。

德木楚克，乃阴阳之秘密；阴阳佛也^①。雅满达嘎，实心性之
真筌^②。护法佛也。桑堆满座，安乐佛也。天王接肩^③。天王之像最多
异品。盖奇颜谲状^④，累万盈千^⑤，名不可以殚述^⑥，义不可以言
传也^⑦。

①阴阳佛：即胜乐佛，亦作"欢喜佛""双修佛""双尊神"等，藏传佛教密宗本尊神，即佛教中的"欲天""爱神"，作男女二人裸身相抱之形。男女合体是密宗无上瑜伽的双身修持法，其目的是以爱欲为除障修道之法。双身修持密法，为"男女和合之大定""以欲制欲"，从而达到"自性净"。参任继愈《宗教大辞典》。

②心性：性情。真筌：即真诠，真谛。

③天王：佛教称护法神为天王，如毗沙门天王、四天王。接肩：肩膀接着肩膀，形容其数众多。

④奇颜：奇异的容颜；诡状：怪异的形状。

⑤累万盈千：形容极多。累：累积。盈：超出、多出。

⑥殚述：详尽叙述。

⑦言传：用言语表述。《庄子·天道》："语之所贵者意也，意有所随。意之所随者，不可以言传也。"

其寺则两招建自唐朝①，丰碑矗矗②；西藏番王传七世至绰尔济松赞噶木布③，迎唐公主为妻④。又迎巴勒布王鄂特色尔郭恰之女拜木萨为妾⑤。唐公主带来释迦牟尼佛像⑥，拜木萨带来墨珠多尔济佛像⑦，藏王择地兴建大招供奉之。大招门前有唐德宗时和亲盟碑，字迹尚真⑧，碑文载入《通志》⑨。万善兴于公主⑩，古柳娟娟⑪。大招钱有古柳二株，相传植自唐时⑫。

①两招：即大昭寺与小昭寺。

②丰碑：高大的石碑，文中指唐蕃会盟碑，亦称"长庆会盟碑""甥舅和盟碑"，位于大昭寺前。唐穆宗长庆元年至二年，唐蕃互派和盟使者先后在长安、拉萨会盟，史称"长庆会盟"或"甥舅会盟"。长庆三年，唐政府在长安、吐蕃赞普墀松德赞在拉萨大昭寺前树碑刻石，长安碑已佚，拉萨碑尚存。碑身圆柱形，上有石帽，四周汉藏双语文字，记载唐蕃友好关系以及此次会盟经过与意义。**矗矗**：高峻貌。

③绰尔济松赞噶木布：即松赞干布（617？—650），唐贞观三年继位，后统一吐蕃地区，建立吐蕃王朝。贞观十四年，遣使入唐求婚。贞观十五年，文成公主入藏。高宗李治继位后，封松赞干布为"驸马都尉""西海郡王"，并刻像守卫唐太宗昭陵。

④唐公主：即文成公主（？—680），唐太宗养女。唐贞观年间，吐蕃赞普松赞干布派遣噶尔东赞为请婚使者，赴长安请婚，唐太宗以养女文成公主许嫁松赞干布。并诏令礼部尚书江夏王李道宗为主婚使，持节护送文成公主入蕃。文成公主入藏时，带去了大量的书籍、技术。入藏后松赞干布又遣贵族子弟入唐学习，并请唐政府予以蚕种、技术、工匠方面的支持。

⑤巴勒布：清代文献中用以指尼泊尔，尤指18世纪中叶廓尔喀王朝统一尼泊尔全境前在尼泊尔河谷的三个分立的政权，即叶楞、库库木、阳布。拜木萨：即赤尊公主，亦作"尺尊公主"。

⑥释迦牟尼佛像：即释迦牟尼十二岁等身像，现藏大昭寺。

⑦墨珠多尔济佛像：即不动金刚像，今不知藏于何处。

⑧真：清晰、清楚。

⑨《通志》：即《卫藏通志》。

⑩万善：所有善事。

⑪古柳：即唐柳，亦作"公主柳"。相传是文成公主将皇后在长安灞桥赐的柳枝带至西藏亲手在大昭寺所种之柳树。娟娟：姿态柔美。

⑫植：榕园本作"值"。

填海架梁①，西开梵宇②；《经簿》：拉萨地乃海子也③。唐公主卜此地为妖女仰面之形，海子乃妖女心血，是为海眼④，须将海眼填塞，上修庙宇如莲花形，乃得吉祥。藏王遂兴工将海子四面用石堆砌。海眼中忽现出石塔三层，用石抛击，然后用木接盖，其空隙处，熔钢淋满，海眼干涸。时有龙王献洋船式样⑤，用石堆之，大招乃成，至今一千八百四十余年。坐东向西，楼高四层，上有金殿五座，阑干瓦片皆铜胎鎏金⑥。左廊下有唐公主、藏王松赞噶木布及巴勒布王之女拜木萨之像。东南隅有甲噶尔僧拜拉木像⑦。燃灯供奉⑧，神灵赫奕⑨，番人敬畏之。内藏古军器，鸟枪有长八九尺至一丈者，弓靫箭袋亦甚长大⑩。殿内有明万历时太监杨英所立碑⑪。庙前壁上绘唐玄奘法师取经师弟四人像⑫。背山起阁⑬，东望云天。小招在大招北半里许，地名喇木契，坐西向东，背布达拉，楼高三层，上有金殿一座，唐公主建。公主悲思中国⑭，故东向内供墨珠多尔济佛。或云内有塑像，乃唐公主肉身。座上书"默寂能仁"四字。

①填海架梁：填平海眼，架起屋梁，文中指文成公主主持修建大昭寺。

②西：面向西方。梵宇：佛寺。

③海子：湖泊。

④海眼：泉水出流口。

⑤样：底本作"搮"，其他诸本均作"样"，据改。

⑥阑干：即栏杆。铜胎：即铜质坯子。鎏金：即溜金，给器物上色的一种传统工艺。

⑦甲噶尔：即印度。拜拉木：即莲花生大师，8世纪印度僧人，乌仗那人，因而又称"乌仗那大师"。天宝十载前后，莲花生入藏传播密法。被认为是藏传佛教密宗初兴之时的大阿阇黎，开创了藏传佛教的宁玛派，是宁玛派的第一位祖师。参王尧《西藏历史文化辞典》。

⑧燃灯：点燃灯烛。大昭寺前有长明酥油灯，文中应指此。

⑨赫奕：光辉炫耀貌。

⑩靫：箭袋，文中指弓衣。

⑪英：《拉萨文物志》所录杨英碑文作"瑛"。杨英：即杨三保，亦作"杨瑛"，明万历间太监，曾三次宣使西藏。其在拉萨时，曾于大昭寺刻石，即《明太监杨瑛碑》，碑阴刻有杨瑛以下126人姓名。该碑立石于永乐间，和瑛误作万历间。

⑫弟：图考本作"徒"。师弟：师傅和弟子。

⑬背山：背对大山。起阁：修建楼阁。文中指文成公主修建小昭寺。

⑭中国：指中原地区。

鸟革翚飞①，范金作瓦②；殿上金瓦光辉夺目。莲花地涌③，罘铁为帘④。门前挂铁网为帘。不尽灯⑤，铜缸酥点⑥；无寻香⑦，鹊尾螺煎⑧。禅关寂寂⑨，梵呗渊渊⑩。

①鸟革翚飞：形容宫室壮丽。语出《诗·小雅》："如鸟斯革，如翚斯飞。"朱熹《集传》："其栋宇峻起，如鸟之警而革也，其檐阿华采而轩翔，如翚之飞而矫其翼也，盖其堂之美如此。"革，张开翅膀；翚，五彩羽毛之雉。

②范金：用模子浇铸金属品。《礼记·礼运》："后圣有作，然后修火之利，范金合土，以为台榭宫室牖户。"《孔颖达疏》："范金者，谓为形范以铸金器。"

③莲花地涌：即地涌莲花，意为地面上到处都是莲花，成为莲花世界。布达拉宫西平措殿有乾隆二十五年御赐"涌莲初地"匾额。

④罘铁：即铁网。

⑤不尽灯：即长明灯。

⑥铜缸：用来贮存点灯所需酥油的缸。《西藏志》："（大昭寺）神佛万计，皆用大铜缸贮酥油点灯为供。"酥点：点燃酥油。

⑦无寻香：香火不断。

⑧鹊尾：即鹊尾炉，一种长柄香炉。

⑨禅关：即禅门、禅院。寂寂：安静、寂静之意。

⑩梵呗：佛教作法事时歌咏赞颂之声。《集韵》："西域谓颂曰呗。"《法苑珠林》："西方之有呗，犹东国之有赞。赞者，从文以结章；呗者，短偈以流颂。比其事义，名异实同。"

佛心无漏于恒沙[1]，奚止于九百六十[2]；《佛书》：心窍九百六十，毛孔八万四千[3]。法会皈依于狮座[4]，能容三万二千。每年孟春[5]，集喇嘛三万余众在大招诵《摩罗木经》，名曰攒招[6]。○《维摩经》："舍利佛来见[7]，其室中无有床坐。维摩现神通力，须弥灯王遣三万二千狮子座来入维摩方丈室[8]。"

[1]佛心：佛的大慈大悲之心。《观无量寿经》："诸佛心者，大慈悲是。"无漏：与"有漏"相对。唐王维《能禅师碑》："得无漏不尽漏，度有为非无为者，其惟我曹溪禅师乎！"赵殿成《笺注》："释氏谓道心如完器，妙理犹净水，一切烦恼，破坏道心，迷失妙理，犹如破器，不能停净水，讥其过失，名之曰漏。即欲漏、有漏、无明漏也。四果永尽，名曰无漏。"恒沙：恒河之沙，形容数量多至无法计算。

[2]奚：哪里。止：以之为止。

[3]心窍九百六十：唐道世《法苑珠林》："又依《安般经》云：于一弹指顷，心有九百六十。"康僧会《佛说大安般守意经·序》："夫安般者，诸佛之大乘，以济众生之漂流也……弹指之间，心九百六十转。"毛孔八万四千：语出《佛说观佛三昧海经》："佛身毛孔八万四千诸宝莲华。"

[4]法会：佛教为说法、供佛、施僧等活动所举行的各种宗教仪式或集会，文中指招攒法会。皈依：佛教的入教仪式，表示对佛、法、僧三者归顺依附，故亦称"三皈依"。狮座：即狮子座，指佛所坐之处，文中借指佛门、佛教。《大智度论》："佛为人中狮子，佛所坐处，若床若地，皆名狮子座。"

[5]孟春：春季的第一个月，农历正月。

[6]攒招：即传昭大法会，亦称"传大召法会""大祈愿法会"，藏语称"默朗钦莫"，意为发愿、祈愿。每年藏历年正月初三至二十四日举行，是宗喀巴大师倡导的四大佛事之一。

[7]《维摩经》：全称《维摩诘所说经》，亦称《维摩诘经》。维摩，

即维摩诘，亦译"毗摩罗诘""维摩罗诘""毗摩罗诘利帝"等。舍利佛：释迦牟尼十大弟子之一，古印度摩揭陀国王舍城人，属于婆罗门种姓。原从外道修习，后遇阿说示比丘转述释迦牟尼之缘起理论，遂与目犍连一起归依释迦牟尼。持戒多闻，聪明敏捷，善讲佛法，被称为"智慧第一"。参任继愈《佛教大辞典》。

⑧须弥灯王：须弥灯王佛。《维摩诘经·不思议品》："过东方三十六恒沙国，有世界名为须弥相，其佛号须弥灯王。彼佛身长八万四千由旬，其师子座高八万四千由旬，严饰第一。"方丈室：一丈见方之室，言室之狭小。

尔乃桑鸢色拉①，别蚌甘丹②。前藏四大寺也。桑鸢寺，在拉萨山南，行二日萨木叶地方③。唐时藏王绰尔济松赞噶木布之第五世孙名绰尔济赤松特赞④，欲修礼玛正桑庙⑤，赴甲噶尔延请班第达⑥，择地兴修，未成。复令藏地能习经咒之人赴甲噶尔请祖师巴特玛萨木巴娃降收妖邪⑦。在萨木叶地方斩毒蛇五条，池水尽赤。乃仿照甲噶尔阿兰达苏里庙宇式样修造⑧，五顶四面八方，以象星宿。后有噶瓦拜勒孜觉啰累嘉木磋等数千人，教化大行，修立十二处大寺，安设喇嘛道士诵经，至今一千四十三年。又《旧志》载⑨，桑鸢寺楼阁经堂与大招相似，内供关圣帝君像。相传唐以前，其方多鬼怪为害，人民不安。帝君显圣除之，人始蕃息⑩。番民奉祀，尊号草塞结波。○色拉寺，在拉萨北十里色拉山，宗喀巴建。因其弟子甲木庆绰尔济沙克伽伊喜明时入中国为禅师⑪，赐物甚盛。还藏后，宗喀巴令其在色拉山建立大寺。所供佛像系旃檀香雕刻释迦牟尼佛、十八罗汉及诸佛像⑫。其寺依山麓建金殿三座，层楼高耸。寺中供降魔杵一⑬，长不足二尺，头如三棱铜，其上状如人头。唐古特语名多尔济，相传为飞来者，汉人呼为飞来杵。岁一出巡，番众朝礼。其寺堪布喇嘛珍之⑭。○别蚌寺，本名布赖蚌寺，布达拉西二十里，依北山麓。宗喀巴弟子札木洋绰尔济札巴勒丹在聂乌地方居住⑮，梦神人语以此地宜修寺院，赐与五千徒众，现出无量水泉数处[16]。觉而告其师。宗喀巴乃令修寺。有聂乌富户那木喀桑布出资施建庙宇，又修郭莽等七处札仓[17]，乃蒙古、吐蕃、西番各土司、布尔哈等处凡出世之呼毕勒罕及远近大小喇嘛初学经者皆聚处于此[18]。○甘丹寺，本名噶勒丹寺，在拉萨东五十里噶勒丹山[19]，其形势与布达拉略同，其经楼、佛像与大招略同，乃宗喀巴坐床之所，示寂于噶勒丹寺弥勒前[20]，为黄教发源之地。黄教堪布主之。垂仲神巫[21]，木鹿经坛[22]。垂仲殿，一名噶玛霞寺，大招东半里许。寺内塑神像，狰狞恶煞。内居护法，喇嘛装束，仍娶妻生子，世传其术，乃中国之巫类也。每月初二、十六下神[23]，头戴金盔，上插鸡羽，高二三尺，背插小旗五面，周身以白哈达结束[24]，足穿虎皮靴[25]，手执弓刀，坐法坛。番人叩问吉凶，托神言判断福祸。出则从人装束鬼怪[26]，执旗幡、鸣鼓钹导之。亦有女人为之者。最为唐古特敬信。○木鹿寺，在大招之北，楼高四层，又名经园，刊刷藏经[27]，颁行各处，悉取给于此处。

①桑鸢：即桑鸢寺，又译作"桑摩耶寺""桑伊寺"，位于西藏札囊县境内的雅鲁藏布江北岸，靠近扎玛宫的吐蕃赞普冬宫。关于该寺创建的具体年代说法不一，约在8世纪赤松德赞时期。因修建时仿照印度的飞行寺，融合了汉藏建筑特点，故又有"三样寺"之称，该寺是西藏第一座剃度僧人出家的寺院。整个寺院呈圆形，是严格按照佛经中关于世界形成之说设计的。色拉：即色拉寺，位于西藏拉萨北郊色拉乌孜山南麓，为藏传佛教格鲁派重要寺庙，与哲蚌寺、甘丹寺共称拉萨三大寺。明永乐十七年，释迦也失遵照宗喀巴意愿主持兴建。宣德九年寺成后，释迦也失受明宣宗封为"大慈法王"。后色拉寺屡经扩建，地位仅次于哲蚌寺。参谢启晃《藏族传统文化辞典》。

②别蚌：即哲蚌寺，是"吉祥米聚十方尊胜洲"之省称，在西藏拉萨西郊根培乌孜山南麓，拉萨三大寺之一，西藏最大的格鲁派寺庙。明永乐十四年，宗喀巴弟子绛央却杰主持修建并自任第一任堪布，后来逐渐发展为格鲁派实力最强盛的寺庙，历代达赖喇嘛皆以别蚌寺为母

寺。甘丹：即甘丹寺，亦作"噶勒丹寺"，是"喜足尊胜洲"的省称，意为"兜率天极乐寺"，在西藏拉萨东达孜县境内旺古尔山山谷，是格鲁派第一座寺庙，也是格鲁派六大寺庙之首。明永乐七年，格鲁派创始人宗喀巴在仁钦贝、仁钦伦布父子的支持下修建，宗喀巴的灵塔亦建于该寺内。该寺住持称作"甘丹赤巴"，宗喀巴首座弟子贾曹杰为首任甘丹赤巴，此后每七年一任。甘丹赤巴名为甘丹寺住持，实则为格鲁派教主。参谢启晃《藏族传统文化辞典》。

③萨木叶：地名，在今西藏山南扎囊县雅鲁藏布江北岸的扎玛山山麓。

④绰尔济赤松特赞：即赞普赤松德赞（742—797），亦作"苏农猎赞""乞立赞"，唐唐天宝十四载继位。上元二年废除禁佛令，大历九年迎请印度高僧寂护、莲花生来藏传法，大历十四年建成桑耶寺。其间，促成了唐蕃清水会盟，并互派使者在长安即逻娑会盟。

⑤修礼：施行礼教。

⑥班第达：亦译"班智达""班弥怛""潘迪特""班迪达"。藏传佛教中对学者的最高称谓。获此称谓者需精通大小五明和佛教经典。藏传佛教初期，只有印度来华的大学者享此称谓，后来藏族的大学者也有此称谓，如"班禅"即"大班第达"之意。参任继愈《佛教大辞典》。

⑦巴特玛萨木巴娃：即莲花生大师。

⑧阿兰达苏里庙宇：即印度高翔寺。样：底本作"㨾"，其余诸本均作"样"，据改。式样：即图样、样式。

⑨《旧志》：即《西藏志》。乾隆五十三年，和瑛在成都得到《西藏志》抄本后将其刊印。五十七年春，和瑛又为其作序。

⑩蕃息：即繁衍生息。

⑪甲木庆绰尔济沙克伽伊喜：即释迦也失（1354—1435）。明代西藏三大法王之一，宗喀巴八大弟子之一。西藏拉萨河下游蔡贡塘地方人，自幼出家，后拜西藏教格鲁派创始人宗喀巴大师为根本上师，学习佛法，因其勤奋好学，才华过人，故宗喀巴称其为"辩才无碍"的八

大弟子之一。永乐十三年四月五日，明成祖封其为"妙觉圆通慈慧普应辅国显教灌顶弘善西天佛子大国师"，赐印诰及金边黑色僧帽一顶。宣德九年，明宣宗颁赐释迦也失御制法轮金印，封其为："万行妙明真如上胜清净般若弘照普应辅国显教至善大慈法王西天正觉如来自在大圆通佛"，简称大慈法王，藏语为"绛钦曲结"。宣德十年十月二十四日，释迦也失卒于返藏途中，明廷下令在青海卓摩喀建造喇嘛寺，赐名"弘化寺"，以示纪念。参丹珠昂奔《藏族大辞典》。中国：中原地区。

　　⑫旃檀香：檀香木。迦：榕园本作"家"。十八罗汉：佛的上足弟子为罗汉，十八罗汉是指佛教传说中的十八位永驻世间护持正法的阿罗汉，由二尊者加十六罗汉而成，均为释迦牟尼的弟子。

　　⑬降魔杵：佛寺中金刚塑像手执之杵。《大日经义释》："杵头有四角形，如寻常塑画，金钢神手所执者，名降魔杵是也。"

　　⑭堪布：又称"亲教师"，是传授出家戒或近圆戒的僧人。堪布作为寺庙的职务，为札仓主持人，相当于汉地佛寺的住持或方丈。堪布的任期，各寺不同。清徐珂《清稗类钞》："堪布，僧官之总称也，前后藏皆同。管理寺院，讲习经典，有总堪布、通巴堪布、达尔罕堪布之别，其品级自三品至八九品不等，惟以寺院之大小，喇嘛之多寡为差。"参谢启晃《藏族传统文化辞典》。

　　⑮札木洋绰尔济札巴勒丹：即绛央却杰（1379—1449），意为"妙音法尊"，本名"札西贝丹"，格鲁派创始人宗喀巴的弟子。永乐十四年创建哲蚌寺并担任该寺住持。参任继愈《佛教大辞典》。聂乌：宗（县）名，即内邬，藏文音译，又译作"乃吾""柳梧""柳吾"等。在今西堆龙德庆县的柳邬区一带。参丹珠昂奔《藏族大辞典》。

　　⑯无量：即不可计量之意。

　　⑰郭莽：即哲蚌寺札仓。札仓：亦作"札仓"，意为"僧院""经院"，藏传佛教寺院内设机构。负责管理僧众纪律、学经、起居等。多为按学经内容或历史渊源而成立的独立单位。由堪布或赤巴主持，下设格贵、翁则、强佐、雄勒巴等僧侣执事，管理本札仓的学经、财务等各

种事务。各大寺拥有札仓的数目不等。参任继愈《佛教大辞典》。

⑱呼毕勒罕：亦作"呼必勒罕"，蒙古语音译，意为"自在转生"，或言"化身"。《乾隆朝内府抄本理藩院则例》："凡喇嘛道行至高者曰胡图克图，转世者曰胡毕尔汗。其秩之贵者，曰国师、曰禅师，次曰札萨克大喇嘛、副札萨克大喇嘛、札萨克喇嘛；又次曰大喇嘛、副喇嘛、闲散喇嘛。札萨克喇嘛以上给印，余给札付。其徒有德木齐、格思规、格隆、班第之差。陕、甘、洮、岷诸寺住持番僧，曰都纲，曰僧纲，曰僧正，各给札付。有不守戒规者，论如法。"参丹珠昂奔《藏族大辞典》。

⑲噶勒丹山：即旺古尔山，在达孜县境内拉萨河南岸。

⑳示寂：指菩萨及高僧圆寂身死。

㉑垂仲：亦作"吹忠"，全称"拉穆吹忠"。藏语词，意为"护法"。在过去的藏族社会中，大至活佛的转世、认定，地方政府重大事件的抉择，以及求雨、祈福、预卜未来等，都要由吹忠作法降神。参郑天挺《中国历史大辞典》。

㉒木鹿：寺名，亦作"木如寺"，在今西藏拉萨市区东北部。

㉓下神：招请神灵。

㉔结束：装束、打扮。

㉕靴：榕园本作"鞋"。

㉖从人：随从。

㉗刊刷：刊刻印刷。藏经：榕园本、元尚居本作"经藏"。

沙弥班第①，尊者阿难②。骈头猡狘③，钉坐团圞④。醍醐夕瓮⑤，籹䴵朝盘⑥。礼雪岩之弥勒⑦，拜海屿之旃檀⑧。

①沙弥：梵文"Sramanera"的音译，亦作"室罗摩拏洛迦"，意为"行慈""息恶""息慈""勤策男"等。指7岁以上20岁以下受过十戒，但未受具足戒的出家男子。据《摩诃僧祇律》有三种：7—13岁可

驱逐放置食物处的乌鸦，故称"驱乌沙弥"；14—19 岁已适应出家生活，称"应法沙弥"；过 20 岁而尚未受具足戒仍持沙弥身份者，称"名字沙弥"。故中国佛教亦多有超过 20 岁的出家人仍为沙弥身份。参任继愈《宗教大辞典》。班第：即班第达之简称。

②尊者：梵语"a^rya"的意译，指具有较高的德行、智慧的僧人。宋元照《四分律行事钞·资持记》："尊者，谓腊高德重，为人所尊。"阿难：即阿难陀，意译"欢喜""喜庆"等，为释迦牟尼十大弟子之一，因长于记忆，被称为"多闻第一"。

③骈头：头挨着头。猡狱：弯着腰行走。

④钉坐：即打坐。团圈：围成一圈。

⑤醍醐：从酥酪中提制出的油，文中指酥油茶。《大般涅槃经·圣行品》："譬如从牛出乳，从乳出酪，从酪出生酥，从生酥出熟酥，从熟酥出醍醐。醍醐最上。"瓮：口小而腹大的陶制容器。

⑥炦：同"热"。麨：图考本作"麨"，炒熟的米粉或面粉。文中借指用炒熟的青稞制作的糌粑。黄沛翘《西藏图考·和宁西藏赋》："炦麨，音热沙，碎麦也。均出《典释》。"此处"夕瓮""朝盘"，指早晚进食糌粑，饮用酥油茶。

⑦礼：朝拜。雪岩：雪山。

⑧海屿：海中岛屿。旃檀：旃檀佛像。

鏠锁阿閦①，宝供珠龛②；鏠锁，音钩锁，千佛名，见《贤愚经》③。〇阿閦，音初六切，出《字统》④。《释典》：阿閦，佛名，见《释藏》。考《华严》⑤、《弥陀经》："东方有阿閦鞞佛。"阿閦，此云无动。经云："有国名妙喜，佛号无动。"疏云："阿之言无，閦之言动。"又《法华经》云："其二沙弥，东方作佛，一名阿閦，在欢喜国。"经又云："一名须弥顶。"玉耶阿魃⑥，雨集云昙⑦。《释典》：《玉耶》，佛经名。又有《阿魃经》。

①㮅锁：《康熙字典》："㮅，《字汇补》：音未详。㮅鎖：千佛名，语出《贤惠经》。"阿閦：即阿閦佛，梵语"Aksobhya–buddha"的音译，亦译"阿刍鞞耶佛""阿閦鞞佛""乞毗也佛"等，意为"不动佛""无怒佛""无瞋恚佛""无动佛"等。东方现在佛名。密教以此佛为金刚界五佛之一，象征大圆镜智，密号为"不动金刚"。参任继愈《佛教大辞典》。

②宝供：向佛贡献宝物。珠龛：珍宝装饰的神龛。

③《贤愚经》：即《贤愚因缘经》，北魏慧觉编，共十三卷。全书由69个小故事组成，包括佛本生故事、佛传故事、各种寓言、譬喻等。参任继愈《佛教大辞典》。

④《字统》：北魏 杨承统撰。是书多为谬说，谢启昆《小学考》："实开王安石《字说》之先声"。《九经字样》："笑从竹从夭，竹为乐器，君子乐然后笑。"

⑤《华严》：即《华严经》，是《大方广佛华严经》之省称。

⑥玉耶：即《玉耶经》，是《佛说玉耶女经》之省称。阿魖：即《阿魖经》，是《佛开解梵志阿颰经》之省称。

⑦雨集：像雨一样密集，形容其数之多。云县：像云一样密布，形容其数之多。

莫不画花刻楮①，镂蛤雕蚶②；蛙噪牟尼③，鳖语和南④。

①刻楮：雕刻楮叶之形状，形容雕饰极其逼真、精美。《韩非子》："宋人有为其君以象为楮叶者，三年乃成。丰杀茎柯，毫芒繁泽，乱之楮叶之中而不可别也。"

②镂蛤雕蚶：蛤、蚶，泛指贝壳一样的东西。镂蛤雕蚶形容雕刻装饰之繁复精美。《宗鉴法林》卷十九："茱萸问僧曰：'阇黎为复是游山玩水？为复是问道参禅？'曰：'和尚试道看。'师曰：'雕蚶镂蛤，不渗之泥，劳君远至。'曰：'浑身是铁，犹被一锤。'师曰：'降将不

斩。'"参任继愈《宗教大辞典》。

③蛙噪牟尼：谓诵读经文之声。蛙噪：形容念诵声音大而杂。牟尼：即牟尼子、牟尼珠，亦即数珠，后借指经文或六字真言。

④鳖语：指说话声音低沉。和南：梵语"Vandana"音译，亦作"婆南""盘谈""盘荼味"。义译为稽首和敬礼。《僧史略》："若西域相见则合掌，云和南。"

　　火宅居①，塞夷两两②；头陀住③，前后三三④。《番禺记》⑤："僧有家室者，名火宅僧⑥。"《梵书》："优婆塞⑦，善男也；优婆夷⑧，善女也。"○无著问文殊众几何⑨。曰前三三，后三三。盖九九八十一也。头陀者，抖擞也。言抖擞凡尘也。

①火宅：佛教用语，是"三界火宅"的简称，比喻充满众苦的尘世。《法华经·譬喻品》："三界无安，犹如火宅……众苦所烧，我皆拔济。"

②塞夷：即优婆塞和优婆夷，指佛的居家信众。两两：成双成对。

③头陀：亦作"头陁"，梵文"dhūta"的音译，意为"抖擞"，即去掉住、食、行三种烦恼的做法，因用此称行脚乞食的僧人，即是指行者。《法苑珠林》："西云头陁，此云抖擞，能行此法，即能抖擞烦恼，去离贪着，如衣抖擞，能去尘垢，是故从喻为名。"

④三三：即三乘三。

⑤《番禺记》：即唐郑熊所撰《番禺杂记》。原书已失传，现有元陶宗仪辑录本，收入《说郛》一书。

⑥火宅僧：佛教称入世为居火宅，为僧而有室家，是未离火宅。清顾炎武《日知录》："《辍耕录》引唐郑熊《番禺杂记》：'广中僧有室家者，谓之火宅僧。'宋陶谷《清异录》：'京师大相国寺僧有妻曰梵嫂。'"

⑦优婆塞：梵语"Upasaka"音译，又作"乌波索迦""优波裟迦"

"伊蒲塞"，意为"清信士""近事男""近善男"等，指在家中奉佛的男子。

⑧优婆夷：梵文"Upasika"音译，又作"优婆斯""优波夷""邬波斯迦"等，意为"清净女""清信女""近善女""近事女"等。指在家中奉佛的女子。《魏书·释老志》："俗人之信凭道法者，男曰优婆塞，女曰优婆夷。"

⑨无著问文殊：《古尊宿语录》："文殊问无著：'近离什么处？'著云：'南方。'殊云：'南方佛法如何住持。'著云：'末法比丘，少奉戒律。'殊云：'多少众？'著云：'或三百或五百。'著却问：'此间佛法，如何住持？'殊云：'龙蛇混杂，凡圣同居。'著云：'多少众？'殊云：'前三三，后三三。'"

衍六通之法①，僧肇谓②："骋六通之神骥③，乘五衍之安车④。"播五印之谈⑤。五印度，佛国名。唐扶诗云⑥："沙弥去学五印字⑦，静女来悬千尺幡⑧。"皆由创三身之偈诵⑨，《传灯录》⑩："六祖曰：三身者，清净法身，汝之性也；圆满报身，汝之智也；千百亿身，汝之行也。若悟三身即名四智⑪。"启四大之伽蓝⑫。《梵书》：《圆觉》以地、水、风、火为大⑬，四大也。○《释氏要览》：梵语云伽蓝摩⑭，此云众园。园者，生植之所也，佛弟子居之，取生植道木圣果之义⑮。今考卫藏凡喇嘛所居名伽仓⑯。

①衍：广为传播。六通：谓六种神通力，即神境智证通、天眼智证通、天耳智证通、他心智证通、宿住随念智证通、漏尽智证通，文中泛指佛教学说。

②僧肇：东晋僧人，鸠摩罗什弟子之一。原崇信老庄，及读《维摩诘经》，倍加欣赏，因而出家，以擅长般若学著称。其作《般若无知论》受到鸠摩罗什和慧远的赞赏；另著有《不真空论》《物不迁论》《涅槃无名论》，四论总编为《肇论》，还有《维摩诘经注》等。传说

《宝藏论》亦是僧肇所著，实为假托。至于隋代，其被奉为三论宗的重要创始人。

③骋：榕园本作"聘"。神骥：骏马。

④五衍：即五乘。《文选》："凭五衍之轼，拯溺逝川。"李善《注》："五衍，五乘。天竺言衍，此言乘。五乘：一人，二天，三声闻，四辟支佛，五菩萨。"安车：古代可以坐乘的小车。古车立乘，此为坐乘，故称安车。《周礼·春官·巾车》："安车，雕面鹥总，皆有容盖。"郑玄《注》："安车，坐乘车。凡妇人车皆坐乘。"

⑤五印：即五法印，指"诸行无常""诸法无我""涅槃寂静""一切诸行苦""一切法空"。《维摩经·弟子品》："佛为诸比丘略说法要……谓无常义、苦义、空义、无我义、寂灭义"。清黄沛翘《西藏图考·和宁西藏赋注》："按'五印'当以《观自在经》五印心陀罗尼为解，所谓心印、身印、前印、后印、降魔印也。和氏以五印度释义五印，非也。"

⑥唐扶：字翔云，山西太原人，唐元和五年进士，历任监察御史、刺史等职。《全唐诗》存诗二首，文中所指为其《使南海道长沙题道林岳麓寺》。

⑦字：底本作"度"，据《全唐诗》改。五印字：即梵文。

⑧静女：恬静的女孩。《诗经·邶风》："静女其姝，俟我于城隅。"来：图考本作"未"；千尺：底本作"手足"；均据《全唐诗》改。

⑨三身：即法身、报身、应身。偈诵：即偈颂，佛经中的唱颂词句。每句三字、四字、五字、六字、七字以至多字不等，通常以四句为一偈。

⑩《传灯录》：即《景德传灯录》，后面文句出自其卷五："礼师求解其义。祖曰：'三身者，清净法身，汝之性也；圆满报身，汝之智也；千百亿化身，汝之行也。若离本性别说三身，即名有身无智；若悟三身无有自性，即名四智菩提。'"。

⑪身：榕园本作"百"。四智：即四智心品，是菩提的四种德能，

亦是瑜伽行派所说见道至成佛过程中转八识所成的四种智慧：大圆镜智、平等性智、妙观察智、成所作智。

⑫四大：即地、水、风、火，四者广大，创造出世上所有物质，故曰四大。《圆觉经》："我今此身，四大和合。所谓发毛爪齿、皮肉筋骨、髓脑垢色，皆归于地；唾涕脓血、津液涎沫、痰泪精气、大小便利，皆归于水；暖气归火；动转归风。四大各离，今者妄身，当在何处？"伽蓝：即寺庙。

⑬《圆觉》：即《圆觉经》，又名《大方广圆觉经》《圆觉了义经》，是《大方广圆觉修多罗了义经》的简称。该经收录在《大正藏》第十七卷，注疏甚多。

⑭伽蓝摩：即寺庙。《僧史略》云："为众人园圃。园圃，生植之所；佛弟子则生殖道芽圣果也。"

⑮植：榕园本作"值"。

⑯伽仓：即札仓。

若夫达赖之居于布达拉也，唐吐蕃王绰尔济松赞噶木布好善信佛，头顶纳塔叶佛①，在拉萨山上诵《旺固尔经》，因名为布达拉。西藏番众瞻仰，每日焚香坐禅，入定，不思他往。唐公主同拜木萨恐有外侮，遂修布达拉，城垣上挂刀枪，以严防御。后因藏王莽松作乱②，经官兵拆毁，仅存观音堂一座③。至五辈达赖喇嘛掌管佛教兼理民间事务，修立白寨④。又有代办事务之桑结嘉木磋修立红寨⑤。平楼十三层，盘磴而上⑥，其上有金殿三座，下有金塔五座。西殿有宗喀巴手足印。世传为达赖喇嘛坐床之所⑦。丰冠山之层碉⑧，奥转螺之架阁⑨。浩劫盘空⑩，埤堄错落⑪。

①头顶：因松赞干布头顶阿弥陀佛，故称"双头王"。

②莽松：即芒松芒赞，吐蕃赞普，普松赞干布之孙。唐永徽元年，松赞干布卒，其父先逝，年幼即嗣赞普位，由大论禄东赞摄理政务。乾

封二年，禄东赞卒后，由其子钦陵执政，"事无大小，必出于宰相"。咸亨元年，钦陵攻占龟兹、焉耆、疏勒、于阗、安西四镇，引起唐藩之间连年征战。

③观音堂：即帕巴拉康，布达拉宫圣观音庙。

④白寨：即五世达赖修建的布达拉宫。

⑤桑结嘉木磋：即五世达赖第巴桑杰嘉措。红寨：即桑杰嘉措修建的红宫。

⑥盘磴：盘曲而上的石级。

⑦传：其他诸本皆无此字。

⑧丰：丰富而又繁多。冠山：传说中的海中巨龟头顶仙山，文中借指蓬莱仙山。层碉：层层盘旋而上的高耸碉堡。

⑨奥：幽深玄奥。转螺：谓布达拉宫台阶回旋如螺形，旋绕而上。架阁：修建楼阁。

⑩浩劫：佛塔的台阶，借指佛塔。唐杜甫《玉台观》："浩劫因王造，平台访古游。"清仇兆鳌注引《广雅》："浩劫，宫殿大阶级也。"

⑪堞垸：城上呈凹凸形而有射孔的矮墙。错落：参差交错。

路转千迷之道①，心入摩提；《梁书》②："昙鸾见梁武帝于殿中③，曲曲二十余门，一一无错。帝曰：'此千迷道也，何乃一度，遂而无迷也？'"○《佛书》：一切禅定摄心者，皆云三摩提④。译言正心性处，谓是心端正也。人登百丈之梯⑤，神栖般若。新吴百丈山怀海禅师创立清规⑥，今禅门依此。○《梵书》："般若⑦，智慧也。"《晋书·昙霍传》⑧："霍持一锡杖，令人跪，曰：'此波若眼。'"

①千迷之道：形容布达拉宫内道路多而繁杂，也形容熙熙攘攘的尘世。《续高僧传》："释昙鸾，或为峦，未详其氏……鸾从座下仍前直出。诘曲重沓二十余门。一无错误。帝极叹讶曰：'此千迷道，从来旧侍往还疑阻，如何一度，遂乃无迷？'"

②《梁书》：唐姚思廉撰，纪事自梁武帝建国起，至梁敬帝而终，首尾五十六年，凡五十六卷。和瑛自注内容未见是书。

③昙鸾：亦作"昙峦"，南北朝僧人。弘扬《中论》《百论》《十二门论》《大智度论》等四论及佛性学说，后世尊之为四论宗之祖。读《大集经》并作注解，后患气疾，外出求医，发心求长生之法。入梁都建康，谈论佛性，武帝萧衍深为佩服，称之为"肉身菩萨"。他糅合大乘中观学派和瑜伽行派的思想，结合中国传统文化特别是道家的观点，创立中国净土学说。其主要思想是：二道二力说、真实往生说、必定成佛说。参任继愈《佛教大辞典》。

④三摩提：《大智度论》："一切禅定摄心，皆名为三摩提，秦言正心行处。是心从无始世界来，常曲不端，得是正心行处，心则端直；譬如蛇行常曲，入竹筒中则直。"

⑤百丈之梯：即形容布达拉宫的高壮雄伟，也借指佛门戒律。

⑥怀海禅师：唐代高僧，师从马祖道一。后入新吴大雄山居住，因此山"岩峦峻极"，而他所住之处更是断岩绝壁，号"百丈岩"，故后人称其为"百丈怀海"。曾制定《禅门清规》，规定：别立禅居；禅居内不立佛殿，唯树法堂；确立"普请法"，实行"一日不作，一日不食"的农禅生活体制。清规：宋宗鉴《释门正统》："元和九年，百丈怀海禅师始立天下禅林规式，谓之清规。议者恨其不遵佛制，犹礼乐征伐，自诸侯出。是岁，百丈卒。"

⑦般若：《大智度论》："般若者，秦言智慧。一切诸智慧中，最为第一。"《晋书》："沙门昙霍者，不知何许人也。秃发傉檀时从河南来，持一锡杖，令人跪曰：'此是波若眼，奉之可以得道。'"

⑧《晋书》：唐房玄龄、褚遂良等撰，纪事上起三国时期司马懿早年，下至东晋恭帝元熙二年刘裕废晋帝自立，以宋代晋。凡一百三十卷。

妙高峰顶①，远著声闻②；文殊师利言："南方有国名胜乐，有山名妙高峰。"离垢幢前③，近销魔恶④。有一菩萨名离垢幢，坐于道场，将威正降，有恶魔前来恼乱也。

　　①妙高峰：佛经中山名，文中借指达赖喇嘛所居住的布达拉宫。《华严经》："尔时，文殊师利菩萨说此颂已，告善财童子言：'善男子！于此南方有一国土，名为胜乐；其国有山，名曰妙峰；于彼山中，有一比丘，名曰德云。'"

　　②远著：声名在外。声闻：称闻佛之言教，证四谛之理的得道者。《大乘义章》："观察四谛而得道者，悉名声闻……从佛声闻而得道者，悉名声闻。"

　　③离垢幢：《华严经》卷十四："彼诸菩萨名字悉同。其名曰金刚幢，次名坚固幢，次名勇猛幢，次名夜光幢，次名智幢，次名宝幢，次名精进幢，次名离垢幢，次名真实幢，次名法幢。"

　　④近销：就近消除。魔恶：佛教所谓的各种罪念。《华严经》："时有菩萨名离垢幢，坐于道场，将成正觉。有一恶魔名金色光，与其眷属无量众俱，至菩萨所。彼大威德转轮圣王已得菩萨神通自在，化作兵众，其数倍多，围绕道场；诸魔惶怖，悉自奔散。故彼菩萨得成阿耨多罗三藐三菩提。"

　　食则麦屑毡根①，糌粑、干羊。饮则鸠盘牛酪②，茶块、酥油。衣则黄氄紫驼③，居则彩甍丹朡④。优钵净瓶⑤，玉盂金杓⑥。三皤比以离离⑦，百玩灿其愕愕⑧。孙绰《游天台赋》⑨："泯色空以合迹，忽即有而得玄⑩。释二名之同出，消一无于三幡⑪。"注："色，一也；色空，二也；观，三也。言三幡虽殊，消令为一，同归于无也。"须菩提译语将将⑫，《禅门规式》⑬：道高腊长⑭，呼须菩提，如曰长老。阇梨耶念吽各各⑮。吽，音钟。张昱诗云⑯："守内番僧日念吽。"

①麦屑：麦子的麸皮，文中指用炒熟磨碎的青稞做的糌粑。毡根：风干肉的别称。

②鸠盘：即鸠盘茶，清陆以湉《冷庐杂识·鸠盘茶》："'鸠盘茶'乃佛经语，或作'拘辨茶'、'究盘茶'、'恭畔茶'、'弓盘茶'，皆一也。言瓮形似冬瓜也，以是为喻，状其容之丑也。"西藏民众所食用之茶，多为黑茶，其形多为砖块或饼状。牛酪：用牛奶做的凝固食品，文中指酥油、奶酪。

③毳：鸟兽的细毛。驼：指驼绒。黄毳紫驼：指毛织品。

④甍：屋脊。丹腰：可供涂饰的红色颜料。《书·梓材》："若作梓材，既勤朴斲，惟其涂丹腰。"孔颖达疏："腰是彩色之名，有青色者，有朱色者。"彩甍丹腰：形容房屋装饰的光鲜漂亮。

⑤优钵：僧人装饭的器物。净瓶：僧人洗手用的器物。

⑥玉盂：玉制的的容器。金杓：金制的汤勺。

⑦三旛：同"三幡"，泛指各色各样的经幡、旗幡。比：靠近。离离：飘动。

⑧百玩：各种各样的玩物。灿：光辉耀眼。愕愕：令人惊讶的样子。

⑨孙绰：字兴公，中原中都人，著名玄言诗人，西晋著名文人孙楚之孙。博学善属文，少有高志，早年居会稽，游山玩水。其所作《游天台山赋》较为有名，孙绰本人视此赋为平生得意之作，曾对范启称："卿试掷地，要作金石声。"

⑩玄：底本避乾隆帝讳作"元"。

⑪幡：榕园本作"旛"。

⑫须菩提：亦名"苏部底""须扶提""须浮帝"，意为"善现""善见""善吉""空生"等，是释迦牟尼十大弟子之一。将将：即锵锵，形容音节响亮。

⑬《禅门规式》：唐代高僧百丈怀海所制，原文已佚。据《景德传灯录·怀海传》所载，百丈怀海禅师为规范禅僧聚居生活，于大、小

乘中"博约折中，设于制范"。此制既立，"天下禅宗如风偃草"，至元代，敕百丈山大智寿圣禅寺住持德辉重修，名《敕修百丈清规》，一直流传至今。

⑭道高腊长：元德辉《勅修百丈清规》："凡具道眼者，有可尊之德，号曰长老，如西域道高腊长呼须菩提等之谓也。"腊：即僧腊，僧尼受戒后的年岁。清褚人获《坚瓠二集·僧腊》："僧家言僧腊言，犹言年岁也。"

⑮阇梨耶：梵语"Acarya"音译，意谓高僧，亦泛指僧众。吽：佛教密宗密言十七字之一。慧琳《一切经音义》："吽，梵文真言句也。"各各：象声词。

⑯张昱：字光弼，号一笑居士，元代诗人。著有《张光弼诗集》两卷，又题为《可闲老人集》，和瑛文中所引诗名为《辇下诗》。

兜罗哈达讯檀越如何①，唐古特礼：凡宾主相见，俱手持白绢哈达，互相问慰。檀越，施主也。檀，谓能施；越，谓能越贫穷海也。富珠礼翀答兰奢遮莫②。旧俗：驻藏大臣见达赖喇嘛③，以佛礼瞻拜④。乾隆五十八年奉旨："钦差驻藏大臣与达赖喇嘛系属平等，不必瞻礼，钦此。"以后皆宾主相接也。○元文宗时，以西僧年札克喇实为帝师，大臣俯伏进觞⑤，帝师不为动。惟国子祭酒富珠礼翀举觞立进，曰："帝师，释迦之徒，天下僧人师也；予，孔子之徒，天下儒人师也，请各不为礼。"帝师笑而起，举觞卒饮。众为之凛然⑥。山无蜂子投窗⑦，《高僧传》："古灵行脚回⑧，参受业师。师窗有经，适有蜂子投窗求出。古灵曰：'世界如许阔，不肯出，钻他故纸。'"塔有孟婆振铎⑨。孟婆，风神也。

①兜罗：手捧、手持。哈达：藏族和部分蒙古族人表示敬意和祝贺用的丝巾或纱巾，多用于迎送、馈赠、敬神以及日常交往礼节。长短不

一，以白色为主，也有红、黄、浅蓝等色。讯：问询，问候。檀越：施主。《南海寄归内法传》：："梵云陀那钵底，译为施主。陀那是施，钵底是主。而言檀越者，本非正译，略去那字，取上陀音，转名为檀。更加越字，意道由行檀舍，自可越渡贫穷。"

②富珠礼翀：《元史纪事本末》《续资治通鉴》《续通典》作"富珠哩翀"。富珠哩翀：智斗帝师，事见《元史纪事本末》："文宗天历二年，帝师辇年札克策喇实至，上命朝廷一品以下咸郊迎。大臣俯伏进觞，帝师不为动。惟国子祭酒富珠哩翀举觞立进，曰：'帝师，释迦之徒，天下僧人师也；予，孔子之徒，天下儒人师也。请各不为礼。'帝师笑而起，举觞卒饮。众为之栗然。"又，《续资治通鉴》卷二百十五："十二月，甲申，以帝师自西番至，命朝廷一品以下咸郊迎。大臣俯伏进觞，帝师不为动。国子祭酒富珠哩翀举觞立进，曰：'帝师，释迦之徒，天下僧人师也。予，孔子之徒，天下儒人师也。请各不为礼。'帝师笑而起，举觞卒饮。众为之悚然。"兰奢：亦作"兰阇"，梵语"王"的意思，后指赞颂他人的敬称。《世说新语·政事》："王丞相拜扬州，宾客数百人并加沾接，人人有说色。唯有临海一客姓任及数胡人为未洽，公因便还到过任边云：'君出，临海便无复人。'任大喜说。因过胡人前弹指云：'兰阇，兰阇。'群胡同笑，四坐并欢。"遮莫：如此、这般。

③驻藏大臣：清代中央政府派驻西藏的最高军政长官，是"驻札西藏办事大臣"的简称。雍正五年始置，初设二人，统掌全藏之军政，凡察举官弁、操阅藏兵、防守边隘、稽核财赋、平正刑罚、拟定法制以及喇嘛事务、高级僧俗官员的任免，皆归其管理，与班禅、达赖共同管理西藏。参王尧《历史文化辞典》。

④瞻拜：瞻仰礼拜。

⑤进觞：即敬酒。举觞；举杯饮酒。觞：古代酒器。

⑥凛然：令人敬畏状。

⑦蜂子：多指蜜蜂。古灵为唐代僧人，曾得百丈怀海禅师的指教，

而《高僧传》为梁代慧皎所著之书，不可能收录古灵事迹，因此，"蜂子投窗"之典源自《景德传灯录》而非《高僧传》。《景德传灯录》："福州古灵神赞禅师，本州岛大中寺受业。后行脚遇百丈开悟。却回本寺……其师又一日在窗下看经。蜂子投窗纸求出。师睹之曰：'世界如许广阔不肯出，钻他故纸，驴年去得。'"

⑧行脚：僧人为寻师求法而游食四方。

⑨铎：有舌的大铃。振铎：摇铃。

　　鹿野华池①，鸡园花萼②。浴象游鱼，语鹦舞鹤。静观抚序③，顽空即是真空④；《梵书》：贵真空，不贵顽空。顽空者，木石是也⑤。惟真空乃不坏。与物皆春⑥，行乐岂如胜乐⑦。《梵书》：乐行不如苦住，富客不如贫主⑧。○南方胜乐国。

　　①鹿野：即鹿野苑，亦作"野鹿园"，在中印度的波罗奈国。是释迦牟尼最早说解四谛、度憍陈如等五比丘的地方。《杂阿含经》："此处仙人园鹿野苑，如来于中为五比丘三转十二行法轮。"华池：神话传说中昆仑山上的池沼。汉王充《论衡·谈天》："昆仑之高，玉泉、华池，世所共闻，张骞亲行无其实。"

　　②鸡园：即鸡头摩寺，佛教传说中的圣地。唐玄奘《大唐西域记》："故城东南有屈屈咤阿滥摩僧伽蓝，无忧王之所建也。无忧王初信佛法也，式遵崇建，修植善种，召集千僧，凡、圣两众，四事供养，什物周给。颓毁已久，基址尚存。"《释氏要览·居处》："《中阿含经》云：'佛灭后众多上尊名德比丘，皆住鸡园。'"花萼：即花萼楼。《旧唐书·让皇帝宪传》："玄宗于兴庆宫西南置楼，西面题曰'花萼相辉之楼'……玄宗时登楼，闻诸王音乐之声，咸召登楼，同榻宴谑，或便幸其第，赐金分帛，厚其欢赏。"

　　③静观：冷静观察。抚序：追忆时间流逝。

　　④顽空：佛教谓一种无知无觉的虚无境界。真空：佛教谓超出一切

色相意识界限的境界。宋罗大经《鹤林玉露》："然余观苏颍滨《论语解》云：'真空，不贵顽空，盖顽空，则顽然无知之空，木石是也。若真空，则犹之天焉，湛然寂然，元无一物，然四时自尔行，百物自尔生，粲为日星，瀹为云雾，沛为雨露，轰为雷霆，皆自虚空生，而所谓湛然寂然者，自若也。'"

⑤木石：反约本、榕园本作"石木"。

⑥与物皆春：与万物一起欣欣向荣。

⑦胜乐：借指参禅拜佛。

⑧主：元尚居本作"王"。

　　班禅之居于札什伦布也，招提结蟹螯之穴①，祖山依龙背之阳②。拉藏西南行九日，乃后藏也，寺名札什伦布，头辈达赖喇嘛根敦珠巴所建。其寺依山麓起阁，山形如蟹螯夹抱。其后山自西北来，蜿蜒隆突③，如蜀栈之龙洞背也。楼高四层，上有金殿三座，亦系金瓦，宏敞壮丽，为班禅额尔德尼坐床之所。其外来瞻礼布施者，与布达拉同。僧规谨严，戒律清净，番僧必于此山朝礼，为受大戒。

　　①招提：梵语"拓斗提奢"原省作"拓提"，后误为"招提"，意为"四方"，四方之僧称招提僧，四方之僧的住处被称为招提僧坊。唐杜甫《游龙门奉先寺》："已从招提游，更宿招提境。"清仇兆鳌注引《僧辉记》："拓提者，梵言'拓斗提奢'，唐言'四方僧物'。但传笔者讹'拓'为"招"，去'斗'、'奢'，留'提'字，即今十方住持寺院耳。"

　　②祖山：堪舆家称坐镇一方的山为祖山。明徐善继《地里人子须知·龙法》："山之有祖，亦木之有根，源深则流长。故寻龙之法，必先究其祖宗，则龙之远近长短，气之轻重厚薄，力量大小，福泽久暂，皆可于此察识之。"龙背：即龙洞背，山名，在今四川广元，文中借指札什伦布寺所在的尼玛山。

③蜓：反约本、元尚居本作"蜓"。

沙明远岸，其地平敞旷达，南北六七十里，东西百余里，远山为岸也。雪冒连冈。其北大山后又有崇岩峻岭①，冬夏积雪不消。智水环流②，浪纤徐而练净③；其东有大江，自南北流，入东北山后。幻峰囿野④，形剀嶭以绵长⑤。其西山势远亘⑥，西北达彭楚岭⑦，西南入萨迦沟⑧。

①峻：榕园本作"唆"。

②智水：对水的美称。《论语·雍也》："智者乐水。"

③纤徐：从容而舒缓。练：洁白的丝绢。净：明净。练净：指江水明净，像悬挂的白练一样。南朝齐谢朓《晚登三山还望京邑诗》："余霞散成绮，澄江静如练。"

④幻峰：变幻不断地山峰。囿野：在郊野聚集。

⑤剀嶭：连绵不断。绵长：连绵不断。

⑥远亘：不断向远处延伸而去。

⑦彭楚岭：即彭错岭，河名，在今今西藏拉孜县东北彭错林。

⑧萨迦沟：河名，在今西藏萨迦县。

金刹青鸳①，占仍仲宁翁之脉②；《旧志》：此寺名仍仲宁翁结巴寺。石门宝塔③，韫额尔德尼之光。其下有地穴，前数辈班禅圆寂金塔列其中④，最为华丽。月昼隐而故躔留⑤，寸丝不挂⑥；前辈班禅乾隆庚子示寂于京师⑦。○苏东坡《题佛灭度吴画诗》云⑧："隐如寒月堕清昼，空有孤光留故躔。"注：月堕清昼以譬佛灭度，光留故躔以譬佛之虽寂灭而犹在，如月之隐也。○《传灯录》："南泉问陆亘大夫⑨：'十二时中作什么生？'陆曰：'寸丝不挂。'师云：'犹是阶下汉⑩。'"树秋凋而真实在⑪，拳枣应尝⑫。《涅槃经》⑬：娑罗林中有一树，一百年其树皮肤枝叶悉皆脱落，惟真实在⑭。《魏书·释老志》⑮：
"诸佛法身有二种义：一者真实，二者权应。此言佛生非实生，灭非实
灭耳。"⑯○《高僧传》⑰：洛阳香山寺镜空游钱塘，至孤山寺西，夜馁
甚。因临流出涕。有梵僧顾空笑曰："颇忆讲《法华经》于同德寺否？"
僧又曰："子应为饥火所烧，不暇忆故事。"乃探囊出一枣，大如拳。
曰："吾国所常产。食之者，上智知过去未来事，下智止知前生事耳。"
空因啖枣，枕石而卧，乃悟同德寺江《法华经》如昨日事。既无生而
无灭⑱，爰非寿而非殇⑲。

①青鸳：即青鸳瓦，一种青黑色的瓦，该瓦成双互抱，一俯一仰，
方能遮雨，形如鸳鸯，故名。唐元稹《茅舍》："旗亭红粉泥，佛庙青
鸳瓦。"

②仍仲宁翁：即札什伦布寺。《西藏志·寺庙》："仍仲宁翁结巴
寺，大招西去八日，即后藏札什隆布地。其寺背山临河，院宇敞丽，佛
像庄严，乃班禅喇嘛坐床之所。"

③石门：古代用于管控要路的一种石砌防御工事。

④前数辈班禅：即第六世班禅巴丹益喜。乾隆四十五年，六世班禅
亲赴承德为乾隆皇帝祝寿。乾隆特命仿照札什伦布寺式样，在承德建造
了须弥福寿寺，让六世班禅居住。是年九月，班禅随乾隆返京，住北京
黄寺，其间多次到雍和宫等处讲经说法。十一月二日，六世班禅病逝于
北京黄寺，享年42岁。次年，六世班禅法体被护送返藏，入札什伦布
寺修建灵塔。参王尧《西藏历史文化辞典》。圆寂金塔：即灵塔。

⑤躔：足迹、印迹。

⑥寸丝不挂：比喻佛教禅宗心无牵挂。

⑦乾隆庚子：即乾隆四十五年。

⑧苏东坡《题佛灭度吴画诗》：该诗原题为《记所见开元寺吴道子
画佛灭度以答子由》。

⑨南泉：即南泉普愿禅师，马祖道一法嗣。陆亘：唐时人，曾为宣

州刺史。

⑩阶下汉：对某种学问尚未入门之人。

⑪真实：即果实。

⑫拳枣：典出宋赞宁《宋高僧传》。《宋高僧传·唐洛阳香山寺鉴空传》："释鉴空，俗姓齐，吴郡人也。少小苦贫虽勤于学而寡记持……至孤山寺西，馁甚不前。因临流雪涕，悲吟数声。俄有梵僧临流而坐。顾空笑曰：'法师秀才，旅游滋味足未？'空曰：'旅游滋味则已足矣。法师之呼，一何乖谬？'盖以空未为僧时名君房也。梵僧曰：'子不忆讲《法华经》于同德寺乎？'空曰：'生身已四十五岁矣。盘桓吴楚间，未尝涉京口，又何洛中之说？'僧曰：'子应为饥火所烧，不暇忆故事。'遂探囊出一枣，大如拳许。曰：'此吾国所产。食之者，上智知过去未来事，下智止于知前生事耳。'空饥极食枣，掬泉饮之。忽欠呻，枕石而寝，顷刻乃悟，忆讲经于同德寺如昨日焉。"

⑬《涅槃经》：指北凉天竺三藏昙无谶所译之《大般涅槃经》，共40卷。

⑭惟真实在：《大般涅槃经》："世尊：'如大村外有娑罗林，中有一树，先林而生，足一百年。是时，林主灌之以水，随时修治。其树陈朽皮肤枝叶悉皆脱落，唯贞实在。如来亦尔，所有陈故，悉已除尽，唯有一切真实法在。'"真实：即长青植物所结之果实。

⑮《魏书》：北齐魏收撰，记载了公元4世纪末至6世纪中叶北魏王朝的历史，凡一百三一卷。

⑯诸佛法身有二种义：《魏书》："诸佛法身有二种义，一者真实，二者权应。真实身，谓至极之体，妙绝拘累，不得以方处期，不可以形量限，有感斯应，体常湛然。权应身者，谓和光六道，同尘万类，生灭随时，修短应物，形由感生，体非实有。权形虽谢，真体不迁，但时无妙感，故莫得常见耳。明佛生非实生，灭非实灭也。"

⑰《高僧传》：即《宋高僧传》，宋赞宁撰，又称《大宋高僧传》。纪事上接唐代道宣的《续高僧传》，下迄宋朝雍熙年间，凡三十卷。今

收于大正藏第五十册。

⑱既无生而无灭：即无生无灭，不生不灭，佛教谓之无生，以无生之理破生灭之烦忧。《最圣王经》："无生是实，生是虚妄，愚痴之人，漂溺生死，如来体实，无有虚妄，名为涅槃。"

⑲爰：句首语气词，意为于是。殇：夭折，未成年而早死。

怀琏焚乎龙脑①，圆泽识夫锦裆②。苏东坡《宸奎阁碑》③：庐山僧怀琏持律甚严。上尝赐以龙脑钵。琏使焚之，曰："吾法以瓦铁食，此钵非法也。"《僧圆泽传》④：李源居洛惠林寺，与圆泽游甚密。一日相约游青城⑤、峨眉。至南浦，见妇人锦裆负罂而汲者⑥，泽望而泣曰："吾当为此妇人子。孕三岁矣，今既见，无可逃者。后十二年中秋夜月，杭州天竺寺后当与公相见。"至暮，泽亡而妇乳⑦。其十二年，源自洛至吴赴其约。闻葛洪川畔有牧童扣牛角而歌，乃圆泽也。源问泽："公健否？"答曰："李公真信士！然俗缘未尽，慎勿相近也。"○现在班禅于乾隆四十七年壬寅四月八日生于后藏囊吉雄地方，今十六岁，聪颖秀异，端重不佻⑧，初无童心，僧众悦服。肩浮戒衲之绦⑨，事非悠谬⑩；《高僧传》⑪：天竺辩才，姓徐氏，名元汉，字无象，杭之于潜人。生而左肩肉起袈裟绦，八十一日乃灭。十岁出家，二十五岁赐紫衣。师终实八十一岁。掌握明珠之衬⑫，说岂荒唐。《传灯录》：廿四祖师比邱。有长者引一子，曰："此子生当便觉，拳左手，愿闻宿因。"师以手接曰："还我珠来。"童子遽开手奉珠。师曰："吾前生有童子名婆舍，吾赴西海斋受衬珠，付之，今见还矣。"遂为法嗣。

①怀琏（1009—1090）：北宋禅宗云门宗僧人。泐潭怀澄弟子，云门文偃三传弟子。仁宗皇祐二年，诏令居讷住东都十方净因禅院，讷以目疾举师代之。同年二月，奉诏于化成殿答帝问佛法大意，奏对称旨，受赐"大觉禅师"号，世称"大觉怀琏"。后因四明郡守之请，移住阿育王广利禅寺。当地人相与协力造大阁，翰林学士苏轼为撰《宸奎阁

碑记》。元祐五年无疾而终，世寿八十二。文中借指僧人持律谨严。龙脑：即龙脑钵，用龙脑香料制作的钵盂。龙脑香，一种名贵的香料。唐段成式《酉阳杂俎》："龙脑香树出婆利国，婆利呼为固不婆律，亦出波斯国。树高八九丈，大可六七围。叶圆而背白，无花实。其树有肥有瘦，瘦者有婆律膏香，一曰瘦者出龙脑香；肥者出婆律膏也。在木心中，断其树劈取之，膏于树端流出，砍树作坎而承之。入药用，别有法。"

②锦裆：即襜褕和裆襦。唐李贺《艾如张》诗："锦襜褕，绣裆襦。"襜褕：古代一种较长的单衣，有直裾和曲裾二式，为男女通用的非正朝之服。《史记·魏其武安侯列传》："元朔三年，武安侯坐衣襜褕入宫，不敬。"司马贞《索隐》："襜，尺占反。褕音逾。谓非正朝衣，若妇人服也。"裆襦：唐代妇女穿的一种类似裲裆的外袍。

③《宸奎阁碑》：即《阿育王寺宸奎阁碑》，元祐六年刻，苏轼撰文。碑额楷书题"明州阿育王山广利寺宸奎阁碑铭"十四字。正文楷书二十二行，行三十五字，凡六百一十一字。《苏轼集·宸奎阁碑》："皇讨校有诏庐山僧怀琏住京师十方净因禅院，召对化成殿，问佛法大意，奏对称旨，赐号大觉禅师。是时北方之为佛者，皆留于名相，囿于因果，以故士之聪明超轶者皆鄙其言，诋为蛮夷下俚之说。琏独指其妙与孔、老合者，其言文而真，其行峻而通，固一时士大夫喜从之游，遇休沐日，琏未盥漱，而户外之屦满矣。仁宗皇帝以天纵之能，不由师傅，自然得道，与琏问答，亲书颂诗以赐之，凡十有七篇。至和中，上书乞归老山中。上曰：'山即如如体也。将安归乎？'不许。治平中，再乞，坚甚，英宗皇帝留之不可，赐诏许自便。琏既渡江，少留于金山、西湖，遂归老于四明之阿育王山广利寺。四明之人，相与出力建大阁，藏所赐颂诗，榜之曰'宸奎'。时京师始建宝文阁，诏取其副本藏焉。且命岁度僧一人。琏归山二十有三年，年八十有三。臣出守杭州，其徒使来告曰：'宸奎阁未有铭。君逮事昭陵，而与吾师游最旧，其可以辞。'臣谨按，古之人君号知佛者，必曰汉明、梁武，其徒盖常以借

口，而绘其像于壁者。汉明以察为明，而梁武以弱为仁。皆缘名失实，去佛远甚。恭惟仁宗皇帝在位四十二年，未尝广度僧尼，崇侈寺庙。干戈斧质，未尝有所私贷。而升遐之日，天下归仁焉。此所谓得佛心法者，古今一人而已。琏虽以出世法度人，而持律严甚。上尝赐以龙脑钵盂，琏对使者焚之，曰：'吾法以坏色衣，以瓦铁食，此钵非法。'使者归奏，上嘉叹久之。铭曰：巍巍仁皇，体合自然。神耀得道，非有师传。维道人琏，逍遥自在。禅律并行，不相留碍。于穆颂诗，我既其文。惟佛与佛，乃识其真。咨尔东南，山君海王。时节来朝，以谨其藏。"

④《僧圆泽传》：苏轼据唐袁郊《甘泽谣》删改而成。《苏轼集·僧圆泽传》："寺有僧圆泽，富而知音，源与之游，甚密，促膝交语竟日，人莫能测。一日，相约游蜀青城峨眉山。源欲自荆州溯峡，泽欲取长安斜谷路。源不可，曰：'吾已绝世事，岂可复道京师哉？'泽默然久之，曰：'行止固不由人。遂自荆州路，舟次南浦，见妇人锦裆负罂而汲者，泽望而泣曰：'吾不欲由此者，为是也。'源惊问之。泽曰：'妇人姓王氏，吾当为之子。孕三岁矣，吾不来，故不得乳。今既见，无可逃者。公当以符咒助我速生。三日浴儿时，愿公临我，以笑为信。后十三年中秋月夜，杭州天竺寺外，当与公相见。'源悲悔而为具沐浴易服，至暮，泽亡而妇乳。三日，往视之，儿见源果笑。具以语王氏，出家财葬泽山下。源遂不果行，反寺中，问其徒，则既有治命矣。后十三年自洛适吴，赴其约，至所约，闻葛洪川畔有牧童扣牛角而歌之。曰：'三生石上旧精魂，赏月吟风不要论。惭愧情人远相访，此身虽异性长存。'呼问：'泽公健否？'答曰：'李公真信士。然俗缘未尽，慎勿相近。惟勤修不堕，乃复相见。'又歌曰：'身前身后事茫茫，欲话因缘恐断肠。吴越山川寻已遍，却回烟棹上瞿塘。'遂去，不知所之。"

⑤城：榕园本作"衣"。

⑥罂：一种大腹小口的陶器。汲：即汲水，从井里打水。

⑦乳：即生子、生产。《说文》："人及鸟生子曰乳，兽曰产。"

⑧佻：即轻佻。

⑨肩浮：《补续高僧传·净传》："元净，字无象，杭州于潜徐氏子。生而左肩肉起，如袈裟绦。八十一日乃没。十岁出家，十八就学于慈云。不数年而齿高第，嗣谒明智。尝于讲次，闻法感悟，泣下如雨。代述。十五年，杭守吕溱请住大悲阁，奏赐'紫衣辩才'之号。"苏辙《栾城集·龙井辩才法师塔碑》："浙江之西，有大法师，号辩才……师姓徐氏，名元净，字无象，杭之于潜人。家世喜为善，客有过其乡者，指其居以语人曰：'是有佳气郁郁上腾，当生奇男子。'师生而左肩肉起，如袈裟条，八十一日乃灭。其伯祖父叹曰：'是宿世沙门也，慎毋夺其愿，长使事佛。'八十一者，殆其算也，及师之终，实八十有一……年二十五，恩赐紫衣及辩才号，盖代诏为众讲说者凡十五年。"辩才为宋人，《高僧传》无收。戒衲：僧衣、袈裟。绦：衣物边上类似带子一样的装饰物。

⑩悠谬：荒谬。

⑪《高僧传》：当指明释明河所著《补续高僧传》。

⑫掌握明珠：事见于《景德传灯录》："第二十四祖师子比丘者，中印度人也……遇一长者。引其子问尊者曰：'此子名斯多。当生便拳左手。今既长矣，而终未能舒。愿尊者示其宿因。'尊者睹之，即以手接曰：'可还我珠。'童子遽开手奉珠。众皆惊异。尊者曰：'吾前报为僧。有童子名婆舍。吾尝赴西海斋受衬珠付之。今还吾珠，理固然矣。'长者遂舍其子出家。尊者即与受具。以前缘故，名婆舍斯多……师子尊者付婆舍斯多心法信衣为正嗣。外傍出达磨达四世二十二师。"衬：施舍。

刀剑一挥①，禅座讵伤乎法济②；金衣两设③，邪人何畏乎初昌。乾隆五十六年辛亥，廓尔喀犯顺④，扰后藏边界。七月，占据聂拉木、济咙⑤。八月，班禅移往前藏。九月，贼入札什伦布，掠财物以归。○《高僧传》：法济大师名洪諲，姓吴，乌程人，遇黄巢之乱，偏帅领卒千人而见，师晏坐不起。以剑挥禅座者再，师神思湛然。乃异之，献金宝，再拜而去。今禅座尚在，二剑迹犹在⑥。○六祖传衣，为天下所宗，有张初昌受嘱，潜怀刀入室，将欲加害。置金衣两于方丈，张挥刀者三，都无所损。祖曰："正剑不邪，邪剑不正。只负汝金，不负汝命。"张惊仆，久乃苏，求哀。祖与金乃去。

①刀剑：明吴之鲸《武林梵志》："法济禅师，讳洪諲，吴兴乌程人，姓吴氏。生而神异，长而聪颖，十九依无上禅师削发，二十二往嵩岳受具。初习律乘，未十日而诵毕，弃之，游心经，论机辩，风生耆宿下之……师始至是山，适遭黄巢之乱。巢之偏帅领卒千余人见师，师宴坐不起。帅以剑挥禅床者再，师神色不动。帅异之，献宝再拜而去。"

②讵：岂能、怎么。

③金衣两设：事见《五灯会元》："江西志彻禅师姓张氏，名行昌。少任侠。自南北分化，二宗主虽亡彼我，而徒侣竞起爱憎。时北宗门人自立秀禅师为第六祖，而忌大鉴传衣为天下所闻。然祖预知其事。即置金十两于方丈。时行昌受北宗门人之嘱，怀刀入祖室，将欲加害。祖舒颈而就。行昌挥刃者三，都无所损。祖曰：'正剑不邪，邪剑不正。只负汝金，不负汝命。'行昌惊仆，久而方苏。求哀悔过，即愿出家。祖遂与金曰：'汝且去。恐徒众翻害于汝，汝可他日易形而来，吾当摄受。'行昌禀旨宵遁。投僧出家，具戒精进。"

④廓尔喀：即尼泊尔，18世纪中叶统一尼泊尔全境。乾隆五十三年至五十六年，两度遣军侵入西藏，占领聂拉木、济咙并掠札什伦布寺。五十七年清廷命福康安统军抵藏逐其出境，且攻入尼泊尔，遂乞和，成为清廷之朝贡国。犯顺：叛乱。

⑤聂拉木：地名，亦作"尼雅拉木""尼牙拉木""聂郎""聂拉"，藏语音译，本意为"颈道"。地处西藏自治区日喀则地区南部、喜马拉雅山与拉轨岗日山之间。北与萨嘎县、昂仁县相接，西接吉隆县，东连定日县，南与尼泊尔国接壤，为西藏自治区边境县之一。该县

地理位置十分重要，系尼泊尔通往西藏的第一要冲，廓尔喀两次侵藏均由此入境，故为军事要地。民主改革前，聂拉木宗属阿里辖区，1960年5月正式建县，划归日喀则地区管辖。境内名胜有世界第十四高峰希夏邦马峰。参丹珠昂奔《藏族大辞典》。济咙：即今西藏吉隆县，藏语音译，意为"舒适村"或"快乐村"。地处西藏自治区日喀则地区西南部。北邻萨嘎县，东连聂拉木县，西南面与尼泊尔接壤，是边境县之一。历史上曾译作"济咙""鸡中""济隆""济特宗"等。西藏和平解放前有宗嘎上宗、下宗，吉隆东宗、西宗4个宗，统属于阿里"基巧"。1960年7月，宗嘎上宗、下宗，吉隆东宗、西宗合并成立吉隆县人民政府，划属日喀则地区管辖至今，县府驻宗嘎。参丹珠昂奔《藏族大辞典》。

⑥法济禅师之事不见于《高僧传》。和瑛自注源自明吴之鲸《武林梵志》。又明末清初释道忞《布水台集·咏史二》："唐末，天下大乱。巢贼入余杭上双径，众风雨散时，住持法济禅师独危坐不起。贼怒力挥三剑，床毁而师无损。贼惶惧，施金帛，忏谢而去。"

法嗣横枝①，**声传绝幕**②；《传灯录》：禅宗谓之法嗣，而禅家旁出谓之横枝。黄梅谓道信师云死后横出一枝法是也。**大师还竺，辉生道场**③。乾隆五十七年壬子五月，班禅额尔德尼仍还札什伦布住锡④。〇苏子由《辩才塔碑》云：沈公遭治杭，以师住天竺。灵感观音院有僧灵捷者，利其富，倚权贵人夺而有之。迁师于下天竺，又逐师于潜。逾年而捷败，复以上天竺与师。捷之在天竺也，岩石草木为之索然，及师之复山中也，草木皆有喜色。赵公抃亲见而赞之曰："师去天竺，山空鬼哭。天竺师归，道场光辉。"

①法嗣：法定继承人。横枝：旁支，非嫡系传人。《景德传灯录》："若从七佛至此璨大师，不括横枝，凡三十七世……（道信）一日告众曰：'吾武德中游庐山。登绝顶望破头山，见紫云如盖，下有白气横分

六道。汝等会否？'众皆默然。忍曰：'莫是和尚他后横出一枝佛法否？'师曰：'善。'"

②幕：同"漠"。绝幕：横渡沙漠。《史记·匈奴列传》："信教单于益北绝幕，以诱罢汉兵。"裴骃《集解》："应劭曰：'幕，沙幕，匈奴之南界。'瓒曰：'沙土曰幕，直度曰绝。'"

③大师还竺：事见苏辙《栾城集·龙井辩才法师塔碑》："浙江之西，有大法师，号辩才……沈公遘治杭，以谓上天竺本观音大士道场，以声音忏悔为佛事，非禅那居也，乃请师以教易禅。师至，吴越人争以檀施归之，遂凿山增室，几至万础，重楼杰观，冠于浙西，学者数倍其故。有祷于大士者，亦鲜弗答。诏名其院曰'灵感观音'。熙宁初，龙图祖公无择在杭，言者或不悦其政，遽起制狱。师以铸钟事预逮，居其间泰然，拟《金刚篦》，撰《圆事理说》。居十七年，有僧文捷者，利其富，倚权贵人以动转运使，夺而有之，迁师于下天竺。师恬不为忤。捷犹不厌，使者复为逐师于潜。逾年而捷败，事闻朝廷，复以上天竺界师。捷之在天竺也，吴人不悦，施者不至，岩石草木为之索然。及师之复，士女不督而集，山中百物皆若有喜色。清献赵公抃与师为世外友，亲见而赞之曰：'师去天竺，山空鬼哭。天竺师归，道场光辉。'"

④乾隆句：乾隆五十六年八月，廓尔喀入侵西藏占据札什伦布寺，七世班禅丹贝尼玛退居拉萨。五十七年五月，清军击退廓尔喀收复失地，丹贝尼玛重返札什伦布寺。

刍尼子之孟年①，已具食牛之量②；野鹊子。《传灯录》：二十四祖母梦吞明暗二珠而孕。一罗汉曰：当生二子，一即祖，二即刍尼。昔如来在雪山修炼，刍尼巢于顶上。佛成道，刍尼受报，为那提国王。《佛记》曰："汝后与圣同脱。"今不爽矣。迦陵仙之妙韵③，定知吞象之王④。《楞严经》："迦陵仙言遍。"迦陵，水界仙禽，在鸟卵壳中，鸣音已压众鸟。佛法音亦如之。《法华经·偈颂》："圣主天中王，迦陵频迦声。"注："迦陵频迦，妙音鸟也，鸟未出穀时⑤，即音微妙，一切天人声皆不及，惟佛音类之，故以取名也。"

①刍尼：喜鹊。《景德传灯录》："第二十一祖婆修盘头者，罗阅城人也。姓毗舍佉，父光盖母严一，家富而无子，父母祷于佛塔而求嗣焉。一夕，母梦吞明暗二珠，觉而有孕。经七日，有一罗汉，名贤众，至其家，光盖设礼，贤众端坐受之，严一出拜，贤众避席云：'回礼法身大士。'光盖罔测其由，遂取一宝珠跪献贤众，试其真伪，贤众即受之，殊无逊谢。光盖不能忍，问曰：'我是丈夫，致礼不顾。我妻何德，尊者避之。'贤众曰：'我受礼纳珠，贵福汝耳，汝妇怀圣子，生当为世灯慧日，故吾避之，非重女人也。'贤众又曰：'汝妇当生二子，一名婆修盘头，则吾所尊者也；二名刍尼，此云野鹊子。昔如来在雪山修道，刍尼巢于顶上，佛既成道，刍尼受报，为那提国王。佛记云：汝至第二五百年，生罗阅城毗舍佉家与圣同胞，今无爽矣。'后一月果产二子，尊者婆修盘头年至十五，礼亮度罗汉出家，感毗婆诃菩萨与之授戒，行化至那提国，彼王名常自在，有二子，一名摩诃罗，次名摩蝗罗。王尊者曰：'罗阅城土风与此何异。'尊者曰：'彼土曾三佛出世，今王国有二师化导。'曰：'二师者谁？'尊者曰：'佛记第二五百年有一神力大士，出家继圣，即王之次子摩蝗罗是其一也，吾虽德薄，敢当其一。'王曰：'诚如尊者所言，当舍此子作沙门。'尊者曰：'善哉大王，能遵佛旨。'即与受具，付法偈曰：'泡幻同无碍，如何不了悟。达法在其中，非今亦非古。'尊者付法已，踊身高半由旬，屹然而住，四众仰瞻，虔请复坐，跏趺而逝。茶毗得舍利建塔，当后汉殇帝十二年丁巳岁也。"宋许顗《彦周诗话》："记人作《七夕》诗，押'潘尼'字，众人竟和无成诗者。仆时不曾赋，后因读藏经，呼喜鹊为刍尼，乃知读书不厌多。"孟年：青少年。

②食牛之量：具有吃下一头牛的饭量，借指青少年的雄心壮志。《尸子》："虎豹之驹，未成文而有食牛之气；鸿鹄之鷇，羽翼未全而有四海之心。贤者之生亦然。"

③迦陵：鸟名，即"迦陵频伽"之省称，佛教传说中的妙禽。《正法念处经·观天品》："复诣普林。其普林中，有七种鸟……珊瑚银宝，为迦陵频伽，其声美妙，如婆求鸟音，众所闻乐，翱翔空中，游戏自如。"唐玄应《一切经音义》："迦陵毗伽，应云歌罗频伽，亦云迦兰伽。迦陵，此云好；毗伽，此云音声：名好音声鸟也。"

④吞象：佛称象教，因象为巨兽，吞象谓本领大、道行高。

⑤鷇：须母鸟哺食的雏鸟。

至于牙简书名①，根尘寂静②；金瓶选佛③，意想空无。自达赖喇嘛、班禅额尔德尼、大小胡图克图④、沙布咙等⑤，凡转世初生幼童，皆曰呼毕勒罕，神异之称也。喇嘛旧俗，凡呼毕勒罕出世，悉凭垂仲降神指认，遂至贿弊百出。乾隆五十八年钦颁金奔巴瓶一具，牙签六枝，安放大招宗喀巴前供奉。如有呈报呼毕勒罕者，将小儿数名生辰书签，入瓶掣定，永远遵行。

①牙简：即牙签。书名：书写姓名。

②根尘：佛家谓眼、耳、鼻、舌、身、意为六根，色、声、香、味、触、法为六尘。色之所依而能取境者谓之根；根之所取者，谓之尘，两者合称根尘。《楞严经》："根尘同源，缚脱无二。"参王尧《西藏历史文化辞典》。

③金瓶选佛：即金瓶掣签，又作"金本巴瓶掣签"。本巴（bum-pa），藏语意为"瓶子"，金本巴，即用于掣签的金质瓶子。清代中央政府确认藏传佛教大活佛继承人所实行的一项特殊制度。关于"金瓶掣签"之制，详见《清史稿》："初，达赖、班禅及各大呼图克图之呼毕勒罕出世，均由垂仲降神指示，往往徇私不公，为世诟病。甚至哲卜尊丹巴胡图克图示寂，适土谢图汗之福晋有妊，众即指为呼毕勒罕；及弥月，竟生一女，尤贻口实。而达赖、班禅亲族亦多营为大呼图克图，以专财利，致有仲巴兄弟争利、唆廓夷入寇之祸。而达赖兄弟孜仲、绥

绷等充商卓特巴，肆行舞弊，占人地亩，转奉不敬黄教之红帽喇嘛，令与第穆呼图克图、济咙呼图克图同坐；且与众喇嘛敛取银两，并将商上物件暗中亏缺，来藏熬茶人应得路费皆减半发给，有伤达赖体制，因之特来参见者日减，殊失人心。高宗乘用兵后，特运神断，创颁金奔巴瓶，一供于藏之大招，遇有呼毕勒罕出世，互报差异者，各书名于牙签，封固纳诸瓶中，诵经三日，大臣会同达赖、班禅，于宗喀巴佛前启封掣之。至札萨克蒙古所奉之呼图克图，其呼毕勒罕亦报名理藩院与驻京之章嘉呼图克图，或喇嘛印务处掌印掣定，瓶供雍和宫，而定东科尔入官之限。"又清昭梿《啸亭杂录·活佛掣签》："西藏喇嘛自宗卡卜兴扬黄教，其徒达赖喇嘛、班禅额尔德呢率言永远转生以嗣其教。行之日久，其徒众稍有道行为人推许者，亦必踵其转生之说，以致呼毕尔罕多如牛毛。蒙古王公有利其寺之赀产者，乃请托达赖喇嘛指其子侄为的乳，互相承授，与中国世爵无异。纯皇帝习知其弊，因其陋习已久，难以遽革，因命制金奔巴瓶，设于吉祥天母前。遇有呼毕尔罕圆寂者，即拣其岁所生产子之聪慧者数人，书名于签，令达赖喇嘛会同驻藏大臣封名掣之，贿请之弊始绝。时谓之活佛掣签云。""金瓶掣签"之制，沿用至今。参丹珠昂奔《藏族大辞典》。

④胡图克图：《钦定大清会典》："凡喇嘛道行至高者曰胡图克图。"清黄沛翘《西藏图考·和宁西藏赋注》："唐古特称胡图克图，不迷性之谓也。"

⑤纱布咙：大活佛高级侍从的转世活佛。清黄沛翘《西藏图考·和宁西藏赋注》："修行未深初转一两辈者。"

赤子征祥字阿练①，曰呼毕勒罕；《冥祥记》②：晋王珉有番僧及门曰：若我后生得为此人子，足矣。倾之，僧病卒，珉生一子。始能言，便解外语及识外国珠。故珉字之曰阿练云。修因智果号苾刍③，曰胡图克图。《善觉要览》：僧曰苾刍，注：苾刍，草名，体性柔软，引蔓旁布，馨香远闻，不借日光，故以喻出家人，又名比邱。今唐古特

语名格隆盖戒，僧也。今考西藏所属大胡图克图九名，小胡图克图
十名。

①赤子：初生的孩子，文中借指转世灵童。征祥：征兆着吉祥。阿
练：唐释道世《法苑珠林》："晋王练，字玄明，琅耶人也，宋侍中。
父珉，字季琰，晋中书令。相识有一梵僧。每瞻珉风彩，甚敬悦之。辄
语同学云：'若我后生得为此人作子，于近愿亦足矣。'珉闻而戏之曰：
'法师才行，正可为弟子耳。'顷之沙门病亡。亡后岁余而练生焉。始
生能言，便解外国语及绝国奇珍铜器珠贝。生所不见、未闻其名，即而
名之识其产出。又自然亲爱诸梵过于汉人。咸谓沙门审其先身。故珉字
之曰阿练。遂为大名云。"

②《冥祥记》：南朝齐王琰撰，最早见于《隋书·经籍志》史部杂
传类，共十卷，两《唐志》同，唐以后不见著录。宋时唯有《太平广
记》《太平御览》《文房四谱》等书征引，盖佚于南宋。今有《古小说
钩沉》辑本。是一部具有较多高僧神迹、菩萨灵验、鬼魂地域的宣佛
小说。

③修因：修行成佛的因由。智果：涅槃为断果，菩提为智果，以菩
提为佛智，由因地修行而生之妙果。苾刍：泛指僧人。宋释道诚《释
氏要览》："苾刍，梵语也，是西天草名，具五德，故将喻出家人。古
师云：'苾刍所以不译者，盖含五义故。一者体性柔软，喻出家人能折
伏身语粗犷故；二引蔓旁布，喻出家人传法度人连延不绝故；三馨香远
闻，喻出家人戒德芬馥为众所闻故；四能疗疼痛，喻出家人能断烦恼毒
害故；五不背日光，喻出家人常向佛日故。'"

名冠元班①，练心摈影②；学通神讲③，续祖希卢④。诺们罕
转全藏之秘奥⑤，蒙古语，诺们，经也；罕，王也，盖通经典之称。
沙布咙达一度之迷途⑥。修行未深初转一两辈者。

①元班：即玄班，指众多僧人。名冠元班：指地位较高，居于众僧之首。

②练心摈影：指修佛时摒弃杂念，借指修佛已成。

③学通神讲：指学识可以与佛理融会贯通。

④卢：本意为吃饭的用具，文中借指衣钵。希卢：指继承衣钵。

⑤诺们罕：封号，亦作职官名。全藏：佛教的所有经典。秘奥：即奥秘。

⑥一度：指转世一次。

文咱特，鸟毂音洪，牛呼牟而驼鸣犹①；诵经声音最洪大。温都逊，石屏咒现②，山入芥而海成酥③。精通梵咒者。《广舆记》：僧惠崇谒径山钦法师，自谓诵观音咒，功无比。师曰："吾坐后石屏能咒之令破否？"曰："可。"遂叱之，石屏裂为三片，今名喝石岩。堪布掌赤华佛事④，如内地汉僧之方丈。托音充香界浮图⑤。喇嘛弟子通称。

①犹：骆驼的叫声。牛呼牟而驼鸣犹：语出唐韩愈《征蜀联句》："椎肥牛呼牟，载实驼鸣犹。"

②石屏咒现：元熙仲《历朝释氏资鉴》："师住径山日，独坐北峰石屏之下，有白衣士，拜于前曰：'弟子乃巾子山人也。长安佛法有难，闻师道行高洁，愿度为沙弥，往救之。'师曰：'汝有何力？'对曰：'弟子诵俱胝观音咒，其功无比。'师曰：'吾坐后石屏，汝能碎之乎？'曰：'可。'有顷，咤之。石屏裂为三片，今喝石岩是也。师知其神异，即为下发，给衣钵，易名曰崇惠。'"

③山入芥而海成酥：《维摩诘经·不思议品》："若菩萨住是解脱者，以须弥之高广，内芥子中，无所增减，须弥山王本相如故，而四天王、忉利诸天，不觉不知己之所入，唯应度者，乃见须弥入芥子中，是名住不思议解脱法门。又以四大海水入一毛孔，不娆鱼鳖鼋鼍水性之

属，而彼大海本相如故，诸龙、鬼、神、阿修罗等，不觉不知己之所入，于此众生，亦无所娆。"

④赤华：即寺庙。

⑤托音：蒙古地区藏传佛教徒的称呼之一，源于"道人"一词。元时，突厥—蒙古语称"和尚"为"道因"。明清以后作"托音"，用以称呼贵族出身的高僧。香界：谓佛寺。明杨慎《丹铅总录·琐语》："佛寺曰香界。"

乃有岁琫①、森本巢释门之鸠鹊②，岁琫，近侍之最大者，森本次之。曲琫③、孜仲结法侣之鸳鸿④。曲琫，司经卷，作佛事。孜仲，服役及奉差委各庙宇作佛会。卓尼尔效茶斋之奔走⑤，司商上用度者⑥。罗藏娃司喉舌之异同⑦。达赖喇嘛前通传译语者。此皆持瓶竖子⑧，捧钵财童⑨，侍维摩于七宝⑩，等善觉之二空者也⑪。《鹤林玉露》：裴休访谭州善觉禅师，问："侍者有否?"师曰："有一两个。"乃唤大空、小空。二虎自庵后出。师曰："有客且去。"

①岁琫：亦作"绥绷""岁本""索本"，管理大活佛饮食的僧官，也称司膳官。具有堪布名位者，亦称"岁本堪布"。《乾隆朝内府抄本理藩院则例》："前藏所属交达赖喇嘛，后藏所属交班禅额尔德尼。其公用，及达赖喇嘛、班禅额尔德尼自奉，前藏以商上商卓特巴经理，后藏以岁琫喇嘛经理。其出入皆由驻藏大臣总核。"清徐珂《清稗类钞》："岁琫，为达赖喇嘛起居之内侍。其次曰森琫；曰曲琫，司经卷；曰济仲，司熬茶。诸人并佐班禅额尔德尼分掌后藏大小政务。"

②森本：僧官，即管理大活佛衣服起居者。

③曲琫：即却本，僧官，管理布置坛场、供品为大活佛的法事做准备者。

④孜仲：即孜仲巴，僧官，负责管理大活佛茶水的职责。清黄沛翘

《西藏图考·人事类》："岁本者，达赖起居之内侍也。其次曰森本，又次曰曲本，职司经卷。又次曰孜仲，职司煎茶。"

⑤卓尼尔：亦作"卓涅""知宾"，噶厦政府官名。清徐珂《清稗类钞》："卓尼尔有三，达赖之传事者也。"清黄沛翘《西藏图考·人事类》："卓尼尔，达赖之传事者也。"

⑥商上：古时西藏地方行政机构，负责财政事务。清黄沛翘《西藏图考·人事类》："其收藏金银缎匹珍宝之内库曰商上。"

⑦罗藏娃：亦作"洛匝瓦""罗杂哇"，即翻译人员。清徐珂《清稗类钞》："传译语者曰罗藏娃。"

⑧竖子：童仆。

⑨财童：即善财童子，文中借指侍从。

⑩维摩：即维摩诘，与释迦牟尼同时的一位大乘居士，曾向舍利佛与文殊师利等人宣扬教义，是佛典中现身说法、辩才无碍的代表人物。七宝：七种珍宝，佛经中说法不一，《法华经》以金、银、琉璃、砗磲、码磁、真珠、玫瑰为七宝；《无量寿经》以金、银、琉璃、珊瑚、琥珀、砗磲、玛瑙为七宝；《大阿弥陀经》以黄金、白银、水晶、瑠璃、珊瑚、琥珀、砗磲为七宝；《恒水经》以白银、黄金、珊瑚、白珠、砗磲、明月珠、摩尼珠为七宝。文中借指七宝塔。《妙法莲华经·见宝塔品》"尔时佛前有七宝塔，高五百由旬，纵广二百五十由旬，从地涌出，住在空中，种种宝物而庄校之。五千栏楯，龛室千万，无数幢幡以为严饰，垂宝璎珞宝铃万亿而悬其上。四面皆出多摩罗跋栴檀之香，充遍世界。其诸幡盖，以金、银、琉璃、砗磲、玛瑙、真珠、玫瑰七宝合成，高至四天王宫。"参任继愈《佛教大辞典》。

⑪二空：《景德传灯录》："潭州华林善觉禅师常持锡夜出林麓间，七步一振锡一称观音名号。夹山善会造庵问曰：'远闻和尚念观音是否？'师曰：'然。'夹山曰：'骑却头如何？'师曰：'出头从汝骑，不出头骑什么？'僧参方展坐具，师曰：'缓缓。'僧曰：'和尚见什么？'师曰：'可惜许磕破钟楼。'其僧从此悟入。一日，观察使裴休访之，

问曰：'师还有侍者否？'师曰：'有一两个。'裴曰：'在什么处？'师乃唤大空、小空。时二虎自庵后而出，裴睹之惊悸。师语二虎曰：'有客，且去。'二虎哮吼而去。裴问曰：'师作何行业感得如斯？'师乃良久曰：'会么？'曰：'不会。'师曰：'山僧常念观音。'"今本《鹤林玉露》不见是事。

　　尔其伏腊岁时^①，演甘露化城之会^②；《涅槃经》：诸大比邱等于其晨朝日初出，离常住处，嚼杨枝^③，遇佛光明，疾速漱口澡手^④。《华严经·行品》：手执杨枝^⑤，当愿众生，皆得妙法，究得清净。《释典》：手把杨柳枝，遍洒甘露水。○法华导师多诸方便，于险道中化作一城，是时疲极之士众前入化城中，生已度想，生安稳想。云见《法华经》。普门佛顶^⑥，会瞿摩行像之期^⑦。《元史·世祖纪》^⑧："作佛顶金轮会。"○《佛国记》^⑨：僧伽蓝名瞿摩帝^⑩，是大乘学，王所敬重。最先行像，四月一日为始，作四轮车，如行殿^⑪，其中菩萨诸天神侍从，散花烧香，至十四日行像乃讫，王及夫人乃还宫也。

　　①尔其：连词，至于之意。伏腊：古代的伏祭与腊祭之名称。"伏"在夏季伏日，"腊"在农历十二月。岁时：每年一定的季节或时间。《周礼·州长》："若以岁时祭祀州社，则属其民而读法。"孙诒让《正义》："此云岁时，唯谓岁之二时春、秋耳。"
　　②甘露：甜美的露水。化城：详见《妙法莲华经·化城喻品》："譬如五百由旬险难恶道，旷绝无人、怖畏之处。若有多众，欲过此道至珍宝处。有一导师，聪慧明达，善知险道通塞之相，将导众人欲过此难。所将人众中路懈退，白导师言：'我等疲极，而复怖畏，不能复进；前路犹远，今欲退还。'导师多诸方便而作是念：'此等可愍，云何舍大珍宝而欲退还？'作是念已，以方便力，于险道中过三百由旬，化作一城，告众人言：'汝等勿怖，莫得退还。今此大城，可于中止，随意所作。若入是城，快得安隐。若能前至宝所，亦可得去。'是时疲

极之众，心大欢喜，叹未曾有：'我等今者免斯恶道，快得安隐。'于是众人前入化城，生已度想、生安隐想。尔时导师，知此人众既得止息，无复疲倦。即灭化城，语众人言：'汝等去来，宝处在近。向者大城，我所化作，为止息耳。'"

③嚼杨枝：《十诵律》："尔时听作时节两时夜时昼时七日时常坐时。不嚼杨枝，口中气臭。共相谓言。佛听我等嚼杨枝者善，是事白佛。佛言：'听嚼杨枝，有五利益，一者口不苦，二者口不臭，三者除风，四者除热病，五者除痰荫。复有五利益，一者除风，二者除热，三者口滋味，四者能食，五者眼明。'"

④疾速漱口澡手：《大般涅槃经·寿命品》："时有无量诸大弟子，尊者摩诃迦㽃延、尊者薄拘罗、尊者优波难陀，如是等诸大比丘遇佛光者，其身颤掉乃至大动不能自持，心浊迷闷，发声大唤，生如是等种种苦恼。尔时，复有八十百千诸比丘等，皆阿罗汉，心得自在，所作已办，离诸烦恼调伏诸根，如大龙王有大威德，成就空慧逮得己利，如栴檀林栴檀围绕，如师子王师子围绕，成就如是无量功德，一切皆是佛之真子。于其晨朝日始初出，离常住处嚼杨枝时，遇佛光明，并相谓言：'仁等速疾漱口澡手。'"

⑤手执杨枝：《华严经·净行品》："手执杨枝，当愿众生：皆得妙法，究竟清净。嚼杨枝时，当愿众生：其心调净，噬诸烦恼。"

⑥普门：普摄一切众生的广大圆融的法门。隋吉藏《法华义疏》："所言普门者，普以周普为义，门是开通无滞之名。"佛顶：文中借指法会。

⑦瞿摩：即瞿摩帝，古于阗国佛寺名，"瞿摩"或"瞿摩帝"河，即今墨玉河。像：榕园本作"象"。行像：用宝车载着佛像巡行城市街衢的一种宗教仪式，也称行城，一般多在佛生日举行，西域也有在其他节日举行的。唐玄奘《大唐西域记·屈支国》："每岁秋分数十日间，举国僧徒皆来会集……诸僧伽蓝庄严佛像，莹以珍宝，饰之锦绮，载诸辇舆，谓之行像。"

⑧《元史》：宋濂、王祎主编，记述了从蒙古族兴起到元朝建立和灭亡的历史，凡二百一十卷。

⑨《佛国记》：佛教传记，东晋释法显著，仅一卷，又名《天竺国记》《历游天竺记传》《佛游天竺记》《佛游天竺本记》《法显传》《法显记》《法显行传》《释法显游天竺记》《三十国记》等，成书于义熙十年。其所记西域、印度佛教和其他宗教状况，中亚、南亚、东南亚广大地域的地理、社会、文化诸状况，为研究历史、宗教、地理等方面的宝贵数据。

⑩僧伽蓝："僧伽罗摩"之省称，简称"伽蓝"，意为"众园"，梵汉并举作"僧园""僧院"，原指修建僧舍的基地，转而为包括土地、建筑物在内寺院的总称，后泛指寺庙。《十诵律》："地法者，佛听受地，为僧伽蓝故，听僧起坊舍故。"

⑪行殿：可以移动的宫殿。《佛国记》："瞿摩帝僧，是大乘学，王所敬重，最先行像。离城二四里，作四轮像车。高三丈余，状如行殿。七宝庄校，悬缯幡盖。像立车中，二菩萨侍。作诸天侍从，皆以金银雕莹悬于虚空。像去门百步，王脱天冠，易着新衣。徒跣持华香，翼从出城迎像，头面礼足，散花烧香。像入城时，门楼上夫人、婇女遥散众花，纷纷而下。如是庄严供具，车车各异。一僧伽蓝则一日行像。自月一日为始，至十四日行像乃讫。行像讫，王及夫人乃还宫耳。"

天神降而山鬼藏，穷野人之伎俩①；《传灯录》：道寿禅师在寿州，三峰山有一野人作佛形及罗汉、菩萨等天仙形。师告众曰："野人作多色伎俩惑人，只消老人不见不闻。伊伎俩有尽，吾不闻不见无尽。"冈洞鸣而巴陵送②，夸幻术之离奇③。洞噶，海螺也，佐以铙、鼓、长号。冈洞，人胫骨也④，吹之以驱鬼祟。巴陵者，以酥油和面为之，高四尺，如火焰形。除夕前一日，布达拉众喇嘛妆诸天神佛及二十八宿像，旋转诵经。又为人皮形，铺天井中央。神鹿、五鬼及护法神往捉之。末则排兵甲、幡幢，用火枪送出布达山下，以除一岁之邪。达赖喇嘛御楼以观，四面环睹者男女万人⑤。此除夕之跳布札也⑥。此即古方相氏黄金四目大傩之遗意也⑦。

①穷：穷尽所有。野人：《景德传灯录》："寿州道树禅师，唐州人也，姓闻氏。幼探经籍，年将五十因遇高僧诱谕，遂誓出家。礼本部明月山慧文为师。师耻乎年长、求法淹迟。励志游方，无所不至。后归东洛遇秀禅师，言下知微晚成法器。乃卜寿州三峰山结茅而居。常有野人服色素朴、言谭诡异。于言笑外化作佛形及菩萨、罗汉、天仙等形。或放神光，或呈声响。师之学徒睹之，皆不能测。如此涉十年，后寂无形影。师告众曰：'野人作多色伎俩眩惑于人，只消老僧不见不闻。伊伎俩有穷，吾不见不闻无尽。'唐宝历元年，示疾而终，寿九十二。"和瑛所谓"道寿"当为"道树"之误。伎俩：非正当的行事方法。

②冈洞：用人的小腿骨所做的笛子，亦作"罡洞"。巴陵：即酥油花。藏族传统油塑工艺品，用作藏传佛教灯节的供品，内容大多取材于宗教故事。用糌粑和调和各种颜色的酥油捏塑制成，色彩有红、黄、绿、蓝等多种，流行于各大寺院。

③幻术：幻化的法术。离奇：不比寻常。

④胫骨：小腿内侧的长形骨。清徐珂《清稗类钞·喇嘛法器》："一法鼓……二净杯……三梵鼓，制如法鼓而较小，以人之头盖骨为之。四人骨笛，以人腿骨制之。"

⑤睹：反约本、榕园本作"观"。

⑥跳布札：俗称"跳鬼""攒鬼""打鬼"，参加跳布札的多是年轻体壮僧人，戴各种假面具，装扮成神、兽、魔鬼等出场表演。清富察敦崇《燕京岁时记》："打鬼本西域佛法，并非怪异，即古者九门观傩之遗风，亦所以禳除不祥也。每至打鬼，各喇嘛僧等，扮演诸天神将，以驱逐邪魔，都人观者甚众，有万家空巷之风，朝廷重佛法，特遣一散秩大臣以临之，亦圣人朝服阼阶之命意。打鬼日期，黄寺在十五日，黑寺在廿三日，雍和宫在卅日"。

⑦方相氏：周代官名，夏官之属，由武夫充任，职掌驱除疫鬼和山川精怪。《周礼·夏官》："方相氏，掌蒙熊皮，黄金四目，玄衣朱裳，执戈扬盾，帅百隶而时难，以索室驱疫。大丧，先匶，及墓，入圹，以戈击四隅，驱方良。"大傩：岁末禳祭，以驱除瘟疫，驱鬼的一种仪式。《吕氏春秋·季冬》："命有司大傩，旁磔，出土牛，以送寒气。"高诱《注》："大傩，逐尽阴气，为阳导也。今人腊岁前一日击鼓驱疫，谓之逐除，是也。"遗意：即遗留，文中借指跳布札是中原地区驱傩仪式在西藏地区的遗响。

履端肇瑞①，方丈延师②。展金渠之榻③，开花藕之帷④。幢悬慢折⑤，衲卷尘离⑥。

①履端，年历的推算始于正月朔日，谓之"履端"，文中指藏历新年的正月初一日。

②方丈延师：谓达赖喇嘛宴请诸位高僧。

③金渠：即"金马门""石渠阁"。金马门，汉代宫门名，学士待诏之处。《史记·滑稽列传》："金马门者，宦署门也，门旁有铜马，故谓之金马门。"《三辅黄图》："金马门，臣者署。武帝得大宛马，以铜铸像，立于署门，因以为名。"石渠阁：西汉皇室藏书之处，在长安未央宫殿北。《三辅黄图》："石渠阁，萧何造。其下砻石为渠以导水，若今御沟，因为阁名。所藏入关所得秦之图籍。至与成帝，又于此藏秘书焉。"榻：窄而低的床，文中代指茶几。

④藕：同"花"。花藕：各色花卉。

⑤慢折：即折制七慢。《大般若波罗蜜多经般若理趣分述赞》："慢，谓七慢，恃己陵人名之为慢。"《文殊师利问经》："慢者，慢慢、大慢、增上慢、我慢、不如慢、胜慢、邪慢，此谓七慢。"清黄沛翘《西藏图考·和宁西藏赋注》："按《佛书》：折彼骄慢。"骄慢：即傲慢，谓经幢悬挂起之后，所有的傲慢之心全部消失。

⑥衲：即僧衣。衲卷尘离：谓随着袈裟的收起，所有的尘念也烟消云散了。

罗阇粥①、馎茶波②，烂盈扣器③；庵摩果④、伊蒲馔⑤，粲设雕樏⑥。

①罗阇：古时西域对糜粥之称。《太平御览》："高昌僻土，有异于华，寒服冷水，暑啜罗阇。"原注："阇，受车切。此郡人作糜粥啜之，俗号阇也。"

②馎茶波：即"团堕"，南宋释法云《翻译名义集·斋法四食》："正言馎茶波多，此云团堕，言食堕在钵中也。或云馎茶夜，此云团；团者，食团，谓行乞食也。"文中代指藏族所食糌粑。

③烂盈：粲然众多。《诗·大雅》："韩侯顾之，烂其盈门。"郑玄笺："粲然鲜明且众多之貌。"扣器：用金玉等镶嵌的器物。《后汉书·和熹邓皇后》："其蜀汉扣器九带佩刀，并不复调。"李贤注："扣，音口，以金银缘器也。"

④庵摩果：即庵摩罗迦果。清黄沛翘《西藏图考·和宁西藏赋注》："庵摩罗果，名出《佛经》。"《维摩诘经疏》："庵摩果者，其形似桃而非桃，能除风气。"明李时珍《本草纲目》："庵罗，梵音二合者也。庵摩罗，梵音三合者也。华言清净是也……庵罗果树生，若林檎而极大……西洛甚多，梨之类也。其状亦梨，先诸梨熟，七夕前后已堪啖。色黄如鹅梨，才熟便松软，入药亦希……按一统志云：庵罗果俗名香盖，乃果中极品。种出西域，亦柰类也。叶似茶叶，实似北梨，五六月熟，多食亦无害。今安南诸地亦有之。"

⑤伊蒲馔：亦作"伊蒲供"，即斋供、素食。《书言故事·释教》："齐供食曰伊蒲馔。"明杨慎《仁祠》："《汉书·明帝纪》：'以助仁祠伊蒲之供。'仁祠，僧寺也。伊蒲供，斋食也。"明杨慎《伊兰赋》："西域有伊兰以为佛供即此，《汉书》所谓伊蒲之供。"

⑥灿：鲜艳、美丽。雕橗：雕饰精美的桌几。扬雄《方言》："榻前几，江沔之间曰桯，赵魏之间谓之橗。"

排舍卫之笼宫①，魁头膜拜②；进梨轩之嗢末③，合掌思维④。

①舍卫：即古印度骄萨罗国的都城，亦作"室罗伐""罗伐悉底"，意为"闻者""闻物""丰德""好道"等。原为憍萨罗（Kosala，亦作"拘萨罗"）国都城名，为区别于南部另一憍萨罗国，乃以城名代替国名。在今印度西北部拉普地河南岸。以崇佛而闻名的波斯匿王曾居此，城内有给孤独长者施舍的祇园精舍，遗址今尚存。传说释迦牟尼成佛后，曾住此二十五个雨季安居。7世纪唐玄奘曾到此处，目睹"都城荒颓，疆场无纪……伽蓝数百，圮坏良多。"文中借指拉萨。参任继愈《宗教大辞典》。笼官：唐时吐蕃部队将职名。《新唐书·吐蕃传下》："吐蕃不得志，入掠黎雅，于是剑南兵合南诏与战，破之，禽大笼官论器然……禽笼官，斩级三百，获马、粮、械数千。"
②魁：通"科"。魁头：不戴帽子。《后汉书·东夷传》："大率皆魁头露紒，布袍草履。"李贤注："魁头，犹科头也，谓以发萦绕成科结也。"清黄沛翘《西藏图考·和宁西藏赋注》："按：魁读作'椎'。'魁头'，即椎髻也。"膜拜：极为恭敬，长跪而拜。《穆天子传》："吾乃膜拜而受。"郭璞注："今之胡人礼佛，举手加头，称南膜拜者，即此类也。"
③梨轩：地名，亦作"骊靬""犁靬""黎轩""犁鞬"，乃托勒密朝埃及王国都城亚历山大（A Lexan-dria）之缩译。《史记·大宛列传》："西则有条支，北有奄蔡、黎轩。"嗢末：《资治通鉴》："是岁，嗢末始入贡。嗢末者，吐蕃之奴号也……初，回鹘屡求册命，诏遣册立使都宗莒其国。会回鹘为吐谷浑嗢末所破，嗢末者，吐蕃奴部也。虏法，出师必发豪室，皆以奴从，平居散处田牧。及论恐热乱，无所归，共相啸合数千人，以嗢末自号，居甘、肃、河、沙、瓜、渭、岷、廓、

迭、冗间，其近蕃牙者最勇而马尤良。嘔，乌没翻。"

④合掌：合两掌于胸前以表示虔敬。南朝梁沈约《齐禅林寺尼净秀行状》："恒多东向视，合掌向空。"思维：思考、思虑。

　　搥干莲儿唵葡萄①，感骍乳猊糖之惠②；噉牢丸而噙粔籹③，答狸奴白牯之施④。腥瓯腻椀⑤，羊脊牛臁⑥，么麨大嚼⑦，搉溢归遗⑧。吹顿人之云箫⑨，声喧兜率⑩；舞侲童之月斧⑪，乐奏侏㑢⑫。此元旦之宴众番也⑬。

　　①搥：同"捶"。搥干莲：砸莲子，事见冯梦龙《古今笑史》："后唐马郁，滑稽狎侮。每赴监军张承业宴，出异方珍果，食之必尽。一日承业私戒主膳者，唯以干莲子置前。郁知不可唊，异日靴中置铁锤，出以击之。承业大笑，曰：'为公易馔，勿败予案。'"唵：用手抓着东西吃。《广韵》："唵，手进食也。"

　　②骍：赤色的马。骍乳：马牛奶。猊糖：制作成狮子形状的糖。宋吴曾《能改斋漫录》："近世造糖，作狻猊形，号'猊糖'。"明陶宗仪《辍耕录·事物异名》："猊糖，狮子乳糖也。"惠：赐予。

　　③噉：同"啖"，进食。牢丸：汤饼。明俞弁《逸老堂诗话》卷上："《艺文类聚》载束皙《饼赋》，有'牢九'之目，盖餐具名也。东坡诗以'牢九具'对'真一酒'，诚工矣，然不知为何物？后见《酉阳杂俎》引伊尹书有'笼上牢丸、汤中牢丸'，'九'字乃是'丸'字。诗人贪奇趁韵，而不知其误，虽东坡亦不能免也。'牢丸'，即今之汤饼是也。"噙：嘴里含着，含在嘴里。粔籹：一种油炸食品，以蜜和米面，然后搓成细条，组之成束，扭作环形，用油煎熟，犹今之馓子。《楚辞·招魂》："粔籹蜜饵，有餦餭些。"王逸注："言以蜜和米面，熬煎作粔籹。"

　　④狸奴：猫的别名。白牯：白色的犍牛。狸奴白牯：事见《景德传灯录》："僧问：'南泉云'狸奴白牯却知有，三世诸佛不知有。'为

什么三世诸佛不知有？师曰：'未入鹿苑时犹较些子。'僧曰：'狸奴白牯为什么却知有？'师曰：'汝争怪得伊。'"《续传灯录》："隆兴府黄龙灵源惟清禅师……上堂：'三世诸佛不知有，恩无重报；狸奴白牯却知有，功不浪施。明大用晓全机，绝踪迹不思议。'"施：布施。

⑤腥：生肉也。瓯：小盆。椀：同"碗"。

⑥羊脊：即羊排。牛朜：即牛胃，俗称牛肚。李时珍《本草纲目》："朜，言其有比列也。牛羊食百草，与他兽异，故其胃有脾，有蜂窠，亦与他兽异也。"

⑦么猕：《康熙字典》："《梵书》：美味曰么。又天酒名么。"大嚼：大口咬嚼。《文选》："过屠门而大嚼。"李善注引桓谭《新论》："知肉味美，对屠门而大嚼。"

⑧掬溢：《康熙字典》："《孔丛子·杂训》：两手曰掬，一手曰溢。"后引申为捧起。归遗：赠送、给予。《左传·昭公二十四年》："越公子仓归王乘舟。"注："归，遗也。"

⑨颍人：乐器演奏者。《正字通》："乐工、倡优、弄人。俗作净。"云箫：古时管乐器中的一种排箫。

⑩兜率：即兜率天，梵语音译。佛教谓天分许多层，第四层叫兜率天。它的内院是弥勒菩萨的净土，外院是天上众生所居之处。清黄沛翘《西藏图考·和宁西藏赋》："按：兜率天宫出《佛书》。率：音律。"

⑪伥童：亦作"伥僮"，指做逐鬼之用的童子。汉张衡《东京赋》："方相秉钺，巫觋操苅，伥子万童，丹首玄制。"李善注："伥子：童男童女也。"月斧：即斧头的一种，因斧刃呈偃月形而得名。

⑫侏傛：亦作"侏离"，中国古代西部少数民族乐舞的总称，亦泛称少数民族。《周礼·春官》"掌四夷之乐。"贾公彦疏引《孝经纬·钩命决》："西夷之乐曰侏离。"晋陶潜《圣贤群辅录》："伯夷为阳伯乐，舞侏离，歌曰招阳。"

⑬元旦：文中指藏历正月初一。

乃有挺身缒险①，撒手飞绳②。正月二日，作飞绳戏，从布达拉最高楼上系上绳四条，斜坠山下，钉桩拴固。一人在楼角，手执白旗二，唱番歌毕，骑绳俯身直下。如是者三。绳长三十余丈。后藏花寨子番民专习此技。岁应一差，免其余徭。内地缘竿、踏绳，不足观也。落风鸢之一线③，搏霜鹘于千层④。

①挺身：挺直身子。缒：用绳索拴住人或物从上往下放。
②撒手：松手。飞绳：即飞绳戏，藏语"强嘎踏雪"之意译。《番僧源流考·西藏宗教节日》："正月初二日……达赖喇嘛家宴……宴散。随上楼看飞绳……一绳从山楼上垂下，两端拴固，一人从上头面朝下，顺绳溜去，双手持旗，溜至中间，双手正背换旗，一连三人飞绳溜下。看毕，达赖喇嘛转回，观看之众人皆散。"
③风鸢：即风筝。
④霜鹘：鹘鸟性猛鸷凶残，故有此称。千层：形容极高。

百尺竿头①，谁进无穷之步；九重天上②，今超最上之乘③。

①百尺竿头：化用"百尺竿头，更进一步"，喻指虽已达到很高的水平，但还有进步的空间。《景德传灯录》："师示一偈曰：'百尺竿头不动人，虽然得入未为真，百尺竿头需进步，十方世界是全身。'"
②九重天：古人认为天有九层，因泛言"九重天"，指天有极多重。《吕氏春秋》："天有九野，何谓九野，中央曰钧天，东方曰苍天，东北曰变天。北方曰玄天，西北曰幽天，西方曰皓天，西南曰朱天，南方曰炎天，东南曰阳天。"
③最上之乘：即最上乘，佛教指最高明圆满的教法。文中借喻技艺达到最高境界。

复有平原驰骋①，角力争能②。猢狁花骢③，喜与驽骀争道④；

渥洼名产⑤，肯输款段骁腾⑥。正月下旬，达赖喇嘛及噶布伦、公、台吉等各遣所属唐古特在大招前拍马驰骋⑦，先到者为胜。

①平原：平地之意。驰骋：策马奔腾，文中指赛马。《番僧源流考·西藏宗教节日》："正月二十六日，看跑马、跑人、贯跤、抱石……马约有一百匹，骑马之人皆系蛮童，身穿五彩衣，听炮响为号，马从藏之西北塔门跑来，由法台前过，跑马出藏街之东工布塘地方收马，令碟巴头人在彼等候，挨次发奖。"

②角力：徒手比试决定胜负。争能：比试能力。

③狪狪：清黄沛翘《西藏图考·和宁西藏赋注》："狪：音'通'；狪：黑猿也。"晋郭璞《山海经图赞·狪狪》："狪狪如豚，被褐怀祸。患难无繇，招之自我。"花骢：即五花马。唐杜甫《骢马行》："邓公马癖人共知，初得花骢大宛种。"

④驽骀：劣马。争道：争抢道路，比赛先后。

⑤渥洼，河名，在今甘肃省安西县境，传说产神马之处。《史记·乐书》："又尝得神马渥洼水中，复次以为《太一之歌》。"裴骃集解引李斐曰："南阳新野有暴利长，当武帝时遭刑，屯田炖煌界。人数于此水旁见群野马中有奇异者，与凡马异……代土人持勒靽，收得其马，献之。"

⑥款段：行走迟缓之劣马。骁腾：谓骏马奔驰飞腾。唐杜甫《房兵曹胡马》："骁腾有如此，万里可横行。"

⑦噶布伦：旧时西藏地方政府的主管官员。《清史稿·职官志》："藏地分卫、藏、喀木、阿里四部，各置噶布伦治其地，职任綦重……至乾隆五十七年噶布伦以下始归约束，大臣职权乃与埒。"公：即爵名。清初，颁定宗室九等封爵之制，以辅国公为第六等爵，位次于镇国公，并以封蒙古等外藩贵族。雍正年间凡封辅国公者，皆加封"奉恩"字样，名奉恩辅国公。乾隆十三年，复位宗室封爵之制为十四等，列辅国公爵于镇国公之下、不入八分镇国公之上，为第八等爵。台吉：清代

爵名。清代蒙古诸部落封爵中有台吉，位次辅国公，分为四等，一等一品，四等四品。卫拉特蒙古和硕特部统治西藏时，藏区藏族中也有被封赠为台吉者。清朝政府直接统治西藏后，以康济鼐、颇罗鼐等助清军进藏有功，也以该爵分别授其家族。

抵戏翘关①，五指之神狮出现；又番人举重石②；又裸衣扑跌以角胜③。〇《涅槃经》：阿阇王令醉象蹋佛④，佛以慈善根力舒其五指，遂为五狮子儿⑤，醉象惶惧而退。御风追日⑥，万回之脚马先登⑦。又番人于七八里外争以步行跑远，以先到大招者为胜。〇《传灯录》：万回法云者⑧，虢州人也，俗姓张，啸傲如狂。唐武则天时赐万回和尚锦袍玉带。八九岁始能言。其兄戍安西，师持信朝往夕返万余里，故号万回云。

①抵戏：角抵之戏，西藏传统的摔跤比赛。清昭梿《啸亭续录》："定制，选八旗勇士之精练者，为角抵之戏，名善扑营，凡大燕享皆呈其伎。或与外藩部角抵争较优劣，胜者赐茶缯以旌之。"翘关：抱石举重比赛。《文选》："翘关扛鼎，拚射壶博。"李周翰注："翘、扛皆举也。关，门关也。"《新唐书·选举志》："长安二年，始置武举。其制有长垛……又有马枪、翘关、负重、身材之选。翘关长丈七尺，径三寸半，凡十举后，手持关距，出处无过一尺。"

②石：榕园本作"名"。

③又：图考本作"并"。

④醉象蹋佛：《后汉书·西域传》："感验明显，则事出天外"。注："《涅槃经》曰：阿阇王令醉象蹋佛，佛以慈善根力，舒其五指，遂为五师子见，尔时醉象惶惧而退。又五百群贼劫夺人庶，波斯匿王收捉，剜其两目，弃入坑中。尔时群贼苦痛不已，同时发声念南无佛。达摩佛以慈善根力，雪山吹药，令入贼眼，皆悉平复如本。"

⑤儿：《后汉书·西域传》："感应明显，则事出天外。"注引《涅

槃经》作"见",同"现"。

⑥御风追日:乘风前进,追赶太阳,指西藏传统体育项目赛跑。

⑦脚马:和瑛《易简斋诗钞·大观山》:"初识关山险,人争脚马拖。"和瑛句下自注:"土人以铁翅束足底,名脚马。"

⑧万回法云:《景德传灯录》:"万回法云公者,虢州阌乡人也,姓张氏。唐贞观六年五月五日生,始在弱龄,啸傲如狂,乡党莫测。一日令家人洒扫,云:'有胜客来。'是日,三藏玄奘自西国还,访之。公问印度风境,了如所见。奘作礼围绕,称是菩萨。有兄万年,久征辽左。母程氏思其音信。公曰:'此甚易尔。'乃告母而往,至暮而还。及持到书,邻里惊异。"

厥惟元夕①,竞尚燃灯②。煎万户之馋膏③,星流月偃④;耀百华之宝树⑤,霞蔚云蒸⑥。青鸾彩凤⑦,灵鹫仙鹏⑧。法象吼狮,神光夜炳⑨;木牛流马⑩,业火宵兴⑪。

①厥惟:句首发语词,无意。元夕:正月十五为上元节,是夜为元夕,与"元夜""元宵"同。

②尚:尊崇。燃灯:点燃酥油花灯。

③煎:点燃之意。馋膏:即馋脂,谓经烛火燃烧后流下的烛液。

④星流:谓星星沿着一条狭长轨道围绕星系运动,文中指星星西沉,星光暗淡。月偃:指月亮下落。

⑤百华:各色鲜花。宝树:即七宝树,极乐世界中以七种宝物合成的树木。

⑥蔚:聚集。蒸:上升。霞蔚云蒸:像云霞一样升腾聚集起来,形容景物灿烂绚丽。

⑦青鸾:又称苍鸾,古代传说中的神鸟。唐王昌龄《萧驸马宅花烛》诗:"青鸾飞入合欢宫,紫凤衔花出禁中。"彩凤:即凤凰。唐李商隐《无题》诗之一:"身无彩凤双飞翼,心有灵犀一点通。"

⑧灵鹫：神雕。仙鹏：仙界的大鹏鸟。

⑨神光：神采。夜炳：指在夜色中更加光彩照人。

⑩法象、吼狮、木牛、流马：均指动物造型的花灯。

⑪业火：佛教谓恶业害身如火，文中指花灯的烛火。宵兴：整夜灯火不熄，通宵达旦。

琉璃世界①，点长明大千活佛②；坚固庵罗③，传不昧十万高僧④。烟煤彻于重霄⑤，云间沃雪⑥；灰烬余于徼道⑦，地上销冰。

①琉璃世界：药师琉璃光如来佛的净土，文中形容五颜六色的灯光绚丽多彩。

②大千：极言之多。

③庵罗，即庵摩勒果，为球形，有棱。南朝宋谢灵运《山居赋》："羡灵鹫之名山，企坚固之贞林，希庵罗之芳园。"

④不昧：不晦暗，明亮之意。

⑤烟煤：即煤烟。彻：彻底、全部之意。重霄：即九霄，天空高处。

⑥沃雪：以热水浇雪。文中指飘散空中的煤烟使得雪花融化。

⑦徼道：巡逻警戒的道路。《文选》："周庐千列，徼道绮错。"李周翰注："徼道，循禁道也。"

此则太乙祠坛之伊始①，金吾驰禁之明征也②。《七修类稿》云③："上元张灯，诸书以为沿汉祀太乙，自昏至明，今其遗事。"《容斋三笔》既辩《史记》无此文，尚未得其实。《事物纪元》又引《僧史略》④，以西域十二月三十日乃汉正月望日⑤，彼地谓之大神变，故汉明帝令烧灯表佛，今乃遗事⑥。夫事既无据，时日又非⑦，不足信也。《春明退朝录》以为梁简文帝有《列灯赋》、陈后主有《山灯》诗，以为起自南朝……《唐书·严挺之传》云⑧：'睿宗好音律。先天二年正月望日，胡人婆陀请然千灯，因弛门禁。帝御安福门纵观，昼夜不息。'韦述《两京新记》：'正月十五夜，敕金吾弛禁⑨，前后各一日看灯。'则是始于睿宗、成于玄宗无疑⑩。宋乾德五年正月，诏以朝廷无事、区宇乂安⑪，令开封府更增十七、十八两夕。五夜之俗因此也。今以十三易十八者，闻太祖初建南都，盛为彩楼，招徕天下富商以实国本。元宵放灯多至十余日，后约中定今五日耳。"今考《史记·乐书》云：汉帝以正月上辛祀太乙、甘泉，以昏时祀到明。徐坚谓今人正月望夜观灯是其遗事。又《刘向外传》云：上元夜，人皆游赏，向独在家读书，太乙神燃青藜以照向。盖因汉武祭五時，通夜设燎，取周礼司爟烧燎照祭。后世沿以为佛事耳。且上元张灯不独京师为然，如广陵观灯、西凉灯影，罗公远掷杖化桥或以为潞州，或以为西川，则是天下同风，相沿已久。是知元宵放灯始于汉，盛于唐宋，其原本于西域。郎仁宝以为起自南朝，始于唐睿宗，成于玄宗⑫，皆非也。予谓本于西域者，何也？今考卫藏每岁正月十五夜，达赖喇嘛及各胡图克图、噶布伦、公、台吉等于大招四面各设彩灯，以青稞面捻成佛仙之像及鸟兽花卉各种供品，燃以酥油，照以松炬，火光烛天，如不夜城。男女数万，纵游彻晓。其灯架高至二三丈，番僧团坐诵经其下。是《僧史略》所言不为无据。仁宝以为不足信，过矣⑬。惟《僧史》以西域十二月晦为汉之正月望⑭，则失于考证。何也？今考卫藏时宪名朱尔亥⑮，于内地正朔不同者⑯，只以置闰不置闰⑰，相差一月，朔望则无不同者，何至以晦为望耶？盖除夕前一日止于送祟，名曰跳布札，并不燃灯也。至于三日、五日之不同，则唐宋以后事耳。

①太乙：即太一，亦作"泰一"，古代神名。祠坛：祭祀之场所。太乙祠坛：太乙祠坛：即太一坛。汉武帝初从谬忌之奏，以为太一乃天神之贵者，置太一坛以祀太一神。后世帝王亦多置坛以祠太一之神。《史记·封禅书》："天神贵者太一。"司马贞索隐引宋均云："天一、太一，北极神之别名。"伊始：开始、最初。

②金吾：负责皇帝大臣警卫、仪仗以及徼循京师、掌管治安的武职官员。其名称、体制、权限历代多有不同。汉有执金吾，唐宋以后有金吾卫、金吾将军、金吾校尉等。《汉书·百官公卿表》："中尉，秦官，掌徼循京师，有两丞、侯、司马、千人。武帝太初元年更名'执金吾'。"颜师古《注》："应劭曰：'吾者，御也，掌执金革以御非常。'金吾，鸟名也，主辟不祥。天子出行，职主先导，以御非常。故执此鸟之象，因以名官。"弛禁：放松禁令。古代由掌管京城警卫的金吾禁止夜行，唯于正月十五日开放夜禁，称"金吾不禁"。唐苏味道《正月十五夜》诗："金吾不禁夜，玉漏莫相催。"

③《七修类稿》：明代郎瑛撰，五十一卷。其中天地类六卷、国事类八卷、义理类四卷、辩证类十卷、诗文类十一卷、事物类八卷、奇谑类四卷。内容主要杂记天文、地理和元明史事逸闻、诗文传奇等，间有考证。郎瑛（1487—1566），字仁宝，仁和人，明藏书家。因身患疾病，而淡于功名。稍长，乃博览艺文，探讨经史。家藏图书有经史文章、杂家之言、乡贤手迹等，每日坐于书斋中诵读，揽其要旨，撮取精华，辨同异，考谬误，有《书史衮钺》《七修类稿》等著。

④元：《七修类稿》作"原"。《僧史略》：即《大宋僧史略》，宋释赞宁撰，三卷。原书六十门，今本五十八门。该书一部采用典志体编撰的佛教典故集，以事为题，类聚条分，记述并考证了自东汉初至北宋初中国佛教的六十多项重大事件和制度的缘起沿革。

⑤望日：农历每月十五日。

⑥今乃遗事：诸本皆无，据《七修类稿》补。

⑦又：《七类修稿》作"尤"。

⑧之：据实际人名及《七修类稿》补。

⑨敕：据《七修类稿》补。

⑩玄：诸本原避康熙帝讳作"元"，径改。

⑪区宇：境内、天下之意。乂安：太平、安定之意。

⑫玄：诸本原避康熙帝讳作"元"，径改。

⑬过：错误。

⑭晦：农历每月最后一天。

⑮时宪：实时宪历，清代颁行的一种历法名，文中泛指历法。清顺治元年五月，清朝定鼎北京。德国传教士汤若望把明徐光启等人编制的《崇祯历书》加以删改，缩为一百零三卷进呈。清政府决定采用，称为《西洋新法历书》，并把由此编出的日用历书，起名《时宪历》，于顺治二年颁行。其后，康熙二十三年融会《西洋新法历书》，编订《历象考成》，以这年甲子为元，又称《甲子元历》。朱尔亥：即藏族传统历法。它以月球圆缺周期为一个月，大月三十天，小月二十九天。平年十二个月，全年三百五十四天，闰年十三个月，全年三百八十四日，用以调整月份和季节关系。藏历重视"定望"，不重视"定朔"，即"望"必须在每月十五日，"朔"不一定在每月初一，这样藏历与夏历日序有时相差一天。藏历也采用干支纪年，六十年一周期，以阴阳鱼五行相配代替十天干，以十二生肖代替十二地支。参丹珠昂奔《藏族大辞典》。

⑯正朔：农历每年正月初一日，此处指历法。

⑰置闰：设置闰月，系调整历法纪年与地球公转一周的时间差数的方法。

盖自孟春初吉①，卜达赖而启行；长住晨离②，望大招而爰处。先期戒事③，步马之鼓节雍容④；继踵望尘⑤，塞巷之人群延伫⑥。

①孟春：春季的第一个月，农历正月。初吉：指农历每月的初一至初七、八。古人将每月分成四个部分：自朔日至上弦为初吉，自上弦至望日为既生霸，自望日至下弦为既望，自下弦至晦日为既霸。参王国维《观堂集林·生霸死霸考》。

②晨离：早晨的太阳，借指东方。

③先期：在事情发生之前的时间。戒事：戒备、守卫之事。

④步马：牵马训练。鼓节：训马的鼓点。雍容：仪态大方，从容不迫。

⑤继踵：脚跟接着脚跟，形容人多。望尘：指望尘莫及。

⑥塞巷：即万人空巷，极言人之多。延伫：久立、久留。

前驱伍陌①，备戕殳锽钺之仪②；但马旄头③，夹旌节幡麾之侣④。翠葆远翔⑤，孔雀降自天台；黄伞高耀⑥，金轮诣于佛所⑦。

①前驱：前锋、先导。伍陌，应为"伍百"，地方政府役卒。多为舆卫前导或执杖行刑。

②备：准备。戕：枪。殳：古代一种兵器。《周礼·夏官·掌五兵注》："五兵者，戈、殳、戟、酋矛、夷矛。"《释名》："殳，殊也。长一丈二尺，无刃，有所撞挃于车上，使殊离也。正义曰：《考工记》'殳长寻有四尺。'八尺曰寻，是丈二也。冶氏为戈戟之属，不言殳刃，是无刃也。"锽：《开元礼仪》："锽，形如剑而三刃，连柄共长三尺五寸，以虎豹皮为袋。"今乘舆之前，刻木为斧，谓之仪锽。钺：古代似斧的兵器。《左传·昭十五年》："戚钺秬鬯。"《疏》："钺大而斧小。"文中"戕、殳、锽、钺"皆为仪仗。

③但马：古代仪仗队中不鞴鞍鞯以示备用的马。宋程大昌《演繁露·诞马》："但者，徒也。徒马者，有马无鞍，如人袒裼之袒也……然则谓之但马，盖散马备用而不施鞍辔者也。"旄头：古代仪仗中一种担任先驱的骑兵。

④旌节：旌与节。唐制，节度使赐双旌双节，旌以专赏，节以专杀。幡麾：指挥用的幡旗。

⑤翠葆：古时的一种仪仗，以翠羽联缀于竿头而成，其形若盖。

⑥黄伞：黄色华盖。

⑦金轮：金色的法轮。诣：前往拜访。

98

　　则有绛鞲赤帻①，白帢朱缨②，貂珥鹭纕③，氄衣蟒褚④。盼傔从之如云⑤，映晨辉而若炬。亦有哨头帕腹⑥，露顶披肩，犵老羌童⑦，賨男媆女⑧。口洒洒而噤寒⑨，手林林而高举⑩。俯地讶似伏章⑪，叩额连如舂黍⑫。

　　①绛：红色。鞲：革制的袖套。绛鞲：绛红色袖套，射箭或者劳作时使用。《后汉书·舆服志》："驿马三十里一置，卒皆赤帻绛鞲。"《隋书·百官志》："其尚书令、仆、御史中丞，各给威仪十人。其八人武官绛鞲，执青仪囊在前。"赤帻：赤色头巾，代指士卒。

　　②白帢：白色丝制便帽。朱缨：朱色帽带。

　　③貂珥：貂尾与珥珰，汉代宦官冠上插貂尾悬珥珰以为饰，后用"貂珥"比喻显贵。鹭纕：即白鹭缳，白鹭的蓑羽，文中借指以白鹭蓑羽为饰的帽子。

　　④氄衣：毛皮所制的衣服。北齐刘昼《新论·适才》："紫貂，白狐，制以为裘，郁若庆云，皎如荆玉，此氄衣之美也。"蟒褚：绣有蟒纹的棉衣。

　　⑤盼：看见。傔从：侍从、仆役。

　　⑥哨头：古代男子包头发的纱巾。《宋书·五行志》："太元中，人不复着哨头。头者，元首；哨者，令发不垂，助元首为仪饰者也。"帕腹：即抹胸，俗名兜肚。《释名·释衣服》："帕腹，横帕其腹也。"

　　⑦犵：即犵狫，亦作"仡佬"，中国西南地区少数民族名称。明田汝成《炎徼纪闻·蛮夷》："犵狫，一曰犵獠。种有五，蓬头赤脚，轻命死党。以布一幅，横围腰间，旁无襞绩，谓之桶裙，男女同制。花布者为花犵狫，红布者谓红犵狫。各有族属，不通婚姻。"

　　⑧賨：古代巴人所交纳的赋税，文中代指代巴人。媆：本指媆母，文中代指西南地区少数民族女子。

　　⑨洒洒：《康熙字典》："洒洒：寒栗貌。"噤寒：因受寒而身体颤动。

⑩林林：形容众多。

⑪俯地：趴在地上。讶：迎接。伏：跪请。章：疏写所问之事。伏章：文中代指跪请灵符。

⑫叩额：即叩头。舂：把东西放在石臼或钵里捣掉皮壳或捣碎。

　　乞食于沙瓶国①，托钵如斯②；饱众于舍卫城③，共犍若许④。雁堂信宿⑤，桑门之法供频伽⑥；乌道由旬⑦，须达之布施可茹⑧。

　　①乞食：讨饭，文中代指化缘。沙瓶国：应为"瓶沙国"，即瓶毗娑罗王之国。瓶毗娑罗王，亦名"频婆娑罗""频鞞娑罗""瓶沙""洴沙"，意译"影胜""影坚""影牢"等。古印度摩揭陀国西宋那伽王朝国王，与释迦牟尼同时代。据《佛本行集经》《中阿含经·频鞞娑罗品》等载述，支持并皈依佛教，将王舍城竹林精舍布施给佛教教团，是最早皈依佛教的国王。参任继愈《佛教大辞典》。

　　②托钵：手托钵盂。钵：梵语音译，意为"应器"，比丘的食器，僧人以手持钵乞食或取食。佛教戒律规定，僧人须以手托钵赴僧堂取食，出外乞食亦要托钵。参任继愈《佛教大辞典》。如斯：如此。

　　③饱众：指大施布施。

　　④犍：即犍槌，梵语音译，意为"声鸣"，指寺院中的木鱼、钟、磬之类。共犍：一同进食。晋法显《佛国记》："（于阗）国主安堵法显等于僧伽蓝。僧伽蓝名瞿摩帝，是大乘寺，三千僧共犍槌食。"宋道诚《释氏要览·杂记》："今详律，但是钟磬、石板、木板、木鱼、砧槌，有声能集众者，皆名犍椎也。"

　　⑤雁堂：即雁子堂，佛堂。《善见律》："高阁讲堂者，于大林作堂，堂形如雁子，一切具足，为佛作此堂也。"后因以"雁子堂"指佛堂。信宿：连宿两夜。

　　⑥桑门："沙门"的别译，指僧人。法供：对佛、法、僧三宝的供养。

⑦鸟道：险峻狭窄的山路。由旬：古印度的计程单位，有八十里、六十里、四十里三种大、中、小由旬。《法苑珠林》："八拘卢舍为一由旬，合有四十里。"

⑧须达：即须达多，亦作"苏达多"；意为"善与""善给""善授"等，佛教初期的优婆塞，为古印度拘萨罗国舍卫城富商，波斯匿王的大臣，释迦的有力施主之一。因常为孤独的贫贱者施食，故世称"给孤独长者"。得祇陀太子协助建祇园精舍，捐助给释迦做弘布佛教的场所。参任继愈《佛教大辞典》。茹：吃、食用。

伙够十方之众①，千偈伽伽陀②；糁糤四梵之天③，一钱投予④。宾头卢之遍赴⑤，比户逢春⑥；白脚僧之高闲⑦，阿谁缚汝⑧。此波罗蜜之译自古经⑨，摩罗木之讹于番语也⑩。孟春上旬，达赖喇嘛下山赴大招住锡，齐集远近大小喇嘛于大招各经堂诵经，约三万余众。摩罗木，唐古特语也，汉人谓为攒招，即宗喀巴之穆龙经会，佛书波罗蜜也。○《梵书》：六波罗蜜⑪，一布施，二持戒，三忍辱，四精进，五禅定，六智慧。《头陀寺碑》⑫：波罗蜜者，犹言到彼人也。《字典》⑬：波罗蜜，果名，梵语也。因此果味甘，故借喻之。

①伙够：众多。十方：佛教用语，指十大方向，即上天、下地、东、西、南、北、生门、死位、过去、未来。

②伽陀，亦作"伽他"，佛经中的赞颂之词。十二部经之一，亦作"句颂""孤起颂""不重颂"。南朝陈徐陵《东阳双林寺傅大士碑》："言无重颂，句备伽陀。"吴兆宜注引《祖珽事苑》："梵言伽陀，此言讽诵。"唐玄奘《大唐西域记·乌仗那国》："旧曰偈，梵文略也。或曰偈陀，梵音讹也。今从正音，宜云伽陀。伽陀者，唐言颂，颂三十二言。"

③糁糤：清黄沛翘《西藏图考·和宁西藏赋注》："按《字典》：糁，音'悉'，放也，糤，音'撒'。糁糤，散之也。"放散之义，故训

为放。四梵之天：即四梵天，道教用语，天界之一种，即常融天、玉隆天、梵度天、贾奕天，亦称"四民之天"。参唐段成式《酉阳杂俎·玉格》。

④一钱投予：指施舍。

⑤宾头卢：亦即"宾度罗"，乃十六罗汉之首。据玄奘译《法住记》，释迦牟尼曾令十六个大阿罗汉常住人世，济度众生。即：宾度罗跋啰惰阇（Pindolabharadvaja）、迦诺迦伐蹉（Kanakavatsa）、迦诺迦跋厘惰阇（Kanakabharadva－ja）、苏频陀（Supinda）、诺讵罗（Nakula）、跋陀罗（Bhadra）、迦哩迦（Karika）、伐阇罗弗多罗（Vajra－putra）、戍博迦（Supaka）、半托迦（Panthaka）、罗睺罗（Rahula）、那伽犀那（Nagasena）、因揭陀（Inga－ta）、伐那婆斯（Vanavasin）、阿氏多（Ajita）、注荼半托迦（Cudapanthaka，或 Suddhipanthaka）。详参任继愈《佛教大辞典》。

⑥比户：挨家挨户，亦指家家户户。

⑦白脚僧：事见唐释道宣《广弘明集》："沙门惠始，本张氏，清河人。闻罗什出经，诣长安见之观习禅定……自初习禅至于没世，五十余年未尝寝卧。跣行泥尘，初不污足，色愈鲜白，世号白脚阿练。"高闲：清高闲适。

⑧阿谁缚汝：事见五代释静、释筠《祖堂集》："石头和尚，嗣吉州思和尚，在南岳。师讳希迁，姓陈，端州高要人也……又教侍者问法。侍者去彼问：'如何是解脱?'师曰：'阿谁缚汝?''如何是净土?'师曰：'阿谁垢汝?''如何是涅槃?'师曰：'谁将生死与汝?'"

⑨波罗蜜：梵文"Paramita"音译，全称"波罗蜜多"，意为"到彼岸""度彼岸""度无极""度"，谓从生死迷界的此岸到达解脱涅槃的彼岸。《大智度论》："'波罗'（秦言'彼岸'）；'蜜'（秦言'到'）……成办佛道，名到彼岸；复次于事成办，亦名到彼岸（天竺俗法，凡造事成办，皆言到彼岸）……以生死为此岸，涅槃为彼岸。"（按，括号内为译者鸠摩罗什原注）大乘佛教以六项修持内容为到达涅槃彼岸的方

法或途径，称为"六波罗蜜"或"六度"。扩大而为"十波罗蜜"或"十度"。详参任继愈《佛教大辞典》。

⑩摩罗木：即攒招，指传法、集会于大昭寺，是格鲁派最重要的的宗教活动之一。

⑪六波罗蜜：梵文"Sat－paramita"音译，亦称"六度""六度无极""六到彼岸""六波罗蜜多"等，指从生死轮回之此岸抵达涅槃寂静之彼岸的六种方法或途径。即檀那波罗蜜、尸罗波罗蜜、羼提波罗蜜、毗梨耶波罗蜜、禅那波罗蜜、般若波罗蜜。"六度"是一个循序渐进的整体，由不爱财方能持戒，由持戒方能忍辱，由忍辱方能精进，由精进方能禅定，由禅定方得趋向涅槃之般若。详参任继愈《佛教大辞典》。

⑫《头陀寺碑》：即智威，唐处州缙云人。十八岁出家，师事天台山国清寺章安，学天台宗义，证法华三昧。上元元年，居轩辕炼丹山法华寺传法，号"法华尊者"，著有《桃岩寺碑》《头陀寺碑》，被尊为天台宗六祖。

⑬《字典》：即《康熙字典》。《康熙字典》："蜜：波罗蜜，果名。《本草》：波罗蜜，梵语也。因此果味甘，故借用之。"

于焉毗卢会罢①，玛尼功成②。托度于肉真人③，金绳绝路④；求福于木居士⑤，宝辇行城⑥。

①于焉：于是。毗卢会，法会。毗卢："毗卢遮那"之省称。毗卢遮那，梵文"Vairocana"音译，亦作"毗卢舍那""毗卢折那""毗卢旃""卢舍那"等，略作"毗卢佛""遮那佛"等，意为"光明普照""遍一切处""大日"等，佛名。旧译《华严经》译为"卢舍那"，而新译《华严经》译为"毗卢遮那"，认为此佛能于身上任何部位放出"佛世界微尘数光明"，"光明照十方微尘等刹"，是佛身说中的"报身佛"。所居净土名"莲花藏世界"，略称"华藏世界"。《大毗卢遮那成

佛神变加持经》以一切菩萨、诸执金刚所示身语意行，皆由"大日如来"（Maha – vairocana）所生所加持，故密宗视毗卢遮那即"大日如来"，为理智不二的"法身佛"。《大日经疏》："毗卢遮那者，是日之别名，即除暗遍明之义。然世间日则有方分，若照其外，不能及内；明在一边，不至一边；又唯在昼，光不烛夜。如来智慧日光，则不如是，遍一切处，作大照明矣，无有内外方所昼夜之别。复次，日行阎浮提，一切卉木丛林，如其性分，各得增长，世间众务，因之得成。如来日光，遍照法界，亦能开发众生善根，乃至世出世间殊胜事业，莫不由之而得成功。又如重阴昏蔽，日轮隐没，亦非坏灭；猛风吹云，日光显照，亦非始生。佛心之日，亦复如是，虽为无明重阴之所覆障，而无所减；究竟诸法实相，圆明无际而无所增。以如是等因缘，世间之日，不可为喻，但取少分相似，故加以大名，日摩诃毗卢遮那也。"详参任继愈《佛教大辞典》。

②玛尼：即玛尼堆，原为藏族群众于通衢要道或山口设置的昂址和计算路程的标志，以石块堆积而成。藏传佛教兴起后，其信徒把刻有六字真言的石块或压有各种佛像的泥模置于其上，再插以经幡，遂成为过往行人巡礼的嘛尼堆。传入蒙古后谓之敖包。参谢启晃《藏族传统文化辞典》。

③托度：请托为其超度。肉真人：指活佛。

④金绳：以黄金为界绳。《法华经》："国名离垢，琉璃为地，有人交道，黄金为绳，以界其侧。"后用"金绳"比喻指引。唐李白《春日归山寄孟浩然》："金绳开觉路，宝筏度迷川。"觉路：成佛的道路。

⑤木居士：用木雕制的神佛像。唐韩愈《题木居士》："火透波穿不计春，根如头面干如身，偶然题作木居士，便有无穷求福人。"

⑥宝辇：高贵华丽的车子。行城：在城中巡游。

迈达装严①，螺发偏单而磊落②；垂忠作态③，兜鍪比甲而峥嵘④。雷门鼟鼟其逸响⑤，铜角呜呜其长鸣⑥。哱啰杂吼⑦，梵贝喧声⑧。杜多拍钹⑨，衲子敲钲⑩。干松吐瑞于凭霄⑪，辟邪称贺⑫；方帛纷披于拉木⑬，大壤群庚⑭。攒招佛事毕则出大小喇嘛。迈达尔佛即弥勒佛。载以四轮车，数百人曳之，垂忠装束为之先导，绕大招一匝，番人争挂哈达。汉名转寺。

①迈达：即弥来佛，迈达尔。装严：装备严整之意。

②螺发：指佛的发型盘旋曲折成螺纹状。偏单：指偏向一面。

③垂忠：保护之意，文中指护法神。作态：做出各种姿态。

④比甲：古时一种类似今天背心的服装，极便于骑射。《元史·后妃传》："又制一衣，前有裳无衽，后长倍于前，亦无领袖，缀以两襻，名曰比甲，以便弓马，时皆仿之。"峥嵘：狰狞，形容护法神凶神恶煞的样子。

⑤雷门：古会稽城门名，因悬有大鼓，声震如雷，故有此称。《汉书·王尊传》："尊曰：'毋持布鼓过雷门！'"颜师古注："雷门，会稽城门也。有大鼓。越击此鼓，声闻洛阳，故尊引之也。布鼓谓以布为鼓，故无声。"戆戆：击鼓之声。清黄沛翘《西藏图考·和宁西藏赋注》："'戆，音阗，击鼓也。'"逸响：形容鼓声的雄浑奔放。

⑥铜角：铜做的喇叭，上下二截，形如竹筒，故俗称号筒。《旧唐书·音乐志》："西戎有吹金者，铜角是也。长二尺，形如牛角。"

⑦哱啰：古时军中的一种用海螺壳做成的号角。

⑧贝：螺壳。梵贝：佛教词语，意为法螺。《文献通考·乐考》："贝之为物，其大可容数升，蠡之大者也……今之梵乐用之，以和铜钹。释氏所谓法螺，赤土国吹之以迎隋使是也。梁武之乐，有童子伎倚歌梵贝。"

⑨杜多：梵语"Dhūta"音译，亦作"头陀"，谓除去衣、食、住三种贪欲，也用以称行脚乞食的僧人。唐玄应《一切经音义》："杜多……谓去其衣服、饮食、住处三种欲贪也。旧言头陀者，讹也。"《翻译名义集·僧伽众名》："我说彼人，名为杜多，今讹称头陀。"钹：

一种铜质圆形的打击乐器，两个圆铜片，中心鼓起成半球形，正中有孔，可以穿布条等用以持握，两片相击作声。

⑩衲子：僧人。钲：古代的一种乐器，用铜做的，形似钟而狭长，有长柄可执，口向上以物击之而鸣，在行军时敲打。

⑪吐瑞：出现瑞祥。凭宵：高空之意。

⑫辟邪：指古代民间传说中的一种神兽，形似狮，头有角，身有翅，具有祈福祛邪的作用。称贺：即祝贺。

⑬方帛：方形的丝制帛物，文中代指哈达。纷披：杂乱而到处散落。徐霞客《徐霞客游记·游黄山记》："枫松相间，五色纷披，灿若图绣。"拉木：即神像。

⑭大壤：即大穰，大丰收之意。《列子·天瑞》："一年而给，二年而足，三年大穰。"赓：继续。

　　乃有克马魔王①，厥号罗公甲布②。鲜毒龙之技③，角抵触而虚骄④；乏醉象之能⑤，鼻拗转而不悟⑥。

　　①克马魔王：即瘟神。
　　②厥：代词，他。罗公甲布：瘟神之意，亦作"吕公""吕公杰布"。徐珂《清稗类钞·西藏岁时纪略》："二月二十九日，送瘟神，又名打牛魔王。相传西藏为瘟神托足之地，达赖坐床，乃始逐之。故历年预雇一人扮瘟神，向番官商民敛钱，可得千金。自大招逐出，即起解，营官护送，悉以王爷称之。解至山南，安置之于桑叶寺石洞。洞在寺之大殿旁，幽深而寒栗，体健者，年余辄死。然瘟神入洞数日即潜回，不至丧命。是日，大招前之官兵，均如扬武状，一人扮达赖喇嘛，与瘟神先后至招。旛帜不一色，击鼓吹笛，亦如前状。有花衣黑帽者十数人，帽各插鬼头，衣之前后悉绣鬼形，在招前跳舞诵经。扮达赖者，铺垫坐招前，与一戴鬼头之法师对坐。须臾，瘟神出，面涂黑白，与达赖相诘难，词屈。复掷骰以赌胜负，达赖之骰以象牙为之，面面皆六，三掷皆

卢；瘟神之骰以木为之，面面皆枭，三掷皆枭，负而色赧，意欲别斗法术。达赖与法师及揭谛神明斥其非，瘟神负隅不行，即遣五雷逐之，众喇嘛诵经送至河下，焚草堆如前。"参王尧《西藏历史文化词典》。

③鲜：鲜有，形容极少。毒龙之技：形容实力非常强大。《全唐文·大宝积经序》："毒龙惧其威光，醉象惮其神力。"

④抵触：撞击、顶撞。虚骄：亦作"虚乔"，意为浮华不实、骄傲自大。《列子·黄帝》："纪渻子为周宣王养斗鸡，十日而问鸡可斗已乎？曰：'未也，方虚骄而恃气。'"

⑤醉象之能：形容实力非常强大，见前"毒龙之技"注。

⑥拗转：即扭转。

弃田庐之讹寝①，欲登摩羯之城②；逞狼虎之鸱张③，思斫菩提之树④。

①田庐：田地房屋，代指家乡。讹寝：或动或卧之意。《诗·小雅》："或寝或讹。"毛传："讹，动也。"

②摩羯之城：代指罗公甲布与达赖喇嘛所争夺的布达拉宫。

③逞：逞强、卖弄之意。鸱张：像鸱鸟张翼一样，比喻嚣张、凶暴。

④斫：砍伐。菩提树：树名，传说在2000多年前，佛祖释迦牟尼是在菩提树下修成正果的，故名。在印度，无论是印度教、佛教还是耆那教都将菩提树视为"神圣之树"。唐段成式《酉阳杂俎》："菩提树出摩伽陀国，在摩诃菩提寺。盖释伽如来成道时树，一名思惟树，茎干黄白，枝叶青翠，经冬不凋。至佛入灭日，变色凋落，过已还生。至此日，国王人民，大作佛事，收叶而归，以为瑞也。树高四百尺，已下有银塔周回绕之。彼国人四时常焚香散花，绕树作礼。唐贞观中，频遣使往，于寺设供，并施袈裟。至显庆五年，于寺立碑，以纪圣德。此树梵名有二：一曰宾拨梨力叉，二曰阿湿曷咃婆力叉。西域记谓之卑钵罗，

以佛于其下成道，即以道为称，故号菩提婆力叉，汉翻为树。"

　　昧羊跪之生全①，《陈书·王固传》②："清虚寡欲，居丧以孝闻。又崇信佛法，及丁生母忧，遂终身蔬食，夜则坐禅，昼诵佛经，兼习《成实论》义，而于元言非所长。尝聘于西魏③，因宴飨之际，请停杀一羊，羊于固前跪拜。"枉鹿趋之保护④。《梁书·何胤传》⑤："至吴，居虎邱山西寺讲经论学，复随之。东境守宰经途者，莫不毕至。胤常禁杀，有虞人逐鹿⑥，鹿径来趋胤，伏而不动。"鸡卵呼大士之音⑦，《宣室志》⑧：唐文宗："命有司诏中外，罢缁徒说佛书义⑨。又有请斥其不修教者。诏命将行，会尚食厨吏修御膳，以烹鼎鸡卵。方燃火于其下，忽闻鼎中有声，极微，如人言。迫而听之，乃群卵呼'观世音菩萨'也。吏异之，具以闻。翼日，敕尚食吏无以鸡卵为膳⑩。因颁诏州郡，各于精舍中塑观世音菩萨像。"雀巢避金刚之塑⑪。《洛阳伽蓝记》⑫："修梵寺有金刚像，鸠鸽不入⑬，鸟鹊不巢。菩提达摩云：得其真相也。"

　　①昧：迷失、不明白之意。生全：不杀使之保全生命。
　　②《陈书》：唐姚思廉撰，记自陈武帝陈霸先即位至陈后主陈叔宝亡国前后三十三年间之史实，凡三十六卷。王固：字伯充，洪州分宁县人，少时品行端正，通晓文史。天圣二年登进士甲科，历知吉、信诸州，仕至尚书都官郎中。事见《陈书》"列传第十五"。
　　③聘：聘问。《礼·曲礼》："诸侯使大夫问于诸侯曰聘。"
　　④枉：白白地。
　　⑤《梁书》：唐姚思廉撰，记自南朝萧齐末年的政治和萧梁皇朝五十余年之史事，凡五十六卷。何胤：字子季，庐江灊人，好学，从刘献受易及礼记、毛诗，又入钟山定林寺听内典，其业皆通。起家齐秘书郎，出为建安太守。后入为太子中庶子，撰新礼。阴帝时，入山隐居以终。事见《梁书》"列传第四十五"。

⑥虞人：古代掌管山泽苑囿田猎的职官，又称"虞""山虞"。《孟子·滕文公下》："昔齐景公由，招虞人以旌，不至，将杀之。"《注》："虞人守苑囿之吏也。"

⑦鸡卵：即鸡蛋。大士：即观音菩萨。

⑧《宣室志》：唐张读撰，唐传奇集，多记佛道神仙、鬼怪灵异之事，凡十卷。因汉武帝曾在宣室召见贾谊而问鬼神之事，故名。宋晁公武《郡斋读书志》："唐张读圣朋撰，纂辑仙鬼灵异事。名曰《宣室志》者，取汉文召见贾生论鬼神之义。苗台符为之序。"

⑨缁徒：指僧侣。

⑩无以鸡卵为膳：事见唐张读《宣室志·鸡卵》："唐敬宗皇帝御历，以天下无事，视政之余，因广浮屠教。由是，长安中缁徒益多。及文宗嗣位，亲阅万机，思除其害于人者，尝顾左右曰：'自吾为天子，未能有补于人。今天下幸无兵革，吾将尽除害物者，使亿兆之民，指今日为尧舜之世，足矣。有不能补化而蠹于物者，但言之。'左右或对曰：'独浮屠氏不能有补于大化，而蠹于物亦甚，可以斥去。'于是文宗病之，始命有司诏中外，罢缁徒说佛书义。又有请斥其不修教者。诏命将行，会尚食厨吏修御膳，以鼎烹鸡卵，方燃火于其下，忽闻鼎中有声极微，如人言者。迫而听之，乃群卵呼'观世音菩萨'也。声甚凄咽，似有所诉。尚食吏异之，具其事上闻。文宗命左右验之，如尚食所奏。文帝叹曰：'吾不知浮屠氏之力乃如是耶！'翌日，敕尚食吏无以鸡卵为膳。因颁诏郡国，各于精舍塑观世音菩萨像。"

⑪金刚：佛教护法神之名，因手持金刚杵，故名。塑：塑像。

⑫《洛阳伽蓝记》：北魏杨衒之撰，记载洛阳城内、城东、城南、城西、城北之佛寺建筑园林风物。《四库全书总目提要》："其兼叙尔朱荣等变乱之事，委曲详尽，多足与史传参证。其他古迹、艺文及外国土风道理，采撷繁富，足以广异闻……体例绝为明晰，其文秾丽秀逸，烦而不厌，可与郦道元《水经注》肩随。"

　　投之六花皆赤①，卓锡如飞②；答以再掷全么③，输山不住。二月下旬，送罗公甲布。相传牛魔王作祟，与达赖喇嘛争布达拉。是日，一人扮作达赖喇嘛坐于大招门前，一人扮作牛魔王，众喇嘛扮诸佛，环跳诵经。牛魔王服羊裘，反衣作不服状，乃与达赖喇嘛赌掷骰子。达赖喇嘛一掷成六，牛魔王一掷成么，再掷又么，为输却布达拉乃逃走。

　　①六花皆赤：文中指掷骰子的结果为六点，骰子的最大点六点为红色，故言。
　　②卓：直立。锡：锡杖，僧人外出所用。卓锡：谓僧人居留。
　　③么："一"的别称，文中指掷骰子的结果为最小的一点。

　　观者齐手揶揄①，力者合声攫捕②。无患之棒若林③，《古今注》④："拾樀木⑤，一名无槵木。昔有神巫，名曰宝眊，能符劾百鬼⑥，得鬼则以此棒杀之。世人以此木为鬼所畏，故名曰无患也。"无孔之椎如注⑦。《语录》：古禅师曰无心即是道，如寒灰死火，枯木石头，又似一个无孔铁椎，始得，莫学佛法，但是休心。雷轰轰兮火炮冲霄⑧，尘坐坐兮童山隐雾⑨。于是雷公驱逐牛魔王，喇嘛诵经，施放鸟枪，番众随之送过藏河，逃至南山乃止。

　　①揶揄：嘲笑，戏弄。《东观汉记·王霸传》："上令霸至市口募人，将以击郎，市人皆大笑，举手揶揄之，霸惭而去。"
　　②攫捕：抓捕。
　　③无患之棒：驱鬼时所用之法器。
　　④《古今注》：亦名《古今杂注》《古今杂记》，晋崔豹撰，包括舆服、都邑、音乐、鸟兽、鱼虫、草木、杂注、问答释义等方面之内容。晋崔豹《古今注·问答释义》："程雅问拾栌木。一名无患者。昔有神巫，名曰宝眊，能符劾百鬼，得鬼则以此棒杀之。世人相传以此木为众

110

鬼所畏，竟取为器用，以却厌邪鬼，故号曰无患也。"

⑤槚：榕园本作"挏"。

⑥劾：榕园本作"刻"。

⑦无孔之椎：驱鬼时所用之法器。

⑧雷轰轰：形容雷声连续不断。

⑨塺塺：尘土弥漫的样子。汉王褒《九怀·陶壅》："浮云郁兮昼昏，霾土忽兮塺塺。"童山：无草木之山。汉刘熙《释名》："山无草木亦曰童。"

尔乃香阜清宁①，苍生安稳②。挂三禅之绣佛③，日慧云慈；现十丈之金身④，风行草偃⑤。

①香阜：佛寺的别名。明王志坚《表异录·佛乘》："佛寺曰仙陀，又曰仁祠，又曰宝坊，又曰香阜，又曰奈园。"清宁：清明盛世。

②苍生：众生。

③三禅：佛教谓色界之第三禅天。此天名定生喜乐地。《楞严经》："安稳心中，欢喜毕具，名为三禅。"挂三禅：意为展佛。绣佛：用彩色丝线绣成的佛像。

④金身：即指装金的佛像。唐司空曙《题凌云寺》诗："百丈金身开翠壁，万龛灯焰隔烟萝。"

⑤风行草偃：指民众因观瞻展佛而被感化。《论语·颜渊》。"君子之德风，小人之德草，草，上之风，必偃。"

陈宝丛林①，献花翠嶙②。毕切齐，能书记者。滴金壶之墨，纪胜会于龙华③；朱尔亥，晓时宪者。衍玉瓛之文④，卜法游于鹿苑⑤。三月初一日，布达拉悬挂大佛二轴，悉以彩缎堆成者，长十余丈。又尽出大招库贮、宝供、乐器、幡幢，奇形怪状，鼓吹绕行布达拉，谓之亮宝。一春佛事乃毕也。

①陈宝：陈列宝物。相传，当小昭寺法会结束后，来自各个寺庙的千余名僧人在僧官的引导下，在拉萨城吹着各种法器巡游，官员们则在巡游时手捧大昭寺珍藏的各种宝物进行展示。丛林：佛教寺庙。《大智度论》："僧伽秦言众，多比丘一处和合，是名僧伽；譬如大树丛聚是名为林。"

②翠巘：青翠的山峰。唐杜牧《朱坡》诗："日痕絙翠巘，陂影堕晴霓。"

③胜会于龙华：度人出世的法会。弥勒佛在龙华树下开法会三次济度世人，分初会、二会、三会，即"龙华三会"。宋睦庵《祖庭事苑》："龙华树也，其树有华，华形如龙，故名龙华。经言当来弥勒于此树下说法度人，而有三会。初会先度释迦所未度者，次度其余，凡六十八亿人。第二会六十六亿。第三会六十四亿。故曰龙华三会。"

④氎：细毛布、细棉布。玉氎：即僧衣。

⑤卜：选择。法游：法驾出游，文中借指宗教巡游。鹿苑：即野鹿苑，文中借指佛寺。

爰修祓禊①，厥兆初秋②。南依江涘③，北望山陬④。担夯行脚⑤，匌合前驺⑥。拂庐星布⑦，支炷云稠⑧。盈箱麦豆，比栉维娄⑨。严更夜警⑩，称娭外游⑪。

①修：整治。祓禊：即祓除，除灾去邪之祭。《周礼·春官》："掌岁时祓除衅俗。"郑玄注："岁时祓除，如今三月上巳如水上之类。"贾公彦疏："一月有三巳，据上旬之巳而为祓除之事，见今三月三日水上戒浴是也。"文中借指西藏传统节日"噶玛日吉"，但并不仅仅限于三月三日，亦有延至秋季者。如汉刘桢《鲁都赋》："及其素秋二七，天汉指隅，民胥祓禊，国于水嬉。"

②兆：开始。

③江涘：江边。

④山陬：山角。

⑤担夯：肩挑重物。行脚：走路。

⑥匔合：亦作"匔匔"，重迭的意思。前驺：古代官吏出行时在前边开路的侍役。宋徐铉《奉和宫傅相公怀旧见寄四十韵》："不遣前驺妨野逸，别寻逋客互招延。"

⑦拂庐：吐蕃贵族所居的毡帐。《新唐书·吐蕃传》："其赞普居跋布川，或逻娑川，有城郭庐舍不肯处，联毳帐以居，号大拂庐，容数百人。其卫候严，而牙甚隘。部人处小拂庐，多老寿至百余岁者。"

⑧烓：《尔雅·释言》："煁，烓也。"注："今之三隅灶。"疏："烓者，无釜之灶，其上燃火，谓之烘。本为此灶上，以燃火照物，若今之火炉也。"支烓：即支起火炉。

⑨比栉：像梳篦的齿一样紧密相连，形容接连而来或密密排列。维娄：饲养的大牲畜。《公羊传·昭公二十五年》："且夫牛马维娄，委己者也，而柔焉。"何休注："系马曰维，系牛曰娄。"

⑩严更：警夜行的更鼓。夜警：夜间警戒。

⑪称娖：行列齐整貌。《后汉书·中山简王焉传》："今五国各官骑百人，称娖前行。"李贤注："称娖，犹齐整也。"

祇园精舍①，大士瀛洲②；帛和挂锡③，乞士巢鸠④。

①祇园：亦作"祇树给孤独园""胜林给孤独园"，别称"祇洹精舍"。憍萨罗国给孤独长者在舍卫城南购得波斯匿王太子祇陀之花园，修建精舍，施与释迦牟尼居止说法者，以两人名字命名。释迦居此说法二十五年，唐玄奘入印巡礼时已毁。参王尧《西藏历史文化辞典》。精舍：佛寺的别称，意为精修者之舍庐。

②大士：菩萨的通称。南朝齐周颙《重答张长史》："夫大士应世，

其体无方，或为儒林之宗，或为国师道士，斯经教之成说也。"瀛洲：传说中的仙山。《列子·汤问》："其山高下周旋三万里，其顶平处九千里，山之中间相去七万里，以为邻居焉。其上台观皆金玉，其上禽兽皆纯缟。珠玕之树节丛生，华实皆有滋味，食之皆不老不死。所居之人皆仙圣之种，一日一夕飞相往来者，不可胜数。而五山之根无所连箸，常随潮波上下往返。"

③挂锡：禅林用语，与"挂搭"同义，又称"留锡"，即悬挂锡杖之意。昔云水僧行脚时，必携带锡杖，若入丛林，得允许安居时，则挂锡杖于壁上之钩，以表示止住寺内。唐裴休《赠黄蘗山僧希运》诗："挂锡十年栖蜀水，浮杯今日渡漳滨。"

④乞士：比丘的别称，佛家指年满二十岁，受过具足戒的男性出家人。《法华义疏》："比丘者名为乞士，上从如来乞法以练神，下就俗人乞食以资身，故名乞士。"巢鸠：形容借住他人的居室。《诗经·鹊巢》："维鹊有巢，维鸠居之。之子于归，百两御之。"

霞天绣幄①，锦地花沟②。清凉入榭③，大愿维舟④。

①绣幄：锦绣的帷帐。宋吴文英《宴清都·绣幄鸳鸯柱》："绣幄鸳鸯柱。红情密，腻云低护秦树。芳根兼倚，花梢细合，锦屏人妒。"

②锦地：是指在丝织物上用漆填或描绘出华美的纹样做衬地，其上再饰各种图案。

③榭：建在高土台或或临水的木屋。宋辛弃疾《永遇乐》："千古江山，英雄无觅孙仲谋处，舞榭歌台，风流总被雨打风吹去。"

④大愿：佛圣对众生有十二大愿，分别是：广发宏誓愿、常居南海愿、寻声救苦愿、能除危险愿、甘露洒心愿、常行平等愿、誓灭三途愿、枷锁解脱愿、度尽众生愿、接引西方愿、弥陀受记愿、果修十二愿。参任继愈《佛教大辞典》。维舟：古代诸侯所乘之船，维连四船，使不动摇，故称。《尔雅·释水》："天子造舟，诸侯维舟。"郭璞注：

"维连四船。"

意树心花①，岁进佛桑之供②；《异名记》③："佛桑，其花丹，重
敷柔泽，叶如桑，花五六出，大如蜀葵，有蕊一条，长如花叶，上缀金
屑，日光所烁，凝为焰，朝生暮落。喜园忍草④，人欣衣影之留。
《伽蓝记》⑤："水东有佛晒衣石⑥。初，如来在乌场国行化，龙王瞋怒，
兴大风雨。佛僧迦梨表里通湿。雨止，佛在石下东面而坐，晒袈裟。年
岁虽久，彪炳若新，非影非直条缝明见，至于细缕亦彰。假令刮削，其
文转明真也。"

①意树：佛教认为一切善果、恶果皆由意念所生，故以意树喻意
念。南朝梁萧统《讲解将毕赋三十韵》："意树登空花，心莲吐轻馥。"
心花：即慧心。《圆觉经》："若善男子，于彼善友，不起恶念，即能究
竟成就正觉，心花发明，照十方刹。"
②岁进：年年均供奉。佛桑：植物名，指佛桑树或它的花，即扶
桑，又名"朱槿"。唐段成式《酉阳杂俎续集·支植上》："闽中多佛桑
树。树枝叶如桑，唯条上勾。花房如桐，花含长一寸余，似重台状。花
亦有浅红者。"
③《异名记》：即《本草异名记》，日本战国时代名医曲直濑道三
所著之医书，其医学思想对后世日本医学产生了深远影响。
④喜园：即欢喜园、喜林苑。《阿毗达磨俱舍论》："城外四面四苑
庄严，是彼诸天共游戏处：一众车苑，二粗恶苑，三杂林苑，四喜林
苑。此为外饰庄严大城。四苑四边有四妙池。中间各去苑二十逾缮那。
是彼诸天胜游戏处，诸天于彼拥胜欢娱。"忍草：即忍辱草，佛经中说
雪山有草，名为忍辱，牛羊食之，则成醍醐。《大般涅槃经》："善男
子，雪山有草名为忍辱。牛若食者，则出醍醐。更有异草，牛若食者，
则无醍醐。虽无醍醐，不可说言雪山之中无忍辱草。佛性亦尔。雪山
者，名为如来；忍辱草者，名大涅槃。"

⑤《伽蓝记》：即《洛阳伽蓝记》，集历史、地理、佛教、文学于一身的历史和人物故实类笔记，北魏杨衒之撰，成书于东魏武定五年。"伽蓝"即梵语"僧伽蓝摩"之略称，意为"众园"或"僧院"，乃佛寺之统称。

⑥东有佛晒衣石：北魏杨衒之《洛阳伽蓝记》原文为"水东有佛晒衣处。"

即此悟因①，处泥滓而不染②；《楞严经》：十六开士白佛③，言我等于浴僧时忽悟水因④，既不洗尘，亦不洗体，中间安然，得无所有。本来无垢⑤，入浊水以何求。襄州鹫岭善本禅师，因入浴室，有僧问："和尚是离垢人，为什么却洗？"师曰："空水莹然彻，浴此无垢人。"苏东坡《海会寺僧浴堂》诗云⑥："本来无垢洗更轻。"

①即此：就此、只此。唐韩愈《秋怀诗》："庶几遗悔尤，即此是幽屏。"悟因：悟彻因果。

②泥滓：污泥。晋葛洪《抱朴子·博喻》："日月挟虫鸟之瑕，不妨丽天之景；黄河含泥滓之浊，不害凌山之流。"

③开士：即菩萨，以菩萨明解一切真理，能开导众生悟入佛的知见，故有此尊称，也是高僧的尊号。《释氏要览》云："经中多呼菩萨为开士，前秦苻坚赐沙门有德解者，号开士。"

④忽悟水因：《大佛顶万行首楞严经》："十六开士即从座起，顶礼佛足而白佛言：'我等先于威音王佛。闻法出家于浴僧时。随例入室，忽悟水因。既不洗尘，亦不洗体。中间安然，得无所有。'"

⑤本来无垢：苏轼《宿海会寺》："杉槽漆斛江河倾，本来无垢洗更轻。"《五灯会元》："思明禅师法嗣襄州鹫岭善本禅师浴次。僧问：'和尚是离垢人，为甚么却浴？'师曰：'定水湛然满，浴此无垢人。'"《乐府》："'居士本来无垢。'按《维摩诘经偈》云：'八解之浴池，定水湛然满。布以七净华，浴此无垢人。'"

⑥浴：榕园本作"玉"。海会寺僧浴堂：《苏东坡全集》作"宿海会寺"。

一指头禅灌顶心①，则渊源彻底②；《高僧传》：有僧过天龙，天龙竖一指，僧大悟。后示寂曰："吾得天龙一指头禅，一生受用不尽。"四大海水入毛孔，则宇宙浮沤③。《维摩经》以四大海水入一毛孔中，不挠鱼鳖，而彼本相大海如故。○唐古特俗，夏秋之交，无论男女，群浴于藏布江之汜④，以祓除厉疫，乃古所谓秋禊也。布达拉西南十五里名罗卜岭冈，藏布江北岸，密树周阿⑤，绿苔曲径，中有方池石甃⑥，引江水注之。达赖喇嘛每岁下山澡浴于此，群僧诵经于外。居然一元阴池也⑦。又有平楼敞榭，画舫花台。信宿约二十日，始还山。

①一指头禅：即一指禅，文中指万法归一，其事见于《景德传灯录》而非《高僧传》。《景德传灯录》："天龙和尚法嗣婺州金华山俱胝和尚，初住庵。有尼名实际。到庵戴笠子执锡绕师三匝，云：'道得，即拈下笠子。'三问。师皆无对。尼便去。师曰：'日势稍晚，且留一宿。'尼曰：'道得即宿。'师又无对。尼去后，叹曰：'我虽处丈夫之形，而无丈夫之气。'拟弃庵往诸方参寻。其夜山神告曰：'不须离此山，将有大菩萨来为和尚说法也。'果旬日，天龙和尚到庵。师乃迎礼具陈前事。天龙竖一指而示之。师当下大悟。自此凡有参学僧到。师唯举一指，无别提唱。有一童子于外被人诘曰：'和尚说何法要?'童子竖起指头。归而举似师。师以刀断其指头。童子叫唤走出。师召一声，童子回首，师却竖起指头。童子豁然领解。师将顺世。谓众曰：'吾得天龙一指头禅，一生用不尽。'"灌顶心：即灌顶，梵语"Abhiseka"或"abhisenca"意译，其原意为以四大海之水，灌于顶而表祝意。大乘佛教中以灌顶表示佛位受职，菩萨于十地中之第九地入第十法云地时，得诸佛智水灌顶，称灌顶法王。或称菩萨修至十地，即受诸佛摩顶，称灌顶，表示人佛之界。后密教中以灌顶为阿阇黎向弟子印可传授时的一种

仪式，一般表示如来五智的五瓶水灌注弟子顶，意为自此绍继法门，不断佛种。

②渊源：指源流，深水的源头，比喻事物的本源。《三国志·管宁传》："测其渊源，览其清浊，未有厉俗独行若宁者也。"

③浮沤：水面上的泡沫，因其易生易灭，常比喻变化无常的世事和短暂的生命。《楞严经》："反观父母所生之身，犹彼十方虚空之中吹一微尘，若存若亡，如湛巨海流一浮沤，起灭无从。"

④汜：水边之意，元尚居本、图考本均作"泛"。

⑤周阿：殿庭之隅。《文选·西都赋》："于是玄墀扣砌，玉阶彤庭，碝磩彩致，琳珉青荧，珊瑚碧树，周阿而生。"刘良注："阿，曲也。言生于庭曲。"

⑥石甃：用石砌的井壁。

⑦元阴池：即玄阴池。唐张读《宣室志·石宪》："有石宪者，其籍编太原，以商为业，常货于代北。长庆二年夏中，雁门关行道中，时暑方盛，因偃大木下。忽梦一僧，蜂目，披褐衲，其状奇异，来宪前，谓宪曰：'我庐于五台山之南，有穷林积水，出尘俗甚远，实群僧清暑之地。檀越幸偕我而游乎即不能，吾见檀越病热且死，得无悔其心耶！'宪以时暑方盛，僧且以祸福语相动，因谓僧曰：'愿与师偕去。'于是其僧引宪西去，且数里，果有穷林积水，见群僧在水中。宪怪而问之，僧曰：'此玄阴池。故我徒浴于中，且以荡炎燠。'于是引宪环池行。宪独怪群僧在水中，又其状貌无一异者。已而天暮，有一僧曰：'檀越可听吾徒之梵音也。'于是宪立池上，群僧即于水中合声而噪。仅食顷，有一僧挈手曰：'檀越与吾偕浴于玄阴池，慎无畏。'宪即随僧入池中，忽觉一身尽冷，噤而战。由是惊悟。见己卧于大木下，衣尽湿，而寒怵且甚。时已日暮，即抵村舍中。至明日，病稍愈。因行于道，闻道中有蛙鸣，甚类群僧之梵音。于是径往寻之，行数里，穷林积水，有蛙甚多。其水果谓玄阴池者，其僧乃群蛙耳。宪曰：'此蛙能易形以感于人，岂非怪尤者乎？'于是尽杀之。"

其设官也①，商上统僧众之宗②，布达拉一切收纳、度支、办事之公所名曰商上。噶厦驭蛮疆之广③。噶布伦等办理通藏事务公所名曰噶厦④。

①设官：设置政府机构及官职管理。清黄沛翘《西藏图考·藏事续考》："西藏委用头人，由驻藏大臣、达赖喇嘛选择，亦取才品及家道殷实者。"

②商上：机构名，清代对西藏地方衙门的专称。其所指在清代文献中有二：一是专指西藏地方管理库藏出纳事务及财政收支的机构。主管官称商卓特巴，二至四人，僧、俗官员均可担任，秩四品。二是泛指西藏地方政府。统：统领、统率。宗：宗崇，指地位很高。

③噶厦：官署名，藏语音译，即西藏原地方政府。达赖、摄政以下是政府行政机构，藏语称"噶厦"。"噶"，命令之意，"厦"，房屋之意，"噶厦"就是发号施令的地方。国外常把噶厦译成"内阁"，性质类似。康熙五十九年，清政府派军队入藏，打退了入侵西藏的准噶尔之后，把居住在青海塔尔寺的七世达赖噶桑嘉措护送回西藏，在布达拉宫举行了隆重的坐床典礼。并决定废除管理政务的第巴职位，设立噶伦联合掌政，康熙六十年，清政府设噶伦三人；雍正元年，清政府设噶伦五人；乾隆十六年定制，设噶伦四人，实行四噶伦制，受驻藏大臣及达赖喇嘛管辖，办理一切行政事务，噶厦所属机构有译仓、仔康及各个勤空，命他们在大昭寺设立办公所。1959年以前，西藏地方政府又称噶厦政府。噶厦设有噶伦四人，三俗一僧，他们的地位是三品，一切重要事务，都由噶厦议决后呈达赖喇嘛或摄政核准执行。如果有噶厦不能决定的重要事务，如战争、议和、选举摄政及达赖转世等问题，就由噶厦呈请达赖喇嘛或摄政召开"民众大会"，藏语称"冲都"，与会的是各机关官员代表、三大寺堪布和贵族代表；农奴和奴隶是没有资格参加的。这种会议至多是达官贵族会议，而且被少数大喇嘛和贵族操纵。有些较重要的事或政府不愿做的事，常常借大会来应付，或推脱责任。参

丹珠昂奔《藏族大辞典》。

④噶布伦：官名，藏语音译，亦作"噶布伦""噶卜伦"。清政府规定：员四人，三品，为主持"噶厦"之官，总办西藏行政事务，受驻藏大臣及达赖喇嘛管辖。

噶布伦领四方之政治，权居岳牧之尊①；噶布伦四名，总理通藏②。钱谷、刑名、兵马及升调大小番目悉禀于钦差衙门③，以定行止。乾隆五十八年《钦定章程》④：内外番目议给三品至七品顶戴⑤。噶布伦系三品衔，岁支俸银、锻匹，由京理藩院按年支领⑥。仓储巴综五库之藏储⑦，职等金仓之掌⑧。商卓特巴，俗名仓储巴，系四品衔，管理商上及大招库藏⑨。

①岳牧：泛指封疆大吏。《书·周官》："曰唐虞稽古，建官惟百，内有百揆四岳，外有州牧侯伯。"尊：地位最高。

②总理：即全面管理。通藏：全藏，指整个西藏。

③钱谷：钱币与谷物，文中借指赋税。刑名：刑事诉讼。番目：藏族僧俗官员。钦差：即清代中央政府派驻藏地的驻藏办事大臣。

④《钦定章程》：即《钦定西藏善后章程》，亦称《钦定西藏章程》《藏内善后章程二十九条》。乾隆五十七年，清政府根据廓尔喀入侵西藏事件发生后所暴露的西藏地方政治体制不健全，驻藏大臣、达赖、班禅之间相互关系和职责范围不明确等问题，命福康安会同八世达赖和七世班禅共同筹议西藏善后章程。从当年十月起，经前后会商，共提出一百零二项条款。次年，经清政府修订为二十九条的《钦定西藏善后章程》，并正式颁布执行。参王尧《西藏历史文化词典》。

⑤顶戴：清政府用以区别官员品级的帽饰，以红宝石为最高，依次为珊瑚、蓝宝石、青宝石、水晶、砗磲、素金、镂花阴文金顶、镂花阳文金顶。

⑥理藩院：官署名，为总管蒙古、西藏、新疆等各少数民族地区事

务的中央机构，设尚书、左右侍郎、额外侍郎各一人。

⑦仓储巴：商上之办事人员。清黄沛翘《西藏图考·藏事续考》："仓储巴数名，专司钱粮。"五库：指古时存贮材料的五种仓库，分别是：车库、兵库、祭器库、乐库和宴器库。《礼记·月令》："是月也，命工师、令百工审五库之量。"孔颖达疏："五库者，熊氏云，各以类相从，金铁为一库，皮革筋为一库，角齿为一库，羽箭干为一库，脂胶丹漆为一库。"

⑧金仓之掌：即户部下属之金部、仓部的主管之官。

⑨大：图考本作"太"。

希约第巴秸粟征科①，即硕第巴，系五品衔，管理地方征收钱粮，其办事之公所名曰硕里②。业尔仓巴廪糈给养③。亦系五品衔，管理支给各僧众口粮。浪孜辖稽市井之奇衺④，亦系五品衔，管理拉萨地面及刑名。协尔邦听间阎之直枉⑤。亦系五品衔，听番民词讼。

①希约第巴：即"硕第巴"，亦作"雪第巴""雪尼尔"，负责管理布达拉附近之百姓。秸：农作物收获后残留的茎干，可做饲料。粟：泛指粮食。征科：征税之意。

②曰：榕园本作"口"。

③业尔仓巴：管理粮务之官员。廪糈：仓储的粮食。

④浪孜辖：亦作"浪仔辖"，拉萨市政管理机构。清黄沛翘《西藏图考·藏事续考》："浪子沙数名，分理刑名，并供给差役。"稽：查核之意。市井：古代城邑中集中买卖货物之所，后引申为城镇。《初学记》："或曰：古者二十亩为井，因井为市，故云也。"奇衺：诡诈，邪伪不正。《周礼·天官》："去其淫怠与其奇衺之民。"郑玄注："奇衺，谲觚非常。"

⑤协尔邦：亦作"协尔帮"，西藏管理诉讼事务之官。听：处理、判断。间阎：里巷内外的门，后泛指平民。汉司马迁《史记·甘茂

传》:"甘茂起下蔡闾阎,显名诸侯,重强齐楚。"直枉:是非曲直。

卓尼奔走①,凫侣维勤;系六品衔,供杂职事。孜琫会要②,漆书无爽③。系四品衔,掌库藏出纳簿籍。密本司版户之登④,系五品衔,掌番民户口册。达本任马闲之长⑤。系六品衔,管理马厩。

①卓尼:即卓尼尔,噶厦政府专门负责接待来宾之官。

②孜琫:亦作"孜本",孜康负责人,共四名,专司地方财政事务。会要:即总计之意。《周礼·天官》:"听出入以会要。"注:"月计曰要,岁计曰会。"

③漆书:文中指官府文书簿籍。爽:差错。

④版户:即户籍,户口。《周礼·天官》:"掌王宫之士庶子凡在版者。"郑玄注引汉 郑司农曰:"版,名籍也。以版为之。今时乡户籍谓之户版。"孙诒让《正义》:"汉时户籍亦以版书之,故又谓之户版。"登:登记、记载。

⑤马闲:即马厩、马栏。

第巴分治于外寨①,厥品惟三②;分管各寨落地方事务,即营官也③,分大、中、小三等缺。中译书记于公衙④,其阶有两⑤。司书写计算者,大中译,六品衔;小中译,七品衔。

①第巴:又称"第斯",藏语"sde—Pa"或"sde—srid"音译,本义为"部落酋长""头人"。清初西藏地方政府管理卫藏行政事务最高官员。康熙末,清政府派兵护送达赖六世入藏后,废第巴执政之制,第巴则指西藏地方政府委派之地方官吏。外寨:指拉萨之外各宗。

②品:品阶。

③营官:宗本。

④中译：亦作"仲译"。官名，即今之秘书。书记：书写记录。

⑤阶：品阶。

其治兵也①，古创轨里连乡之制②，今有戴如甲定之名③。壮獠科头④，团三千之劲旅⑤；瞎巴嚆矢⑥，分五百之屯营⑦。

①治兵：古指在秋季进行的练兵仪式，后泛指练兵或治军。《周礼·夏官》："中秋，教治兵，如振旅之陈。"孙诒让正义："中秋教治兵者，秋习兵之法也。"

②轨里连乡：古时中国的一种户口编制制度。《管子·小匡》："于是乎管子乃制五家以为轨，轨为之长；十轨为里，里有司；四里为连，连为之长；十连为乡，乡有良人，以为军令。是故五家为轨，五人为伍，轨长率之。十轨为里，故五十人为小戎，里有司率之。四里为连，故二百人为卒，连长率之。十连为乡，故二千人为旅，乡良人率之。五乡一师，故万人一军，五乡之师率之。"

③戴如甲定：藏地官职名，戴琫、如琫、甲琫、定琫之总称。

④獠：旧时对西南地区少数名族的一种称呼，无歧义。壮獠：强壮的少数民族民众。科头：不戴冠帽，裸露头髻。《战国策·韩策》："秦带甲百余万，车千乘，骑万匹，虎挚之士，跿跔科头，贯颐奋戟者，至不可胜计也。"鲍彪注："科头，不着兜鍪。"

⑤团：会和。劲旅：精锐部队。

⑥瞎巴：勇猛的巴中士兵。瞎，谓目无敌人。《北史·董绍传》："萧宝夤反于长安，绍上书求击之，云：'臣当出瞎巴三千，生噉蜀子。'孝明谓黄门徐纥曰：'此巴真瞎也？'纥答：'此绍之壮辞，云巴人劲勇，见敌无所畏，非实瞎也。'帝大笑。"嚆矢：响箭。《庄子·在宥》："焉知曾史之不为桀跖嚆矢也。"成玄英疏："嚆，箭镞有吼猛声也。"

⑦屯营：部队驻扎。

习之以步伐齐止[1]，表之以旗旟旄旌[2]。刃锻矛砺[3]，干比戈称[4]。射侯破的[5]，长垛飞堋[6]。一鼓两甄[7]，江涛卷浪；五花九子[8]，火阵连城[9]。奈国提陀作一夫当关之气[10]，仁祠菩萨备百年不用之兵[11]。隆五十八年《钦定章程》：戴琫，四品，管兵五百名；如琫，五品，管兵二百五十名；甲琫，六品，管兵一百二十五名；定琫，七品，管兵二十五名。共额设番兵三千名。前藏驻札一千，后藏驻札一千，江孜五百[12]，定日五百[13]，俱隶绿营[14]。将备随时，一律操演。

①习：学习、训练。齐止：动作协调一致。

②表：显示。旗旟：泛指旌旗。出自《诗·小雅》："彼旟旐斯，胡不旆旆。"旄旌：用牦牛尾装饰的军旗，多指主帅军旗。

③刃锻矛砺：锤炼刀刃与磨砺矛头。

④干：盾牌。比：一个紧挨一个。戈：古代的一种曲头兵器，横刃，用青铜或铁制成，装有长柄。称：举起。

⑤侯：用兽皮或布做成的靶子。射侯：用箭射靶。《诗·齐风》："终日射侯，不出正兮。"的：箭靶的中心。破的：箭射中靶子。

⑥长垛：远射之意。《新唐书·选举志》："长安二年，始置武举。其制，有长垛、马射、步射、平射、筒射，又有马枪、翘关、负重、身材之选。"飞堋：射中箭靶。《南史·齐宜都王铿传》："弥善射，常以堋的太阔，曰：'终日射侯，何难之有。'乃取甘蔗插地，百步射之，十发十中。"

⑦一鼓：即击鼓一次，后引申为一举。《晋书·温峤传》："峻勇而无谋，借骄胜之势，自谓无前，今挑之战，可一鼓而擒也。"两甄：即两翼，两侧的部队。《左传·文公十年》："子朱及文子无畏为左司马。"晋杜预注："将猎，张两甄，故置二左司马，然则右司马一人当中央。"

⑧五花：即五行阵。清洪栋园《后南柯·伐檀》："只要五花应节，四正相维，八阵非常，物情相制本阴阳，蛭鸣雨至占卦象。"九子：即火枪。清松筠《定日阅操》："连环本键锐，九子本鸣鼓。"自注云：

"京都键锐营，习九进连环神火，卫藏依法教演，三进连环及九子枪，无不准鼓而发，足招威重。"

⑨火阵：指九进连环神火阵。

⑩奈国：信奉佛教的疆域。提陀，壮语音译，意为"百姓"。清厉荃《事物异名录·桂海蛮志》："国朝开拓，浸广州县洞五十余所。民称提陀，犹言百姓也。"

⑪仁祠：佛教的祭祀。《后汉书·楚王英传》："楚王诵黄老之微言，尚浮屠之仁祠，洁斋三月，与神为誓，何嫌何疑，当有悔吝？其还赎，以助伊蒲塞桑门之盛馔。"供佛用花、果、香、灯等，不用牺牲的血祭，故曰"仁祠"。

⑫江孜：今西藏江孜县，地处西藏南部年楚河上游，属日喀则市辖。

⑬定日：今西藏定日县，地处喜玛拉雅山脉中段北麓珠峰脚下，属日喀则市辖。

⑭绿营：又称"绿旗兵"，为清代常备兵。顺治初年，清朝以汉兵为主，以绿旗为标志，故称为绿营。其主要是步兵，分为战兵和守兵两种，此外尚有马兵和水师。其营制分标、协、营、汛四种，总督、巡抚、提督、总兵所属称标，副将所属称协，参将、游击、都司、守备所属称营，千总、把总、外委所属称汛。其建制分京师、行省、边区三个方面，其职以提督为最高，节制总兵以下各级军官。在新疆、蒙古和西藏建立屯戍制度，自同治至光绪年间历经裁汰，最后被改编为巡防营。

其人民疆域之殊也①，图伯特其旧名，唐古特其今号。地辟坤兑之隅②，疆拓西南之奥③。

①殊：不同、区别。

②地辟：开疆拓土。坤兑：皆八卦名称。坤：古人以八卦定方位，西南方为坤；兑：古人以兑为西方之卦，故亦用以称西方。

③疆拓：拓展疆域。奥：本义为房屋的西南角，后引申为疆域的边界。《说文》："奥，室之西南隅。"

　　其西锅拉纳、都毕纳[①]，石菑森森[②]；自札什伦布西行，由拉孜、协噶尔、定日、宗喀、萨喀通狭巴岭山、锅拉纳山、都毕纳山一带[③]，均设立鄂博[④]，此内为唐古特境，此外为洛敏汤、作木朗二部落境[⑤]。热索桥、铁索桥[⑥]，江流澳澳[⑦]。自宗喀通济咙，至热索桥设立鄂博，此内为唐古特境，此外为廓尔喀境。自定日通聂拉木，至铁索桥设立鄂博，此内为唐古特境，此外为廓尔喀境也。

　　①锅拉纳、都毕纳：即西藏锅拉纳山、都毕纳山。

　　②石菑：堵塞决口立楗时所用的雷石。《汉书·沟洫志》："隤林竹兮揵石菑，宣防塞兮万福来。"颜师古 注："石菑者，谓雷石立之，然后以土就填塞也。"

　　③拉孜：今西藏拉孜县，地处西藏自治区日喀则市中部、念青唐古拉山最西部。协噶尔：又作"协嘎尔""罗西噶尔城"，即今西藏定日县驻地。清松筠《西招纪行诗》注："辛亥年廓尔喀入寇，至协噶尔时，寺僧颇有主宰，协同营官等力战坚守，贼属失利。"宗喀：又作"宗嘎""荣哈"，即今西藏吉隆县驻地宗嘎。"宗嘎"，藏语意为"可爱的城堡"。清松筠《西招纪行诗》注："定日汛岔路有三，一西北行四日至宗喀。"1960 年撤销，与吉隆宗合并，设立吉隆县。萨喀：宗（县）名，藏语译音，亦译作"桑喀""撒喀""撒嘎""萨喀宗""萨嘎"等，意为"可爱的地方"。南邻吉隆，西接仲巴，北连措勤，东靠昂仁。据清嘉庆二十四年西藏地方政府给当时驻藏大臣的官员任职呈文载，萨嘎时为西藏地方政府所辖之四十三个普通宗之一，宗本由六品官员担任，区域划为阿里。参丹珠昂奔《藏族大辞典》。

　　④鄂博：亦作"敖包""脑包"，蒙语"obo"音译，意为"堆子"，始见于清代，遍布内蒙古、青海、西藏、新疆等。多以石块或沙

土堆积而成，也有以柳条围筑，中填沙土。一般呈圆包状或圆顶方形基座。上插若干木幡杆，杆上挂着各色绸、布条。有的还在绸布上书写经文。初为道路和境界的标志，后逐渐成为民间祭祀山神、路神等活动场所。参纪大椿《新疆历史词典》。

⑤洛敏汤：亦作"罗和曼洞"，藏语音译。清代西藏边界外的一部落，又指该部所居住的地区。原由西藏管辖，有三四百户，每年例向达赖喇嘛呈送赘礼银钱。乾隆四13年到五十三年间，廓尔喀自尼泊尔河谷向东北及西方扩张，兼并该地。五十九年驻藏大臣应廓尔喀使者请求，奏明获准，将该地划归廓尔喀管辖。地在今尼泊尔喀利于达基河谷中，其中心市镇为木斯塘。参郑天挺《中国历史大辞典》。作木朗：藏语音译。清代西藏边界外的一部落，又指该部所居住的地区。该部头人每年向达赖喇嘛、班禅额尔德尼致书问候，在达赖喇嘛六世在位期间与西藏关系十分密切。乾隆四十七年，为廓尔喀所并。五十七年清军入藏驱廓尔喀，曾檄作木朗出兵协助作战，不应。次年，作木朗请求驻藏大臣迫廓尔喀退还故地，清不允。地在今尼泊尔西部那卡那里河流域，现译名作"久木拉"，盛产稻米、马匹。参郑天挺《中国历史大辞典》。

⑥热索桥：亦作"日索桥"，位于今西藏吉隆之南。清乾隆五十七年，廓尔喀侵藏失败后，福康安奉命在此处设立边界标志，立有鄂博及界碑一座，碑面刻有："钦差一等超勇公海中堂、定西大将军福、参赞四川总督部堂惠，唐古特以河北为界，廓尔喀以河南为界，平分地界。乾隆五十七年十月十三日立"等字样。参高文德《中国少数民族史大辞典》。铁索桥：在聂拉木外札木地方，即今樟木口岸，届交廓尔喀。乾隆五十七年，第二次喀尔喀战争后以铁索桥为清、廓界址，设立界碑。

⑦江流：即江水。澳澳：水边弯曲之地。

丈结雅纳之巅①，波底羊玛之隩②。自甘坝至丈结山顶③，设立鄂博，此内为唐古特境，此外为哲孟雄境④。自拉孜至绒辖⑤，通坡底山顶，设立鄂博，此内为唐古特境，此外为哲孟雄境。自定结至萨热喀山一带⑥，羊玛山顶设立鄂博，此内为唐古特境，此外为哲孟雄境。臧猛谷，帕里独经⑦；日纳宗⑧，竹巴同好⑨。帕克里，俗名帕里，自帕克里至支木山一带，臧猛谷、日纳宗官寨，此内为唐古特境，此外为哲孟雄境。其东为布噜克巴境，俗名竹巴云。

①丈结：即丈结山，在西藏岗巴县境。后雅纳、波底、羊玛均为山名。

②隩：同"奥"，水岸向内弯曲之地。《徐霞客游记》："其水渐且出峡，当前坳尖山之隩矣。"

③甘坝：即岗巴，县（宗）名，藏语译音，意为雪山附近的村庄，由于岗巴靠近卓木雪山和康钦甲午雪山而得名。岗巴之名历史较久，明时译为戛木霸、康巴；清时译为冈巴、冈马、干坝、干木坝、甘巴、甘坝等。南与锡金接壤，西与定结、北与萨迦、东与白朗和亚东比邻。参丹珠昂奔《藏族大辞典》。

④哲孟雄：即锡金，古时王国名，藏语的音译，在喜马拉雅山南麓。原居民为雷布查人，13世纪大批藏族自北移入当地，明崇祯十四年，藏人在该地建立政教合一的王国，居民信仰藏传佛教，与西藏保持密切联系，实为西藏属部。18世纪下半叶，与廓尔喀争地，国土西部为廓尔喀人占据。清嘉庆二十一年英国迫使尼泊尔归还侵地，借此干涉哲孟雄内政。道光十九年，英国租借南部大吉岭山区。咸丰十一年，英国寻衅入侵，迫王室缔约，王室频向驻藏大臣告急，不应。光绪十四年，为英国所灭，十六年清政府与英国订立《中英藏印条约》，承认其为英国保护国。参郑天挺《中国历史大辞典》。

⑤绒辖：宗名，又作"绒夏"，藏语译音，在今西藏定日县绒辖区一带。南与尼泊尔接壤，有小路南通尼泊尔加德满都，北通定日，系尼藏传统边境贸易的交通信道。绒辖一名由绒辖河得名，此地沟深谷窄，森林茂密。除藏族外还有部分夏尔巴人。自18世纪80年代廓尔喀派兵

侵犯西藏被平服之后，引起驻藏大臣和地方政府噶厦的重视，在济溪、聂拉木、绒夏、喀达、萨噶、昆布等与廓尔喀接壤处设立界碑，建立关卡，绒辖也随之建立宗治，是为西藏当时所辖之边界十三宗之一，委派五品官员担任该宗本，并每隔三年调换一次。区域被划归阿里范围，属噶厦所辖的阿里十一个宗溪之一。参丹珠昂奔《藏族大辞典》。

⑥定结：县（宗）名，藏语译音，意为水底长出。南与尼泊尔接壤，西与定日、北与萨迦、东与岗巴比邻。定结设宗始于帕竹政权统治时期推行的溪卡制时。明时译名为"丁结"；清朝隶属前藏噶厦政府，有"丁吉牙""丁鸡""坦克伊宗"和"定结宗"等译称，是为噶厦辖藏区十六宗溪之一。参丹珠昂奔《藏族大辞典》。

⑦帕里：镇（宗）名，藏语音译，由当地山形似猪形而得名，有"世界第一高城"之称。帕里在清朝时由噶厦地方政府设立宗制，在亚东设商埠、西藏地方政府设置"卓木基巧"之前，亚东县为帕里宗管辖，宗本由噶厦地方政府委派两名五品俗官管理，之后逐为帕里税官管理，是当时西藏南部的贸易中心之一。参丹珠昂奔《藏族大辞典》。

⑧日纳宗：亦作"热纳宗"，本为西藏属地，今为印度所有。《清史稿·藩部》："光绪十三年，藏人于隆吐设卡，遂与印度兵战，败焉。朝旨屡谕驻藏大臣文硕，令藏人撤卡。文硕奏，实藏地，卡无可撤。严旨责焉，以升泰代之。总署与英使议边界通商，戒印兵毋进藏。藏番据新图，以隆吐、日纳宗为藏地，坚勿让……升泰搜得乾隆五十三年旧哲孟雄受逼于廓尔喀，达赖乃以日纳宗给哲人；今哲私通英人，地应收回。"

⑨竹巴：即布噜克巴，藏文音译，本义指藏传佛教噶举派的一个分支。17世纪中有僧人阿旺南杰因与西藏藏巴汗王室不睦，万历四十四年，自西藏南下今不丹境，建立政教合一的政权，阿旺南杰卒后，由摄政代理国政，扩大版图，清代文献遂以"布噜克巴"称之。康熙十四年，与锡金发生冲突，五世达赖助锡金，以大军攻入不丹，后双方媾和于帕里。五十三年拉藏汗攻不丹未遂，后内部两派争权。雍正八年，颇

罗鼐助一派，出兵攻入不丹。十一年驻藏大臣应请求，派员与颇罗鼐所差噶仑入不丹劝和。此后，不丹与西藏关系和睦。19世纪中内部分裂，政出多门。光绪三十三年，始统一于沃坚汪秋，是为不丹王国第一任世袭君主。参郑天挺《中国历史大辞典》。

　　其西南帕尔、结隆、业朗①，鸟道难通；西南至布噜克巴、廓尔喀二部落为界。一由纳格尔行八日至帕尔②，与布噜克巴交界，山川险阻，难以出入；一由业尔奇木〈搂〉纳山业朗地方至结隆，与哲孟雄宗里口交界；一由业尔斯卡禄纳山业朗塞尔交廓尔喀界，亦甚险阻。咱义、阿布、澜沧③，人烟可到。西南又自怒江北咱义、桑昂却宗、澜沧各处至阿布拉④，通南墩大道。

　　①帕尔、结隆、业朗、咱义、阿布、澜沧：皆西藏地名。
　　②纳格尔：即今浪卡子，亦作"浪卡""浪噶子""那则宗""那孜宗""郎噶子""朗噶孜""纳噶拉则""拉噶子""南噶子""纳噶尔宗""那戛子宗""那戛尔宗"等，县（宗）名，藏语译音，意为"白鼻尖""鼻形白山梁"，是山南地区海拔最高之县。西连仁布县、江孜县、康马县，北接曲水县、贡嘎县，东邻措美县，南与不丹为邻。吐蕃时期属约茹管辖，帕莫竹巴地方政权设浪卡子宗，宗本由六品官员担任。参丹珠昂奔《藏族大辞典》。
　　③咱义：即今察隅，亦作"杂夷""杂榆""杂隅""杂瑜"，县（宗）名，藏语音译，意为"人居住之地"。西与墨脱县，北与波密县、八宿县、左贡县为邻，东南部接云南省德钦与贡山两县，南部与印度和缅甸接壤，为西藏边境县之一。清末"改土归流"时曾设科麦县，不久又改桑昂曲宗。在噶厦设立朵麦基巧后划归朵麦基巧领辖至民主改革前。参丹珠昂奔《藏族大辞典》。
　　④桑昂却宗：即桑昂曲宗。清置，属驻藏大臣，治所在今西藏察隅县西北。宣统三年，改设桑昂委员，属四川省。民国元年改置科麦县，

后复改桑昂曲宗。参史为乐《中国历史地名大辞典》。

其南烙揄茹巴①，食人犵狫②；札拉押噶，天险怒江。南至烙揄、茹巴、怒江为界，又名老卡契，番名罗喀卜占。由前藏南行一日，过锅噶拉大山至松布堡，过宋噶拉大山至押噶，交藏江至怒江③，其地广阔无垠④，不能悉载。怒江之水，不知其源，江阔数里，两岸石壁峭立，中流湍急，不可以舟楫。其地名工布⑤。其东南春奔边卡，古树金塘。东南由前藏朗陆山转出达克孜⑥，经珠贡寺及沙金塘草地、古树边卡，至春奔色⑦，入类伍齐⑧，番部境内可通察木多大道。

①烙揄：地名，亦作"貉貐""珞瑜""洛渝"，在今西藏东南。清程凤翔《喀木西南群说辩异》："珞瑜野人，古名罗喀布占国，在藏地西南数千里。"

②犵狫：即仡佬：古时西南少数民族名。魏源《圣武记》："土蛮者，号犵狫，故土司遗民也。"

③藏江：即雅鲁藏布江。

④无垠：无边无界。

⑤工布：故区域名，现仍沿用，藏语音译。地处今西藏自治区东部尼洋河上游地区，即现林芝一带，所指面积较广，包括原则拉宗、觉木宗、雪卡宗、工布江达四个宗。习惯上分为上、下工布，则拉宗以上沿雅鲁藏布江的地带为上工布，以下为下工布。参丹珠昂奔《藏族大辞典》。

⑥达克孜：即今达孜，县名，藏语音译，意为虎顶、虎峰。地处西藏自治区中南部。西北与林周县为邻，西连拉萨市，南接札囊县，东与墨竹工卡县接壤。参丹珠昂奔《藏族大辞典》。

⑦春奔色：即今西藏察隆松多。

⑧类伍齐：亦作"内乌齐""内五旗""锐乌齐""锐乌杞""类伍齐""类乌齐宗"，县名，藏语译音，意为大山。地处西藏自治区东北

部，昌都地区北部。北与青海省接壤，西与丁青县相连，南与洛隆县八宿县相接，东与昌都县为邻。参丹珠昂奔《藏族大辞典》。

　　其东南墩分界，宁静朝阳①。东至巴塘之南墩宁静山为界②。雍正三年，松潘镇总兵官周瑛堪定界址③，于南墩宁静山上建立界碑。自前藏至南墩，跬步皆山④，崎岖险仄，计行程三千五百里。其东北南称巴延之边⑤，西宁草地；木鲁乌苏之渡⑥，玉树冰冈。东北至西宁所属之那木称、巴延番族为界。由前藏北行十五里，向色拉山之东，过锅拉山至浪荡，由隆竹松过彭多河，有铁索桥由脚孜拉山呼正寺僧顶工至木鲁乌苏，通青海西宁大道。又由玉树接西宁、松潘、泰宁三大道⑦。又通洛隆宗、类伍齐⑧。

　　①宁静：宁静山，即今西藏芒康县西之芒康拉，为横断山脉峡谷区主要山脉之一，是金沙江与澜沧江的分水岭。清黄沛翘《西藏图考》："雍正五年，于巴塘西、察木多之东，勘定疆界，立界碑于南墩之宁静山。山以东属巴塘，山以西属藏地。"

　　②塘：藏语，平坦之意。巴塘：旧称巴安，即今四川省甘孜藏族自治州巴塘县。

　　③松潘：即今四川省阿坝藏族自治州松潘县。

　　④跬步：半步，跨一脚。

　　⑤南称、巴延：代指青海所属四十族。

　　⑥木鲁乌苏：蒙古语，意为"江水"，即木鲁乌苏河，亦称"穆鲁乌苏河"，系长江南源，在青海省西南部。发源于唐古拉山北麓，东流到得列楚拉勃登和楚玛尔河汇合后称通天河。主要支流有沱沱河、木曲、当曲、木哥曲、北麓河、科欠曲等。参牛汝辰《中国水名词典》。

　　⑦泰宁：即今四川甘孜藏族自治州道孚县。

　　⑧洛隆：即今西藏昌都市洛隆县。

132

其北羊八井、噶勒丹、噶尔藏骨垒①，乃青海属番之界；前藏西北行出羊八井口，至新桥平川，西通后藏，东接噶勒丹，北行草地至木鲁乌苏、噶尔藏骨垒，交青海界。其西北克里野、纳克产、腾格里诺尔②，乃达木游牧之场。西北俱系草地，有克里野大山、纳克产隘口，北通哈真得卜特尔，其东接玉树界。又由羊八井至桑托罗海③，越红塔尔小山，过拉纳根山即腾格里诺尔，蒙古语天池也，乃达木蒙古游牧之处④。又由吉札布至僧格物隘口，东北至噶勒藏骨垒、阿勒坦诺尔一带，皆塔斯头难行。经沙雅尔小回城⑤，过木苏尔达巴罕，通准噶尔境⑥。又由后藏西北至阿里城⑦，交拉达克罕、库努特外番界，可通和阗及叶尔羌、新疆⑧，其路有半月，戈壁，无水草。左通准噶尔，西达叶尔羌也。以上总叙西藏所属八方界址⑨。

①羊八井：藏语音译，原西藏地方政府宗名，在今西藏自治区拉萨西北处。羊八井宗地处后藏和前藏通往青海、内地的交通要道之上，历史上五世达赖、六世班禅及前后藏进京纳贡的僧俗官员多由此地北上。今属拉萨市，此地有著名的地热发电厂。参丹珠昂奔《藏族大辞典》。

②克里野：即克里雅，又作"克里底雅""克列牙"，和阗六城之一，地处克里雅河西岸。清乾隆二十四年，置四品阿奇木伯克、五品采铅伯克、六品哈子伯克、七品密喇布伯克及明伯克各一。隶和阗办事大臣。光绪九年，议开行省，改伯克各缺为乡约置于阗县，初治哈拉哈什，后移此，今为于田县治。参纪大椿《新疆历史词典》。纳克产：亦作"那仓""那格参宗""纳藏宗""先杂宗""香沙宗"，即今西藏申札、尼玛、双湖一带。腾格里诺尔："腾格里"系蒙古语，藏语称"纳木错"，皆"天湖"之意。即今西藏班戈、当雄二县间纳木错湖，为西藏第一大内陆湖和中国第二大咸水湖。

③罗海：榕园本作"海罗"。

④达木：亦作"达穆"，藏语音译，即今西藏当雄。达木蒙古：清初随和硕特部顾实汗入藏后留牧于拉萨正北、纳木湖东南境内的蒙古部

落。顾实汗及其后裔统治西藏时，夏令，汗王领此部游牧于达木一带；冬季，部众间或随汗王入居拉萨。颇罗鼐起兵对抗阿尔布巴，迁回藏北，即得此部之助，后归附于颇罗鼐父子，头目受宰桑、台吉名号。乾隆十五年，珠尔墨特·那木札勒事件后，统归驻藏大臣管辖，划分为八旗，每旗设固山达、佐领、骁骑校各一员，并选派官兵共八十三名，轮番到拉萨听候驻藏大臣差遣。参郑天挺《中国历史大辞典》。

⑤沙雅尔：地名，其界东至玉汇而接轮台，南至特里木卡伦连于阗，西至哈拉塔邻温宿，北至霍接斯接库车。乾隆二十四年，于其地设阿奇木、伊沙噶、噶杂纳齐等伯克共十一员，以管理该地民政事务，隶库车办事大臣。光绪三年，清军依次收复南疆各地，亦于沙雅尔设善后分局，暂领民事。后裁伯克各缺，隶库车直隶厅。光绪二十八年置县，改沙雅尔为沙雅，隶库车直隶州。今为沙雅县。参纪大椿《新疆历史词典》。

⑥准噶尔：清代卫拉特蒙古四部之一。因部族首领以绰罗斯为姓，故又名绰罗斯部。原游牧于天山北路塔尔巴哈台东和博克河、萨里山一带，后以伊犁为中心，兼并其他三部，势力扩大到天山南路。乾隆二十年，为清军击溃。参纪大椿《新疆历史词典》。

⑦阿里：西藏西部及其以西部分地区的总称。

⑧和阗：地名，地处塔里木盆地东南缘，玉陇哈什河与喀拉哈什河流域。古为于阗国地，清称额里齐或伊里齐，驻和阗办事大臣。光绪八年，置和阗直隶州，领于阗、洛浦二县，隶喀什噶尔道。民国二年，改和阗直隶州直辖地为和阗县，其境包括今墨玉、和田二县地区，隶和阗行政区。八年，析喀拉哈什河以西置墨玉县。其境遂西与墨玉县毗邻，东与洛浦县以玉陇哈什县为界，北临沙漠，南抵大山。新中国成立后，改称和田县。今为和田市。参纪大椿《新疆历史词典》。叶尔羌：即今新疆莎车县。两汉时莎车国地，魏时为渠莎国，元代有"鸭儿看""押儿牵""也里虔"诸称。明代作"牙儿干""叶尔羌"。清《西域图志》："旧对音叶尔奇木，或曰叶尔钦，皆音之转也"。清《嘉庆重修大

清一统志》称其为叶尔羌，后置莎车直隶州，其辖境包括今新疆莎车、叶城两县范围。清祁韵士《西域释地》：叶尔羌"本名叶尔奇木，或称叶尔钦，后定今名。叶尔谓土字，奇木急呼为羌，广大之谓，言其土宇广大也"。此处之叶尔羌，泛指新疆各地。参纪大椿《新疆历史词典》。

⑨址：榕园本作"趾"。

其风俗政令之殊也，减凶辰而闰日[①]，畯历法真奇[②]；藏中朱尔亥如初一、初二、初三，初二日凶，则减去初二日，闰初三日，故无小建[③]。○《十六国春秋》有赵畯传[④]，河西炖煌人[⑤]，善天文算数，据云传自西域。别正朔以为年，梵书考最[⑥]。其正朔与中国不同，止有八大节。其交节之日亦前后差数日。三年置闰，亦与中国异[⑦]。考旧说西藏用地支而不用天干，非也。今见藏中纪年，如甲子年则云木鼠，乙丑年则云木牛，丙寅火虎，丁卯火兔，戊辰土龙，己巳土蛇，庚午铁马，辛未铁羊，壬申水猴，癸酉水鸡，以此推之，亦六十甲子，仍用天干也。

①凶辰：不吉利的时辰。

②畯历：又名《甲寅元历》，即北凉太史赵畯于玄始元年制定"玄始历"。该历摒弃沿用近千年之十九年置七闰月之法，改为六百年置二百二十一闰月，使历法中回归年与朔望月之关系更趋精密。

③小建：夏历小月，亦称"小尽"。清时，宪历每月下例载"某月大（或小），建某某"，建谓斗柄所指，如甲子、乙丑等。后误将建字连读，因有大建、小建之称。清魏源《圣武记》："西藏不纪天干，惟以地支所属纪年……更有闰日而无小建。"

④《十六国春秋》：北魏崔鸿撰，记载晋代北方"五胡"十六国史事的纪传体史书，凡一百卷，全书体例不一，所记内容也差别较大，涉及序例、年表、前赵录、后赵录、前燕录、前秦录、后秦录、蜀录、前凉录、西凉录、北凉录、后凉录、后燕录、南凉录、南燕录、西秦录、

北燕录、夏录等内容。

⑤河西：泛指黄河以西之地。炖煌：同"敦煌"。

⑥考最：政绩考列上等，后引申为优秀。《旧唐书·职官志二》："凡承旨撰集文章，校理经籍，月终则进课于内，岁终则考最于外。"

⑦中国：指中原地区。

理绝人区①，事由天外②。贵少贱老③，沿成罗汉之名④；《赤雅》⑤："贵少贱老，染发剃须，喜作罗汉。罗汉者，恶少之称也。"厌死轻生，误堕尸陀之害⑥。西藏人死，弃尸不埋。佛经有尸陀林，又名寒林，今其遗俗。

①人区：人类居住的地方，代指人间。

②天外：上天。

③贵少贱老：即贵壮贱老，看重年轻力壮者而轻视年老体弱者。《史记·匈奴列传》："壮者食肥美，老者食其余。贵壮健，贱老弱。"

④沿成：沿袭相成。

⑤《赤雅》：明邝露撰。邝露，广东南海人，官至中书舍人，曾亲临广西游历岑、蓝、胡、侯、縻五姓土司境，为瑶女云娘留掌书记。归乡后，整理见闻，于崇祯年间成书。凡三卷，上卷记苗、瑶、壮、侗等少数民族奇风异俗，中卷记粤西桂黔一带山川胜迹，下卷记奇禽异兽与有关信仰，共一百九十七条。

⑥堕：榕园本作"随"。尸陀：即尸陀林，藏人去世后弃尸之处。唐玄应《一切经音义》："尸陀林，正言尸多婆那，此名寒林。其林幽邃而寒，因以名也。在王舍城侧，死人多送其中。今总指弃尸之处，名'尸陀林'者，取彼名之也。"《南史》："贞，字符正……初，贞之病，有遗疏告族子凯：'气绝之后，若依僧家尸陀林法，是吾所愿，正恐过为独异。可用薄板周身，载以露车，覆以草席，坎山次而埋之。又靖年尚小，未阅人事，但可三月施小床，设香水，尽卿兄弟相厚之情。即除

之，无益之事，勿为也。'"

出家则荼毗成灰①，喇嘛死，用火焚烧，砌石塔藏之。荼毗②，
烧也。东坡诗云："荼毗一个僧。"烧，又名阇维③。在家则碎刲成
脍④。藏地俗，人死则负尸于野，以刀碎刮其肉，以喂鹰，名曰天葬。
以杵捣其骨，以喂犬，名曰地藏。延喇嘛诵经，作好事。无力者弃于
水，以为不幸。其俗相沿已久。乾隆五十九年出示严禁之，并刻石于大
招前，教之埋葬，其风稍息也。畏天花而弃子如遗⑤，藏地小儿向不
出痘，近岁传染甚盛。遇有出痘者，遂弃之荒山僻野，冻馁而死⑥，其
俗甚惨。自乾隆五十九年劝谕达赖喇嘛⑦，捐资于离藏幽僻处所建盖房
间，供给糌粑、酥茶，以资抚养。又派妥干番目经理⑧。如此数年来，
全活甚众⑨，藏风稍变。其札什伦布暨察木多照此行之，有效。信乌鬼
而妖言如绘⑩。唐古特俗，多信鬼神、诅咒、镇厌之术。

①荼毗：梵语"dubiduo"音译，亦作"阇鼻多"，佛教用语，指僧
人死后火化。宋释惠洪《冷斋夜话·东坡读〈传灯录〉》："东坡夜宿曹
溪，读《传灯录》，灯花堕卷上，烧一僧字，即以笔记于窗间曰：'山
堂夜岑寂，灯下读《传灯》。不觉灯花落，荼毗一个僧。'"
②荼：图考本作"茶"。
③阇维：即荼毗。
④刲：切、割。脍：细切的肉，文中代指碎块。《说文》："脍，细
切肉也。"
⑤天花：俗称出痘，是由天花病毒感染人引起的一种烈性传染病，
染病后死亡率高。
⑥冻馁：过分的寒冷与饥饿。《墨子·非命上》："是以衣食之财不
足，而饥寒冻馁之忧至。"
⑦劝谕：劝勉晓喻。宋岳飞《奏襄阳府路差补职官措置事宜状》：

"新复州军全籍官员茸治，若不稍加恩数，深恐无以劝谕。"

⑧妥干：稳妥干练。清林则徐《密拿汉奸札稿》："为此札行布按两司，速即会同查照单开各项人犯，密派妥干之印委人员，即日改装易服，分投查探。"

⑨全活：保全、救活。《汉书·成帝纪》："流民欲入关，辄籍内，所之郡国，谨遇以理，务有以全活之。"

⑩乌鬼：即乌蛮鬼，川俗事奉的鬼神名。唐杜甫《戏作俳谐遣闷》诗之一："异俗吁可怪，斯人难并居。家家养乌鬼，顿顿食黄鱼。"仇兆鳌注："蔡宽夫《诗话》：元微之《江陵》诗：'病赛乌称鬼，巫占瓦代龟。'自注云：'南人染病，竞赛乌鬼，楚巫列肆，悉卖龟卜。'乌鬼之名见于此。巴楚间，常有杀人祭鬼者，曰乌野七神头，则乌鬼乃所事神名耳。或云养字乃赛字之误，理或然也。"邵伯温《闻见录》："夔峡之人，岁正月，十百为曹，设牲酒于田间，已而众操兵大噪，谓之养乌鬼。长老言地近乌蛮战场，多与人为厉，用以禳之。《艺苑雌黄》谓乌蛮鬼。"妖言：荒诞不经的语言。

三男共女①，罔有后先②；弟兄两三人共娶一女为妻，为其和也。关中语谓妯娌为先后③，见昌黎诗。十户养僧④，势难沙汰⑤。古人云：十户不能养一僧。此就中国而言耳。若藏地，民户不过十万，喇嘛则有三十万也。

①三男共女：清黄沛翘《西藏图考·藏事续考》："其俗，女强男弱，遇差徭辄派及妇人。故一家兄弟三四人，或娶一妻。如生子女，兄弟择而分之其妇人能合三四弟兄同居者，人皆称美，以其能于治家。"

②罔：没有。后先：即时间的先后，文中代指妯娌。

③妯娌为先后：《史记·孝武本纪》："神君者，长陵女子，以子死悲哀，故见神于先后宛若。"裴骃集解引孟康曰："兄弟妻相谓'先后'。"司马贞索隐："即今妯娌也。"唐韩愈《南山诗》："或齐若友

朋，或随若先后。"

④十户养僧：十户人家供养一名僧人。《资治通鉴·唐纪》："大中五年，进士孙樵上言：'百姓男耕女织，不自温饱，而群僧安坐华屋，美衣精馔，率以十户不能养一僧。武宗愤其然，发十七万僧，是天下一百七十万户始得苏息也。'"

⑤沙汰：意为淘汰；拣选。晋葛洪《抱朴子·明本》："夫迁之洽闻，旁综幽隐，沙汰事物之臧否，核实古人之邪正。"

饮食不识烹饪①，疾病不亲萧艾②。优婆夷之锦绣金银，优婆塞璎珠䝰贝③。

①识：懂得。烹饪：烹调饭食。

②亲：亲近、使用。萧艾：即艾蒿，一种药草，代指中药。屈原《离骚》："兰芷变而不芳兮，今直为此萧艾也。"

③璎珠：装饰所用的玉珠。䝰贝：用贝壳所制成类似项链的饰品。清黄沛翘《西藏图考·和宁西藏赋注》："按：䝰，《字典》：音映，颈饰也。连贝饰颈曰䝰，女子饰也。"

生之年，愿干没于僧牢①；死之日，尽输将于佛会也②。且头会箕敛③，累及牛驴④；屋粟口钱⑤，祸延妇子⑥。

①干没：竭尽全力。僧牢：寺庙。

②输将：捐舍、捐献。清黄沛翘《西藏图考·藏事续考》："西藏凡人死……延喇嘛诵经。量其贫富，以酥油送大小昭，供佛前点灯之用。并将死者所有物，以半为布施布达拉，以半为延请喇嘛念经，并熬茶及一应施舍之费，即父子夫妇亦不私蓄一物。"佛会：礼佛之法会。

③头会箕敛：按人数征税，用畚箕装取所征的谷物，形容赋税苛刻繁重。《史记·张耳陈余列传》："外内骚动，百姓罢敝，头会箕敛，以

供军费。"裴骃集解引《汉书音义》："家家人头数出谷，以箕敛之。"

④累及牛驴：波及牵连到牛驴，指连家养牲畜也要与人一样按头收税。

⑤屋粟：古代税名。《周礼·地官》："旅师掌聚野之锄粟、屋粟、闲粟。"郑玄注："屋粟，民有田不耕，所罚三夫之税粟。"口钱：古代的一种人口税。《汉书·贡禹传》："禹以为古民亡赋算口钱，起武帝征伐四夷，重赋于民，民产子三岁则出口钱，故民重困，至于生子辄杀，甚可悲痛。宜令儿七岁去齿乃出口钱，年二十乃算。"王先谦补注引何焯曰："如淳所引《汉仪注》，乃元帝以后之制也。"

⑥祸延：灾祸波及。妇子：妻子与儿女。

布帛、粟米、力役，扑地齐征①；土、雁户、凶年②，弥天追比③。藏地赋纳既烦，差役又重，民多逃散，皆营官、第巴剥削重征所致。乾隆六十年，严明立禁，革除重赋，裁减科徭，俾纾耕作。商上僧众浮食冗费亦量加删节，非不足用也。

①扑地：遍地。《文选·〈芜城赋〉》："廛闬扑地，歌吹沸天。"李善注引《方言》："扑，尽也。"齐征：一起征收。

②土：同"耗土"，瘠薄的土地。《大戴礼记·易本命》："息土之人美，耗土之人丑。"卢辩注："耗土，谓疏薄之地。"雁户：流动无定的民户。宋刘兼《酬勾评事》诗："才薄只愁安雁户，年高空忆复渔舟。"自注："夷人内有雁户，盖徙移不定之故也。"凶年：荒年。《谷梁传·庄公二十八年》："古者税什一，丰年补败，不外求，而上下皆足也，虽累凶年，民弗病也。"

③弥天：指满天，极言其大。语出《周礼·春官》"七曰弥。"汉郑玄注："弥者，白虹弥天也。"追比：是指官府限令吏役办事，如果不能按期完成，就打板子以示警惩，叫作追比。清张廷玉《明史·顾秉谦传》："杨琏等六人之逮也，广微实与其谋，秉谦调严旨，五日一

追比。"

税及鹅卵杨花①，《见闻录》：李主国用不足，民间鹅卵生双子、柳条结絮，皆取税钱。波逮月华雨水②。唐李茂贞在凤翔榷油③，城门禁纳松明④，以其可为炬。或曰："请并明月禁断尤好。"⑤〇《江表志》⑥：申渐高尝与曲宴，因天久无雨，烈祖曰："四郊之外，皆言雨足，惟都城百里之地亢旱，何也？"渐高曰："雨怕抽税，不敢入城。"异日，市征之令咸有损除。〇藏地旧俗，扫地、割草、乌拉折钱征⑦，比岁辄数万。嘉庆元年概予删减。乃有别蚌行商⑧，缠头居市⑨。此两部落番回⑩，常川赴藏贸易⑪，藏中亦有安家室者。

①鹅卵：鹅生双黄蛋。杨花：杨树开花。

②波逮：波及。月华雨水：意为连月出、下雨都要收税。

③榷油：官府对油采取征税、管制、专卖等措施。

④松明：山松多油脂，劈成细条，燃以照明，故名。宋梅尧臣《宣城杂诗》："野粮收橡子，山屋点松明。"

⑤请并明月禁断尤好：清法式善《陶庐杂录》："李茂贞榷油以助军资，因禁松明。张延范曰：'不如并禁明月。'茂贞因而弛禁。"

⑥《江表志》：宋郑文宝撰。文宝，字仲贤，一字伯玉，汀洲宁化人，南唐镇海节度使郑彦华子。太平兴国八年进士，师事徐铉，仕南唐为校书郎，历官陕西转运使、兵部员外郎。徐铉奉敕作《江南录》，多所遗落，文宝因以为编，于大中祥符三年书成《江表态》三卷。上卷记李昇事，中卷记李璟事，下卷记李煜事，不编年月，于诸王大臣并标其名，而无事实。

⑦乌拉：旧时西藏地区，农奴为官府或农奴主所服的劳役，亦指这种服役者。《卫藏图识·赋役》："至于士民之服役者，名乌拉。凡有业之人，勿论男女皆与其选。"

⑧别蚌，即别蚌子，即巴勒布，今尼泊尔。商：榕园本作"商"。

行商：即经商。

⑨缠：八旗本、榕园本作"躔"。缠头：指来自克什米尔地区的商人，他们信奉伊斯兰教，习白布缠头。居市：指拥有固定经营场所的商人。

⑩番回：对信奉伊斯兰教者的称呼。

⑪常川：通常、经常。明汤显祖《邯郸记·勒功》："守定着天山这条，休卖了卢龙一道。少则少千里之遥，须则要号头明，烽了远，常川看好。"

货则珊瑚松石①，蜜蜡青金②，蠙珠之奇③；采玉文贝④，琉璃玛瑙，象牙之美。毦氉毼毰之精⑤，金线花球之绮。毛罽毹毵⑥，毳布麻枲⑦。茶块充闾⑧，银钱遍里。藏地行使银钱，向由廓尔喀铸造，贩运至藏，易银而往。乾隆五十八年《钦定章程》令达赖喇嘛自行铸造乾隆宝藏钱文，由四川省派文员监铸。

①松石：似玉非玉似石非石的一种怪石，因呈绿色，又名绿松石。唐杜光庭《录异记》："婺州永康山亭中有枯松树，因断之，误坠水中化为石。取未化者试于水，随亦化焉。其所化者，枝干及皮与松无异，但坚硬。有化者数断相兼，留之以放异物焉。"

②蜜蜡：即密腊，琥珀的一个品种，呈不透明状或半透明状的琥珀被称作密腊，树木脂液化石。青金：即青金石，又称"天青石"，为一种不透明或半透明的蓝色、蓝紫色或蓝绿色的准宝石，主要由天蓝石和方解石组成，青金石色是藏传佛教中药师佛的身色。《周礼·考工记》："大璋、中璋九寸，边璋七寸，射四寸，厚寸，黄金勺，青金外，朱中。"孙诒让正义引《说文·金部》："铅，青金也。"

③蠙珠：即蚌珠。珍珠。汉贾谊《新书·容经》："鸣玉者，佩玉也，上有双珩，下有双璜，冲牙蠙珠，以纳其闲，琚瑀以杂之。"

④采玉文贝：泛指具有美丽纹饰的玉石、贝壳。

⑤毪氆毹毵：均为毛织物。

⑥毛罽：即毛毡，亦指毛毡所制成的衣服。宋王明清《挥麈前录》："岭上有积雪，行人皆服毛罽。"氍毹：毛织的地毯。《东周列国志》："赵姬轻移莲步，在氍毹上叩了两个头。"

⑦毲布：古代少数民族所织毛布。唐皇甫冉《怨回纥歌》："毲布腥膻久，穹庐岁月多。"麻枲：指麻的种植、纺绩之事。《礼记·内则》："执麻枲，治丝茧，织纴、组、紃，学女事，以共衣服。"

⑧闾：闾里，乡间。汉班固《后汉书·岑晊传》："虽在闾里，慨然有董正天下之志。"

其物产则天藏女池①，盐晶泻卤②；藏西北阿里地方有盐池，达木蒙古地方亦有盐池。仙山宝矿，金屑流华③。金矿在阿里地方。色拉山亦有之，今封闭。藏香贵盛安贡恰④，盛安贡恰，后藏所属地名。此处所制红黄香最沉速⑤。木椀重扎木札鸦⑥。此木纹理坚固，能解毒，故重之。

①天藏：天然之府藏，文中代指盐。《魏书·食货志》："盐池天藏，资育群生。"明杨慎《艺林伐山·天藏》："北魏元雍奏云：'盐池，天藏也。'宋人四六'私盐私茶'以'天藏月团'为对，本此。"

②盐晶泻卤：指盐粒析出在地面。唐魏征《隋书·女国传》："女国，在葱岭之南，其国代以女为王。王姓苏毗，字末羯，在位二十年。女王之夫，号曰金聚，不知政事。国内丈夫唯以征伐为务……人皆被发，以皮为鞋，课税无常。气候多寒，以射猎为业。出石、朱砂、麝香、牦牛、骏马、蜀马。尤多盐，恒将盐向天竺兴贩，其利数倍。"

③流华：如水的月光。唐颜真卿《五言月夜啜茶联句》："流华净肌骨，疏瀹涤心原。"

④藏香：藏地秘宝古香，多数用于佛教祭祀活动，亦有少量家居的净晦辟邪。《维摩经》："我土如来无文字说，但以众香令诸天人得入律

行。菩萨各各坐香树下，闻斯妙香，即获一切德藏三昧，得是三昧者，菩萨所有功德皆悉具足。"

⑤沉速：由沉香和速香合成的香料。清曹雪芹《红楼梦》："衣襟上挂着个荷包，摸了一摸，竟有两星沉速。"

⑥木椀：即木碗，用木头雕琢而成的碗。

铜铁铅锡，有自云南来①，有自甲噶尔来者。硫磺磠砂②。工布产硫磺，巴勒布产磠砂，以色赤者为佳。须磁瓶封贮，风吹即飞。松脂檀末③，苦库唵巴。苦库，黑香也；唵巴，白香也，皆松脂所为，类芸香。草则吉祥书带④，吉祥草，如菁草而多细权，直上如穗，深黄色，名曰藏草。紫茜红花⑤，马蔺牛舌⑥，羊草芦菔⑦。木则松柏珍贵，西则济咙，东则工布，多松柏树，他处不植。杨柳权柺⑧，杨柳最盛，种类不一。胡桃结核⑨，火榴绽葩⑩。山南帕克里多有之。花则牡丹傲雪，牡丹惟白色者甚香，五月开亦有紫色者⑪。桃杏铺霞。色拉寺、别蚌寺山沟中花最盛。

①自：底本作"目"，诸本均作"自"，据改。

②磠砂：玛瑙之砂。

③檀末：即檀香末。

④书带：即书带草，宋李昉《太平御览·百卉部》："《三齐略记》曰：不其城东有郑玄教授山，山下生草如薤叶，长尺余，坚纫异常。士人名作'康成书带。'"明蒋一葵《尧山堂外纪》："常居不其成南山中教授，黄巾乱，乃避遣生徒，诸贤于此挥涕而散。所居山下有草如薤叶，长尺余许，俗谓康成书带。"

⑤紫茜：即紫色茜草。红花：即藏红花。

⑥马蔺：草本植物，根茎粗，叶子富于韧性，可以造纸。也叫马莲或马兰。牛舌：即牛舌草，亦名车前草。

⑦羊草：即羊胡草，一种禾本科多年生草本植物。芦葭：芦苇。

⑧杈枒：亦作"杈桠"，树的分枝。

⑨胡桃：即核桃。

⑩火榴：石榴的一种，即火石榴。清陈淏子《花镜·火石榴》："火石榴，以其花亦如火而得名，究不外乎榴也。树高不过一二尺，自能开花结实，以供盆玩。"绽葩：即开花。

⑪开：榕园本作"间"。

剪秋罗①，幽芳滴露；色浅紫，瓣如锯齿，香如桂，番人名缠头花。虞美人②，妙舞风斜。此花最盛，有黄、白、红、紫色。罂粟盘，盛玉盂之云子③；万寿菊④，披金粟之袈裟。黄色，自五六月开至十月，京师六月菊也。

①剪秋罗：草名，又名大花剪秋罗，生于低山疏林下、灌丛草甸阴湿地。

②虞美人：别名丽春花、赛牡丹、小种罂粟花、蝴蝶满园春，属罂粟科，一、二年生草本植物。

③云子：一种白色小石，细长而圆，状如饭粒。文中代指罂粟所结之籽。

④万寿菊：一年生草本植物，茎直立，粗壮，具纵细条棱，分枝向上平展。叶羽状分裂；沿叶缘有少数腺体。头状花序单生；总苞杯状，顶端具齿尖；舌状花黄色或暗橙色；管状花花冠黄色。瘦果线形，基部缩小，黑色或褐色，被短微毛；花期七至九月。

石竹映文章之草，紫、白色俱有，大如钱，五出。蜀葵开旌节之花。花大如盘，茎七八尺高，黄色，结子可食，又名向日莲。又有二种大小紫色如旌节者，蜀葵也。又有金盏花，黄色，与内地同。果则长生竞搁①，形如小螺，生地中，绛色，番名角玛，汉名长生。蒸熟拌糖，食之甚甘。达赖喇嘛以此果相饷②。百合纷挈③。似薤头而甘④，色白，与内地无异。番人初不知可食，今方掘售焉。毛桃流液⑤，酸橘软牙⑥。苹婆似卵⑦，哀梨比櫨⑧。

①长生：即人参果。搁：用两手捧之。《左传·宣公十二年》："舟中之指可搁。"注："两手可搁。"

②饷：图考本作"敬"。

③纷挈：混乱、错杂的样子。汉王粲《闲邪赋》："情纷挈以交横，意凄惨而增悲。"

④薤：多年生草本植物，地下有鳞茎，鳞茎和嫩叶可食。

⑤流液：形容毛桃汁水较多，果汁外流。

⑥软牙：形容吃橘子很酸，牙被酸倒。

⑦苹婆：即苹果，梵语音译。明谢肇淛《五杂俎·物部》："上苑之苹婆，西凉之蒲萄，吴下之杨梅，美矣。"

⑧哀梨：即哀家梨，南朝宋刘义庆《世说新语·轻诋》："桓南郡每见人不快，辄嗔云：'君得哀家梨，当复不蒸食不？'"刘孝标注："旧语：秫陵有哀仲家梨甚美，大如升，入口消释。"比：能够相匹。櫨：同"楂"，即山楂。

谷则青稞大麦，糌粑俱以青稞面为之，故多种。籼稻香秔①。稻米产布鲁克巴，山南亦可种。麻乌米扁②，芝麻多黑色者，山南种之。扁米出廓尔喀。蚕绿豌颗③。

①籼稻：一种适宜于低纬度、低海拔湿热地区种植的水稻品种，区别于粳稻。秔：同"粳"。香秔：具有香味的一种粳米。

②麻乌：亦作"乌麻"，即黑芝麻，可入药。唐杜甫《寄彭州高使

君适虢州岑长史参》诗："乌麻蒸续晒，丹橘露应尝。"米扁：即扁米。

③頳：同"赪"，红色。《康熙字典》："《玉篇》丑盈切，音柽。赤也。本作'赪'。"《诗·周南》："鲂鱼頳尾。"《传》："頳，赤也。"

　　蔬则菠薐夏脆①，菘叶秋荣②。王瓜架缀③，莴苣畦盈④。葱挺蒜抱，韭带荽英⑤。芹钗茴穗⑥，茄癙芁瑛⑦。辣冰菜服，甜玉蔓菁⑧。

①菠薐：即菠菜。唐韦绚《刘宾客嘉话录》："菜之菠棱，本西国中有僧将其子来，如苜蓿、蒲陶，因张骞而至也。绚曰：'岂非颇棱国将来，而语讹为菠棱耶？'"

②菘叶：大白菜。

③王瓜：即黄瓜。清潘荣陛《帝京岁时纪胜·时品》："荐新菜果，王瓜樱桃、瓠丝煎饼……乃时品也。"

④莴苣：即莴笋。宋陶谷《清异录》记载："呙国使者来汉，有人求得菜种，酬之甚厚，故因名千金菜，今莴苣也。"畦盈：长满整个菜畦。

⑤荽：即芫荽，俗称香菜。明李时珍《本草纲目》称"芫荽性味辛温香窜，内通心脾，外达四肢"。荽英：芫荽的嫩苗。

⑥芹钗：芹菜的分叉。茴穗：茴香抽穗。

⑦茄：榕园本作"茹"。芁：一种叶阔长、花紫色、根可入药的植物。瑛：玉石的光泽。

⑧辣冰、甜玉：应为辣玉、甜冰，分别指萝卜和蔓菁。辣玉：萝卜的美称。萝卜有辣味，而色白如玉，故又此称。清赵翼《野蔌》："辣玉甜冰常馔足，不知世有乳蒸豚。"自注："杨诚斋以芦菔为辣玉，蔓菁为甜冰。"宋杨万里《春菜》："雪白芦菔非芦菔，吃来自是辣底玉；花叶蔓菁非蔓菁，吃来自是甜底冰。"菜服：即芦菔，萝卜。蔓菁，即芜菁，俗称大头菜。《诗·谷风》"采葑采菲"，汉郑玄笺："此二菜者，

蔓菁与菖之类也。"

　　禽则曲水宿鸿[①]，前藏西南行二日，地名曲水，多暖，雁于冬月在此处避寒。南山翔鹤。前藏东南四十里南山凹多白鹤。羊卓鹅凫[②]，过巴则岭即羊卓雍错海子，其中多天鹅野鸭。济咙雕鹗。济咙山中多鹰鹗。寺住黄鸳，似鸭而大，色黄，能高飞，必双翔，水食楼栖，俗名喇嘛鸳鸯。顶巢鸠鹊。乌鬼号空，大嘴老乌最多。鸽王栖阁。鸽不避人，以其不打牲也。洋鸡味朱[③]，形如小鸟，深青扬赤色，绿胫，长距，朱喙，生泽中。雪鸡羽鹬[④]。鸡大如鹅，白羽如雪，可食，味似野鸡。象鼻鹰裙，象鼻鸡，五色羽，形如斗鸡，其鼻连冠，长五六寸，如肉鼻，时紫、时赤、时白。○鱼鹰扁喙黑羽，纹如鱼鳞，尾如裙，俗名皂裙娘。雉头鸭脚[⑤]。雉小而嫩，名半翅子，冬月可食。鸭惟山南帕克里能乳[⑥]。蛰燕遁藏[⑦]，燕灰色，早秋即蛰于藏江南土崖中。雄鸡劣弱。雄鸡育卵，西南以阳微阴盛也。鹦鹉蛮声，山南工布一带多有之，但能蛮语耳。鹧鸪客恶[⑧]。自四五月飞鸣，至八月至。林杪听鸠[⑨]，门前罗雀[⑩]。

　　①曲水：地名，亦作"曲宿尔""曲墟""楚舒尔""楚舒勒""卓可营子"，新中国成立前曾为曲水宗，1960 年与协荣、聂当等地合并为曲水县。今隶西藏拉萨市，位于青藏高原腹地、拉萨河下游、雅鲁藏布江中游北岸。

　　②羊卓：即羊卓雍措海子，简称羊湖，藏语"YamdrokTso"音译，意为"碧玉湖"或"天鹅湖"，是西藏三大圣湖之一，像珊瑚枝一般，因此它在藏语中又被称为"上面的珊瑚湖"。位于西藏山南地区的浪卡子县，拉萨西南处，与纳木错、玛旁雍错并称西藏三大圣湖，是喜马拉雅山北麓最大的内陆湖泊。

　　③喙：鸟嘴。

④皭：洁白。

⑤雉：即野鸡。

⑥乳：繁殖之意。

⑦蛰：即蛰伏。

⑧鹧鸪客恶：因为鹧鸪鸣叫的声音类似"行不得也哥哥"，所以在他乡漂泊的人厌恶鹧鸪的鸣叫，徒增思乡之情。元梁栋《四禽言》诗："行不得也哥哥，湖南湖北秋水多，九疑山前叫虞舜，奈此乾坤无路何，行不得也哥哥。"

⑨林杪：即树梢。唐柳宗元《与崔策登西山》诗："连袂渡危桥，萦回出林杪。"

⑩门前罗雀：同"门可罗雀"，形容门庭寂静或冷落。汉司马迁《史记·汲郑列传》："夫以汲、郑之贤，有势则宾客十倍，无势则否，况众人乎！下邽翟公有言，始翟公为廷尉，宾客阗门；及废，门外可设雀罗。翟公复为廷尉，宾客欲往，翟公乃人署其门曰：'一死一生，乃知交情。一贫一富，乃知交态。一贵一贱，交情乃见。'汲、郑亦云，悲夫！"

兽则㺑羊猭犬①，蕃马牦牛。骑驴禅觅，《传灯录》：参禅有二病，一是骑驴觅驴②，一是骑驴不肯下。注：不解即心是佛，真是骑驴觅驴也。跨骡神留。藏中护法骡子天王最称灵验。狼豹为赘③，鹿豕与游④。獐狍猎获，猞猁生囚⑤。野饶狐兔，家畜猫猴⑥。狮闻风于西海，象负法于神州。狮子出西海外，未之见也。象本甲噶尔所产，廓尔喀两贡于京师。达赖喇嘛、班禅亦各畜其二。鱼则慈音喷浪，白小随流。土鱼如鲇鱼，白鱼似细鳞。虫则蜻蜓闲夏，斑毛卜秋。土俗，斑毛虫来者多，岁则大熟。

①㺑：同"獂"，传说中的神兽。《山海经·北山经》："有兽焉，

其状如牛而三足，其名曰獓，其鸣自詨。"獓羊：文中借指野羊。猘犬：狂犬，猛犬，文中借指藏獒。梁沈约《宋书·张畅传》："弟枚尝为猘犬所伤，医者云食虾蟆可疗。"

②骑驴觅驴：《景德传灯录》："福州升山白龙院道希禅师，福州闽县人也……问：'如何是西来意？'师曰：'汝从什么处来？'问：'如何是佛法大意？'师曰：'汝早礼三拜。'问：'不责。上来请师直道。'师曰：'得。'问：'如何是正真道？'师曰：'骑驴觅驴。'"《石田和尚语录》："佛眼和尚说：'兄弟做工夫，有两般毛病：第一骑驴觅驴；第二骑却驴不肯下。骑驴觅驴，将自己更求自己。骑却驴不肯下，被佛祖玄妙奇特缠缚，摆脱不得。到这里，要骑便骑，要下便下，方有自由分。'"

③贽：初次求见人时所送的见面礼。《左传·庄公二十四年》："男贽，大者玉帛，小者禽鸟，以章物也；女贽，不过榛粟枣修，以告虔也。"

④豕：猪。《说文》："豕，彘也。"

⑤生囚：活捉之意。

⑥畜：蓄养。《说文》："畜，田畜也。"

　　其部落五百余户之蒙古，驻自丹津①；青海蒙古王于五辈达赖喇嘛时带领官兵赴藏护卫，留驻五百三十八户在达木地游牧。协领八员，佐领八员，骁骑校八员，听驻藏大臣调遣。丹津，蒙古王之名也。三十九族之吐蕃②，分从青海。木称、巴延等处番民共七十九族。其地为吐蕃之旧属，居四川、西宁、西藏之间，昔为青海奴隶。自罗卜藏变乱之后③，渐次招抚。雍正九年堪定界址④，近西宁者四十族，归西宁都统管辖；近西藏者三十九族，归驻藏大臣管辖，设总百户、散百长，岁纳贡马银两。

　　①丹津：即固始汗·丹津却吉杰布，原名图鲁拜琥。年十三时，白

头回部带领万人的军队入侵，汗自作戎总，摧破敌阵，威名大震。当时那个地方尚无佛法宏扬，传闻蒙古其余部属，幸仗第三世索南嘉措和金王结为受供和施主的关系，由于两方的力量佛法得以宣扬。汗一闻其名，便生起无比信敬。传说他曾向该方顶礼不绝，额亦为之隆肿云。年二十五时，母亲病逝，为了给她做超度，对穷苦人大放布施。中间一段时间由于喀尔喀和厄鲁特不睦，内讧甚烈，王不由生起悲悯，遂毫不犹豫地到喀尔喀部众中进行调解，使其重归和好。当时栋科尔法主和喀尔喀的上下人等都非常敬佩他，遂赠以大固始的称号。事后仍回本土。有一厄鲁特人曾从三世索南嘉措手中接过《金光明经》，三世问他此经何名，答说叫阿坦迦热，三世乃授记说："过二十年后，此法将宏传于你们的地方。"果如所记，后来他做施主，翻译了《金光明经》等经典甚多，建立佛教基础。察哈尔汗在蒙古六大部族中作乱时，其中有些逃至喀尔喀。由于内部诸酋长不和，喀尔喀却图汗又被驱逐，流窜到了青海，他遂尽收安多等地归其辖治，版图日渐扩大。却图很仇视佛教，尤其是破坏格鲁派最为激烈。这个事情被固始汗听到了，汗王是最信宗喀巴大师教法的，遂带领大兵从本土出发，于丁丑年正月至青海，两军交战，却图有兵四万，全被消灭。王遂占领朵麦的一切地方归其辖治。为了朝谒达赖师徒遂来卫部，会见第五世达赖和班禅·罗桑曲结坚赞，亲近依止，作为顶严。当其瞻礼甘丹寺时，时间虽在下弦二十七日，但夜半有白光，朗照殿庭，纤毫毕现，呈现政教皆将走向治平之相。到丑年后，复还青海。康地中部有白利土司顿悦仇视佛法，崇信苯教。汗王闻听这个情况，遂于己卯年五月率兵至白利，尽收其地，白利土司逃亡，在庚辰年十一月二十五日捕回，下入牢狱，将前被白利土司囚禁的萨迦、格鲁、噶举、主巴、达隆巴等派的大德，尽皆救出监狱，各各送还本土。南诏王领地以内所有的人民，也诚心向化，贡差纳粮。当时卫藏之王，是第斯藏巴汗，藏巴汗以噶玛派大德为供养之首，对格鲁派则横加逼害，汗王又率领大军攻打卫藏，击败藏巴汗，擒获藏巴汗王臣囚于卫部的内邬卡，遂收卫藏全部归其统治，成为藏土三区之王。他的法令大白伞盖，高高地悬挂在三有之顶，制服一切嫉视格鲁派的怨敌。天竺王热柯辛、尼婆罗王杨布及阿里土司等诸边远地区首领莫不贡献方物。王以卫藏人民土地悉供与第五世达赖作为香火之地。于是天授之兜率宫庭的政教威德，高与天齐，直至近世，应知这都是固始王恩赐的。参清土观善慧法日《土观宗派源流》。

②三十九族："藏北三十九族""霍尔三十九族"之省称，为清代对游牧于今西藏那曲地区东部与昌都地区西北部一带三十九个部落的总称。三十九族分别为纳书克贡巴族、毕鲁族、琫盆族、达格鲁族、拉克族、色尔札族、札嘛尔族、阿札克族、上阿札克族、下阿札克族、伙尔川木桑族、伙尔札麻苏他尔族、伙尔札麻苏他尔、只多族、瓦拉族、伙尔族、麻鲁族、宁塔、尼札尔、参麻布玛、尼牙木札族、利松麻巴族、勒达克族、多麻巴族、羊巴族、依戎伙尔族、伙尔族、彭他麻族、伙尔拉赛族、上刚噶鲁族、下刚噶鲁族、琼布拉克鲁族、噶鲁族、色尔札族、上多尔树族、下多尔树族、三札族、三纳拉巴族、朴族。雍正九年，共有4889户。各族内设千户、百户，不足百户者设百长，由兵部颁给执照。乾隆末年，三十九族设总百户1人，百户13人，百长53人。后增至百户16人，百长61人。理藩院设司员夷情章京一人，管理三十九族的马赋、刑名之务，隶属于驻藏大臣。参任继愈《宗教词典》。

③罗卜藏：即罗卜藏丹津，清代青海蒙古和硕特部首领固始汗之孙，亲王达什巴图尔之子。父去世后，继承亲王爵，统领青海蒙古各部。雍正元年，召集和硕特部各部首领到察罕托罗海会盟，号召和硕特部恢复自己祖先固始汗的事业，脱离清朝的管辖，规定以后不准用清朝封号，恢复旧日称号。参王尧《西藏历史文化辞典》。

④址：榕园本作"趾"。

其西阿咱游手于边陲①，小西天一部落，名阿咱拉，其喇嘛亦赴藏朝佛。卡契精心于买卖。西域回部名克什米尔，又名缠头，又名卡契，以白布缠头，精于贸易。在藏住者，有头目三人弹压之②。布延业

楞库木，巴勒布之三罕；藏西南行计程月余，其卜名巴勒布，俗名别
蚌子，又名白布，其地和暖，产稻谷。本分三部：一曰布延罕，一曰业
楞罕，一曰库库木罕。雍正十二年进表贡一次，后为廓尔喀所并。今巴
勒布在藏贸易有成家室住数辈者。头目二名管辖。噶毕诺彦林亲，布
噜巴之两解。藏南行程月余，其部布噜克巴，其长名诺彦林亲，乃红
帽教之传③。天气和暖，物产与中国相似。再南行月余即南天竺交界
也。唐时赐与册印，其文曰"唐师国宝之印"六字。又有噶毕一族，
为诺彦林亲所分者，日久势渐昌大④。后诺彦林亲之呼毕勒罕楚克赖那
木札勒至噶毕地方，噶毕羁留不放归⑤。由是两家成隙⑥，互相仇杀。
经驻藏大臣遣人和解，雍正十三年噶毕束噜布喇嘛卒，于是土地人民仍
归诺彦林亲管辖。呈进奏书贡物。乾隆元年赐与额尔德尼第巴印信。今
考布噜克巴为红教喇嘛之地，其掌教札尔萨立布噜克谷济呼毕勒罕与额
尔德尼第巴诺彦林亲类拉布齐俱住布噜克巴蚌汤德庆城内，辖百姓四万
余众。其界址东至绰啰乌噜克图部落，计程八日；正南至额讷特克国为
界，计程十日；正西至巴木岭钟为界，计程十日；正北至帕克里为界，
乃西藏属地。

①游手：犹空手。唐薛用弱《集异记·李清》："子孙及内外姻族，
近百数家，皆能游手射利于益都。"边陲：边境。

②弹压：控制、制服、镇压之意。唐陈子昂《谏灵驾入京书》：
"然后能削平天下，弹压诸侯，长辔利策，横制宇宙。"

③红帽教：即宁玛派，宁玛一词的意思为"古"或"旧"，宁玛派
即古派或旧宗派，是藏传佛教各教派中历史最悠久的一个教派，因继承
了从"前弘期"流传下来的密教思想以及相关仪轨，故称"红教"或
"红帽派"。主要传承为：敏卓林寺、噶陀寺、多吉札寺、白玉寺、雪
谦寺、卓千寺等六大寺系，除此之外有两支主要传承：龙钦宁提传承和
敦珠新伏藏传承，敦珠传承仍属噶陀寺系传承，而龙钦宁提传承则是独
立于六大寺系之外的多智钦寺。

④昌大：犹盛大。《国语·楚语》："不闻其以土木之崇高、彤镂为美，而以金石匏竹之昌大、器庶为乐。"韦昭注："昌，盛也。"

⑤羁留：羁押扣留。宋胡铨《戊午上高宗封事》："愿断三人头，竿之藁街，然后羁留虏使，责以无礼。"

⑥成隙：关系有隔阂或裂痕。

　　额讷克横行①，梵字之源；额讷特克国，西南海中，大西天也。《楞严经咒》乃额讷特克字译为唐古特文也②。甲噶尔平写③，翻经之楷④。甲噶尔部落在南海。贝叶经皆平头垂露文⑤，译出唐古特字也。其地能织金银丝纱缎，产孔雀。明成化时𠯁伽思兰国进贡，即此地也。𠯁音伽，又名𠯁马天国。拜木戎，赛尔之一线才通；《旧志》：由前藏至后藏赛尔地方，紧走十日，系白木戎交界。由赛尔向西南紧走十八日，到宗里口子，有一崖，高约十五丈，以木搭梯往来行走，马不能通。由宗里紧走八日，到白木戎住处。其王所居屋名劳丁宰，俱在山上。其先之王名义多朗结，生一子名局密朗结，承袭所属。百姓种类不一，有一种名曰总依，生子，幼时即五色涂面，成花面；一种名曰纳昂，无论男女俱不穿衣服，下以白布缠之；一种名曰蒙身，穿布衣，不遵佛教，不行善事；一种名曰仍撒，男子止穿中衣，不穿上衣。惟白木戎本地人民皆披藏绸偏单。有大寺二座，一名白马杨青，一名札什顶。小寺十五座。所管地方七处。其方亦呼为小西天也。与布噜克巴连界，中格大江，名曰巴隆江。南至歪物子，西至巴勒布，北至后藏日喀则。由白木戎再行十日到小西天布尔雅王子住处。从此上船行半月，由海中至大西天矣。相传汉张骞曾至其地。今考西南外番并无白木戎之名。乃知白布缠身者，作木朗也。披藏稠偏单者，巴勒布也。通宗里口子者，哲孟雄也。哲孟雄，藏曲之千家尚骇⑥。后藏西南边外一小部落。其地今为廓尔喀所侵，尚有藏曲大河北岸迤东三处寨落也。

154

①额讷克：即额讷特克，指印度。横行：指文字横着书写。

②《楞严经咒》：即《大佛顶如来密因修证了义诸菩萨万行首楞严咒》，亦称《中印度那烂陀曼陀罗灌顶金刚大道场神咒》。

③甲噶尔：藏语音译，即印度。平写：指每个字书写时上面对齐。

④翻经：指翻译佛经。楷：楷模、典范。

⑤贝叶经：古代印度人写经于树叶上，故有此称。平头垂露：书写时从上对齐，直笔而下。垂露：指直画用笔，状如悬针，但不须劲力，若浓露之垂。北周庾信《谢明皇帝赐丝布等启》："垂露悬针，书恩不尽。"

⑥藏曲：即藏曲，今印度提斯塔河，源于喜马拉雅山干城章嘉峰的泽母冰川，流经锡金、印度，进入孟加拉国后于奇尔马里附近汇入贾木纳河。松筠《西招纪行诗》："帕克哩为藏地南门，保障西南，界连哲孟雄部落，其部人户无多，向与唐古特通好，西有大河名藏曲，唐古特依为险津要隘。先是，河西原有哲孟雄所属人户，后经廓尔喀侵占，以河为界，盖因藏曲水深流急，不能渡船，仅有索桥数绳，廓番无能逾越，是藏曲既为哲孟雄保障，又为帕克哩屏障。"康熙三十九年，廓尔喀入侵锡金，攻占其首都拉达孜，时锡金国王逃至西藏避难，作为宗主的达赖喇嘛将此地赐予他使用，即是后之亚东。但其后，廓尔喀继续入侵西藏，一度占领后藏并洗劫达赖的驻锡之寺扎布伦什。乾隆帝先后两次派福康安、海兰察双军驱敌，致廓尔喀请降，从此成为清国藩属之地。在清军击退廓尔喀之后，锡金本欲收复故土，但由于遭到不丹军队的突然袭击，致使其在提斯塔斯河以西的大片土地仍然沦落于廓尔喀，提斯塔斯河之东的土地则被不但占领，锡金则只保留提斯塔斯河上游之领土。参丹珠昂奔《藏族大辞典》。

作木朗，唇亡齿寒①；后藏西边外一小部落，在哲孟雄北界，亦为廓尔喀所并。今与唐古特以热索桥为界。洛敏汤，皮存毛在②。作木朗北一小部落，其地为廓尔喀所并。库努屏藩③，在藏，属阿里地方之西界，其地与甲噶尔、廓尔喀两部落交界。其部长名热咱乌尔古，生嘉庆元年二月，遣人赴藏通好。拉达邑宰④。阿里之西小部落，名拉达克罕。第里巴察，人隔重洋；西南徼外一大国也。曰噶里噶达⑤，曰披楞，曰阿咱拉，皆其所属。乾隆五十七年，廓尔喀侵犯藏境，求伊助兵。该部长果尔那尔覆云：“我国人常在广东做买卖，蒙大皇帝看待，恩典甚厚，岂肯帮汝与唐古特打仗，得罪。”词严义正。曾通信与达赖喇嘛。噶里噶达，道通近载。自布噜克巴取道，通各部落，约百日可到。惟廓尔喀之投诚⑥，乃唐古特之乐恺⑦。后藏西南边外，其地名阳布，乃廓尔喀所并巴勒布之旧城也。天气和暖，产稻谷花果。其王名拉特纳八都尔。自乾隆五十七年经大将军福康安、参赞大臣海兰察等统师进剿，深入其境。震慑天威，投诚恭顺，每五年一次，遣噶箕头人等赴京贡进表贡。

①唇亡齿寒：唇没有了，牙齿就寒冷。比喻双方息息相关，荣辱与共。《左传·僖公五年》：“晋侯复假道于虞以伐虢。宫之奇谏曰：‘虢，虞之表也；虢亡，虞必从之……谚所谓‘辅车相依，唇亡齿寒’者，其虞虢之谓也。’”

②皮存毛在：即皮之不存毛将焉付，比喻事物失去了借以生存的基础，就不能存在。《左传·僖公十四年》：“皮之不存，毛将安傅？”

③库努：地名，亦作“库鲁”“库呢”“库诺”，古时阿里境外小国。屏藩：屏风和藩篱，比喻周围的疆土。《诗·板》：“价人维藩，大师维垣。大邦维屏，大宗维翰。”郑玄笺：“王当用公卿诸侯及宗室之贵者为屏藩垣翰，为辅弼，无疏远之。”

④拉达：藏语“la‒dwags”音译，即拉达克，藏人传统居住区，阿里三围之一，位于喜马拉雅山南沿与克什米尔山谷的东北面，是西藏同中亚和印度交通、贸易的中心和门户，有“小西藏”之称。拉达克无论地理、民族，宗教与文化皆接近西藏，历史上属于中国，是西藏的一部分，清时为受驻藏大臣节制的西藏藩属，现绝大部分由印度实际控

制。参丹珠昂奔《藏族大辞典》。邑宰：县邑之长，即县令。晋潘岳《河阳县作》："谁谓邑宰轻，令名恐不劭。"

⑤噶里噶达：即今加尔各答，印度西孟加拉国邦首府，位于印度东部恒河三角洲地区，胡格利河东岸，属印度第三大大都会区。

⑥投诚：军队或人员叛离所属集团，归属对方，即投降。苏轼《乞常州居住表》："与其强颜忍耻干求于众人，不若归命投诚控告于君父。"

⑦乐恺：亦作"乐岂"，欢乐之意。《诗·鱼藻》："王在在镐，岂乐饮酒……王在在镐，饮酒乐岂。"郑玄笺："岂，亦乐也。"陆德明 释文："岂，本亦作'恺'，同苦在反。"

其东工布、达布、江达，险凭隘口①；前藏东南七百四十里，名工布、达布二隘口，原隶藏属。准噶尔扰藏，时工布人民坚壁防守，敌不能入。康熙五十八年，大兵进取西藏，总统抚绥。雍正四年会堪地界，将江达地方仍隶西藏，委第巴二名管辖。其地去成都五千七百三十五里。东至拉里四百五十里。凭山依谷，地气温暖，守险要区也。波密、拉里、边坝，隶属西招②。工布、江达东南行十五日上波密，系甘南木第巴管辖；下波密系由藏派营官管辖，乃现在济咙呼图克图之本籍也。拉里在达隆宗西北七百三十里，原隶西藏，委堪布喇嘛掌管寺院兼第巴事务。自准噶尔彻凌敦多布侵占西藏③，该处黑帽喇嘛附逆助谋，伪称河州喇嘛，迎师向导，阴遣番人截邀军粮。康熙五十八年，定西将军噶勒弼计擒黑帽喇嘛，即行正法，另委堪布管理。其地梁珊危峻，三水会同，气候恶劣，民情悍野。北通三十九族番部④。边坝在硕板多之南二百九十里。自拉里大山根至其地，二山横跨，四水环襟，藏东辽阔之区也。

①工布：故区域名，现仍沿用，藏语音译。地处今西藏自治区东部尼洋河上游地区，即现林芝一带，所指面积较广，包括原则拉宗、觉木宗、

雪卡宗、工布江达四个宗。习惯上分为上、下工布，则拉宗以上沿雅鲁藏布江的地带为上工布，以下为下工布。参丹珠昂奔《藏族大辞典》。

②波密：亦作"波部""波沃"，即今西藏波密地区，位于西藏自治区东南部，帕隆藏布河北岸，地处喜马拉雅山脉东段北麓。边坝：藏语意为"吉祥光辉、祥焰"，地处西藏东北部，今西藏昌都西部、念青唐古拉山南麓。西招：文中代指拉萨。

③占：榕园本作"估"。

④九：八旗本作"七"。

硕板多之么髍[1]，宰桑就获；准噶尔占据西藏，遣陀陀宰桑至硕板多一带剥削僧俗。康熙五十八年，定西将军统师进剿，陀陀宰桑潜回藏。遣外委等追索马郎，擒获送京。雍正四年，将硕板多仍归西藏管理。其地则四山环绕，二水合襟，进藏之要路也。洛隆宗之孔道[2]，第巴输徭[3]。类伍齐之西南，原隶西藏，东至察木多五百九十里[4]。其地二山对峙，两水合流[5]。

①硕板多：亦作"硕班多""硕板督""硕般多""硕督"，即今洛隆县，位于青藏高原东部、昌都地区西南部、念青唐古拉山脉东南端、怒江流域上段，县境东邻八宿县，南同波密县接壤，西与边坝县毗邻，北靠丁青、类乌齐两县。么髍：同"么么"，微小。班彪《王命论》："故虽遭罹厄会，窃其权柄，勇如信、布，强如梁、籍，成如王莽，然卒润镬伏质，亨醢分裂，又况么髍，尚不及数子，而欲暗奸天位者？"

②孔道：必经之道。宋文天祥《海船诗序》："自狄难以来，从淮入浙者必由海，而通为孔道也。"

③第巴：即碟巴。输徭：服徭役。

④九：八旗本作"六"。

⑤水：元尚本作"山"。

　　类伍齐红帽之流，土城寺建；察木多西北草地，进藏之路也。筑土为城，周二百余丈。内建大寺一座①，佛像经堂，巍焕整齐。红帽胡图克图居之。雍正年间颁给印信，其印文曰："协理黄教诺们罕之印"。乃清字、蒙古字、唐古特字三译篆文。类伍齐亦供应差徭。察木多三藏之一，喀木名遥。西至类伍齐二百二十里，南至结党②，北至隆庆③。昔属阐教胡图克图掌管。康熙五十八年颁给帕克巴拉胡图克图诺们罕之印④，亦系三译篆文。其印文曰："阐讲黄教额尔德尼第巴诺们罕之印"。其二胡图克图号锡瓦拉，三胡图克图号甲喇克。大小寺院五十座，喇嘛四千五百名，百姓七千六百余户。其俗崇信浮屠，生子半为喇嘛。其地则层峦迭嶂，怪岫奇峰，乃西藏之门户。古所云康、云喀木者，即此。合前后卫藏为三藏，俗名昌都也。其投诚番地隶之者二十处。

　　①大寺：即类伍齐寺，本名"扬贡寺"，藏语称为"查杰玛"或"格培林"。由桑吉温始建于南宋景炎二年，在今昌都地区类乌齐县境内，位于县驻地以北的类乌齐镇，是西藏东北部著名的噶举派寺院，具有藏、汉及尼泊尔结合的建筑风格。

　　②结党：亦作"结达木""杰当""建塘"，即今云南省迪庆州香格里拉市治地，是茶马古道、滇藏公路的必经重镇。

　　③隆庆：即今青海玉树县隆庆寺。

　　④帕克巴拉胡图克图：即昌都地区最大的格鲁派寺庙强巴林寺派巴拉活佛。派巴拉活佛，清朝初封诺门汗，称阐讲黄法额尔德尼那门汗，给铜印，后银印，称额尔德尼诺门罕，后封呼图克图，称帕克巴拉额尔德尼呼图克图。参任继愈《佛教大辞典》。

　　乍丫多盗①，察木多东五百里，昔为阐教正副胡图克图掌管。康熙五十八年颁给印信，住持乍丫大寺。其地三山环逼，二水交腾，穷僻荒凉。其俗乐劫好斗，婚姻多不由礼。桑艾为枭②。阿足塘东北江卡塘③，正北名桑艾巴，番部，其人凶狠，好劫夺行旅，俗名夹坝云④。巴塘授宣抚之司，二山界定；西为藏界，旧属拉藏罕，有大喇嘛寺一座。达赖喇嘛委大堪布一名掌管黄教，拉藏罕委第巴二名管束地方百姓。康熙五十七年，护军统领温普带领官兵入境宣布圣朝威德。兵至大朔地方，该第巴等赴营投见，愿附版图。五十八年，呈开地方寨落三十三处，头人二十九名，百姓六千九百户，大小喇嘛二千一百名，纳粮承应差徭。五十九年，定西将军至巴塘，番民竭力争趋，随军转运。至雍正四年，会堪界址，分归滇、归川、归藏疆界。南墩适中有宁静山，于山顶建立界碑。又喜松工山与达拉山两界⑤，山顶亦立界石。山以内均为巴塘所属，山以外为西藏所属。雍正七年，将巴塘土官札什彭楚克授为宣抚司，大头人阿旺林沁授为副。土官颁给印信号纸⑥。有土目二十五名，大小头人四百二十六名，百姓二万八千一百五十名，喇嘛九千四百八十名。每年上纳折银三千二百两零。所管辖安抚司十一名，长官司七名。里塘属营官之长⑦，五寨尘消⑧。打箭炉之西，六百五十里。西至巴塘，五百二十里。东至雅隆江⑨，交明正司界。西至诺噶里、布察多交瓦述土司界。南至唾杓竹，交云南、中甸界⑩。北至雄热尼，交瞻对界⑪。昔隶青海岱庆和硕齐部属。该处喇嘛寺一座，堪布一名掌管。康熙五十八年，大兵道经里塘，青海差人阴谋把持名达瓦蓝古巴，里塘营官遂有逆意。前锋都统法喇诱达瓦蓝古巴营官二名至营，擒以斩之，革去堪布。头人、百姓等咸凛军威。令其各举所知，素所悦服之人，议立堪布一名，专立黄教；设立正副营官，董率大小寨堡十五处⑫，头人二十名，百姓五千三百二十户，大小喇嘛寺四十五座，喇嘛三千二百七十余名。附近里塘之瓦述崇喜、毛丫、毛茂丫、长坦、曲登五处酋长各呈户口，上纳粮马。雍正七年，颁给正副营官印信，安奔授为宣抚司，康却嘉木磋授为副。土官瓦述崇喜、毛丫、毛茂丫、长坦、曲登授为土百户，世代承袭，各给印信号纸，其户口六千五百二十九户，喇嘛三千八百四十九名，岁输贡赋。其管辖地方大小三十六处。

①乍丫：即察雅，在今西藏察雅县东。原系乍丫呼图克图地，属驻藏大臣管辖。清宣统三年，置乍丫理事官。1912年，设察雅县。

②桑艾：地名，亦作"三岩""山岩"，指今四川白玉县山岩乡和西藏贡觉县三岩等地。

③江卡塘：即今西藏芒康县，藏语意为"善妙地域"，位于西藏自治区东南部，昌都市的最东部，地处川、滇、藏三省区交会处。东与四川省巴塘县，南与云南省德钦县毗邻，西与左贡县接壤，北与贡觉、察雅县相接。

④夹坝："抢劫"之意。《清实录》："江卡汛撤回把总张凤带领兵丁三十六名，行至海子塘地方，遇夹坝二、三百人，抢去驮马、军器、行李、银粮等物。"

⑤喜松工山：又名"西松山"，在宁静山之北。《清史稿》："雍正五年，副都统鄂齐、内阁学士班第、四川提督松潘镇总兵周瑛前往巴塘察木多一带，指授赏给达赖喇嘛地方疆界。五月，抵巴塘，会堪巴塘、邦木、与赏给达赖喇嘛之南墩，中有山名宁静，拟于山顶立界碑。又喜松工山与达拉两界，山顶亦立界石。"达：榕园本作"建"。

⑥印信：政府机关的各种印章、公私印章的总称。唐元稹《酬乐天东南行诗一百韵》："敛缩偷印信，传箭作符缮。"号纸：明清时代政府所颁记载土司袭位者职衔、世系、承袭年月的书状。《清史稿》："小姓寨土百户，其先郁从文，于明末归附，授长官司职衔印信，管束番众。顺治年间，将明时印信号纸呈缴。"

⑦里塘：即今理塘，隶今四川省甘孜藏族自治州，位于四川省西部，甘孜藏族自治州西南部。

⑧五寨：即瓦述崇喜、毛丫、毛茂丫、长坦、曲登五个土司。

⑨雅隆江：即雅砻江，又名"若水""打冲江""小金沙江"，藏语称"尼雅曲"，意为"多鱼之水"，是金沙江的最大支流。发源于巴颜喀拉山南麓，经青海流入四川，于攀枝花市三堆子入金沙江。石渠以上为石渠河，流经丘状高原地区，河床宽浅，水流漫散。石渠以下称雅砻

江，由于山原地貌逐渐进入高山峡谷地带，为横断山区北南向的主要河系之一。

⑩中甸：即今云南省迪庆藏族自治州香格里拉县。2002年5月5日，云南省迪庆藏族自治州的州府所在地中甸县，正式更名为香格里拉县。

⑪瞻对：旧土司名。清初分上、中、下三瞻对。上瞻对又分二千户及一长官司，分别于雍正六年、乾隆十年置。下瞻对安抚司也于雍正六年置，中瞻对长官司则于乾隆十年置。咸丰五年三瞻对合并为瞻对安抚司。治今新龙县。辖境约当今新龙县地。参四川百科全书编纂委员会《四川百科全书》。

⑫董率：亦作"董帅"，统率、领导。《三国志·陆凯传》："祎体质方刚，器干强固，董率之才，鲁肃不过。"

近瞻对之族，上、中、下三瞻对，夹坝多出于此。达中甸之苗。通中甸、云南丽江府，属苗。打箭炉雪嶂重开①，严四川之门户；明正司衣冠内附②，树六诏之风标③。昔为南诏地④，去成都西南一千二十里，东西径六百四十里⑤，南北径八百三十里。东至泸定桥⑥，交冷边土司界⑦，一百二十里；西至瞻对，抵热泥塘界，五百二十里；南至雅隆江中渡，交里塘界，二百八十里；北至小金川界，五百八十里；东南至冕宁县⑧，五百里；西南至喇滚⑨，抵澜沧江界，四百八十里。自后汉诸葛武侯征孟获时，遣将郭达在此造箭，故名打箭炉。旧属青海部落⑩，明永乐五年，土目阿旺甲木参向化归诚，授为长河西、鱼通、宁远军民宣慰使司，颁给印信号纸，世代承袭。国朝因之。至康熙三十九年，藏差营官昌策集烈等戕害占据其地。四川提督唐希顺克复河西之猴子坡、扯索咱威杵泥子、牛磨、威杵坝咱里土司烹坝等处，昌策集烈调聚乍丫、工布番兵啸聚牛磨西面大冈处，恃险负隅，御拒官兵。提督唐希顺大破之，杀昌策集烈，安抚被害汉、土人民。已故宣抚司奢札察巴乏嗣，其妻工喀承袭，即今甲勒参达尔结之外祖母也。管辖十三锅庄番民⑪，约束新附土司及土千、百户五十六员。上纳贡马，征解杂粮。其明正宣慰使司管辖安抚司六，土千户一，土百户四十八名。

①雪嶂：即雪山。

②明正司：即明正土司，清代康区四大土司之一，或称明正宣慰司，其正式全称为"长河西鱼通宁远军民宣慰使司"。因其治所在打箭炉，故又称打箭炉土司。其建置始于元代，驻地在大渡河与雅砻江之间的木雅。元朝设长河西、鱼通、宁远、碉门、黎、雅六安抚司，统隶于设在河州"吐蕃等处宣慰司都元帅府"。长河西、鱼通、宁远三安抚司"本各为部"，明洪武九年以后"始合为一"，称"长河西鱼通宁远军民宣慰司"。清代颁给该土司大印印文为"四川长河西鱼通宁远军民宣慰使司印"。参王尧《西藏历史文化辞典》。

③六诏：唐代位于今云南及四川西南的乌蛮六个部落的总称，即蒙隽诏、越析诏、浪穹诏、邆睒诏、施浪诏、蒙舍诏。"诏"，其义为王或首领。其帅有六，因号"六诏"。唐开元二十六年后，蒙舍诏并吞其他五部，因其在五部之南，史称"南诏"。风标：指风向器。南朝梁萧子显《南齐书·文学传论》："文章者，盖情性之风标，神明之律吕也。"

④南诏：建于盛唐时，是以乌蛮为主体，包括白蛮等族建立的奴隶制政权，受唐册封，历十三王，唐末为贵族郑买嗣所灭。盛时辖有今云南全部、四川南部、贵州西部等地。

⑤西：榕园本作"南"。

⑥泸定桥：又称铁索桥，位于中国四川省西部的大渡河上。相传康熙帝统一中国后，为加强川藏地区的文化经济交流而御批修建此桥，并在桥头立御牌，是中国古代桥梁建筑的杰作。

⑦冷边土司：即冷边长官司，原为西番瓦部酋长，明洪武二年归诚明朝，被授"瓦部哈工等寺都纲院院抚司"，嘉绒十八土司之一。在今泸定县与雅安地区的天全县境内，其原辖地部分为今石棉县境。永乐八

年，授冷边长官司职。清顺治九年，冷边土司阿撤投诚清朝，上缴明朝所授印信，清廷赐其袍帽并赐姓氏为周，谕令回边办事。自此冷边土司改姓周氏。康熙六十年，正式颁给印信号纸，任命土司周至德为冷边长官司长官，驻地冷碛，辖冷碛、瓦角、大坝、安乐、江村、加反、岔道、岚安、昂乌、角乌、乌坭、苦坭、咱里、奎武等堡。宣统三年，川督赵尔丰推行改土归流政策，冷边土司上缴印信号纸，取消土司官衔，但其财产，势力尚存。参王尧《西藏历史文化词典》。

⑧冕宁县：即今四川省凉山彝族自治州冕宁县。清顺治九年，四川行都司归清，改设建昌监理厅，仍明制领五卫，宁番卫属之。治地今城厢镇。雍正六年，裁建昌通判改置宁远府，裁宁番卫改置冕宁县。

⑨喇滚：即喇滚安抚司，清代四川藏区土司名。康熙三十九年，归顺清朝，次年授安抚司职。管土民近千户。四界为：东至吹音堡，南面到理塘为界，西至下瞻对，东北面交霍耳章谷和革什杂土司地，皆今四川甘孜藏族自治州新龙县境内。参丹珠昂奔《藏族大辞典》。

⑩海：榕园本作"梅"。

⑪锅庄：商人住宿、集货的店铺，其称谓主要流行于四川省甘孜州康定等地。在四川甘孜一带行商的人，各自都要在经常做生意的城镇找一个固定的落脚点，即锅庄。锅庄庄主与商人的关系相当于朋友。庄主为商人提供食宿、翻译、存货、送货、找货、取货款等方便。商人则向庄主支付食宿和一定比例的中介费。参丹珠昂奔《藏族大辞典》。

其山川，冈底斯郁其岧峣兮①，西条山之祖脉②；冈底斯者，阿里东北大雪山也。周一百四十余里，峰峦陡绝，积雪如悬崖，千年不消。山顶百泉聚流，至山麓仍入地中。乃诸山之祖脉也。梵书所谓阿耨达山也。远近番民悉以朝礼此山为幸。不能登也。阿耨达森其滥漫兮③，南干水之真源④。阿耨达池⑤，相传即王母瑶池也。梵书所云四大水者，此其源也⑥。

①冈底斯，即冈底斯山。"冈底斯山"，是藏、梵、汉三种文字的混合。"冈"（gang）为藏语"雪"的意思；"底斯"（te－se）为梵语，意思也是"雪"；"山"为汉语。冈底斯山，在喜马拉雅山脉之北，发脉于昆仑山脉，南行复折而东进，蜿蜒达于林芝。主峰冈仁波齐，在阿里高原普兰县境内。"冈仁波齐"（gang－rin－po－che），藏语意为"神灵之山"，梵语称为"湿婆的天堂"，"湿婆"是印度神的名字，即神的天堂，冈底斯山在藏传佛教地区有着不可替代的宗教影响力。参王尧《西藏历史文化辞典》。岩峣：形容山极为高峻。曹植《九愁赋》："践蹊隧之危阻，登岩峣之高岑。"

②西条：意即西部。祖脉：祖先血脉，代指源头。清刘一明《通关文》："吾今不忍大道坠，因此细把祖脉陈。非是沽名与钓誉，岂图饶舌乱鼓唇。参悟直指破譬语，周易阐真火候序。"

③阿耨达：即玛旁雍错，藏语意为"不败、胜利"，有"神湖"之称。亦名"玛垂"，或"玛垂错"，为雍仲本教中广财龙王的名字，在西藏阿里地区普兰县城东岗仁波齐峰之南。佛教经典说四大神湖中原有四大龙王，起初他们总是兴风作浪，危害人民。到了唐代藏王赤松德赞时期，莲花生大显神通，收服了四大龙王，使他们皈依佛法，逐渐成为藏传佛教的四大护法神。从此"玛垂错"也易名为"玛旁雍错"。佛教信徒把这看作是圣地"世界中心"，是中国湖水透明度最大的淡水湖，藏地所称三大"神湖"之一，也是亚洲四大河流的发源地。古象雄佛法雍仲本教《象雄大藏经·俱舍论》中所记载的"四大江水之源"指的就是圣湖之母玛旁雍措。东为马泉河，南为孔雀河，西为象泉河，北为狮泉河。参王尧《西藏历史文化辞典》。淼：水势浩大。滥漫：胡乱、无节制。《红楼梦》："他只知吃酒赌钱、眠花宿柳为乐；手中滥漫使钱，待人无心。"

④干：水涧。《诗经·伐檀》："坎坎伐檀兮，寘之河之干兮，河水清且涟猗。"

⑤阿耨达池：亦名马品木达赖池，即今西藏普兰县北之玛旁雍错。

《大唐西域记》作"阿那婆答多池",谓在香山之南,大雪山之北,为殑伽、信度、傅刍、徒多四河所自出。参史为乐《中国历史地名大辞典》。

⑥此其源也:即阿耨达池出四大河,乃《华严经》中"池山海珠四喻"之一。据《华严经·十地品》,从阿耨达池流出恒伽河、私陀河、信度河、缚刍河四条大河,流通阎浮提而不涸竭,最后流入大海之中。比喻菩萨从初地到十地修行,最后能趋入"一切智智",即获得"佛智"。参任继愈《佛教大辞典》。

达木珠而朗卜切分①,象与马之番语;冈底斯之东有泉流出,名达木珠喀巴普。达木珠者,马王也。喀者,口也。巴普者,盛糌粑木盒也。以山形似马口,故名。冈底斯之南有泉流出,名朗卜切喀巴普。朗卜切者,象也。以山形似象,故名。此东南二大水之源也。僧格喀而玛部伽分②,狮孔雀其译言。冈底斯之北有泉流出,名僧格喀巴普。僧格者,狮子也,以山形似狮名也。冈底斯之西有泉流出,名玛卜伽喀巴普。玛卜伽者,孔雀,以山形似孔雀名也。此西北二大水之源也。

①达木珠:即达木珠喀巴普,今马泉河,藏语为"当确藏布"。在西藏自治区仲巴县境内,自桑木张附近的库比藏布汇入口到里孜附近的柴曲汇入口,当却藏布为雅鲁藏布江的河源段,该段上下游多汊流和江心洲,在桑木张至岗久附近,沿江两侧有以新月形沙丘为主的风沙堆积地形。参牛汝辰《中国水名词典》。朗卜切:即朗卜切喀巴普,今象泉河,藏语称为"朗钦藏布"。朗钦藏布:又称朗钦卡巴,是西藏自治区阿里地区的最大河流之一。发源于喜马拉雅山西段,兰塔附近的现代冰川,由南向北流,门士曲汇入后,始称朗钦藏布,河流拐向西北流,经曲龙、东坡、札达、札布让、努巴,于什布奇以西穿过喜马拉雅山脉流入印度,改称萨特累季河,在巴基斯坦附近汇入印度河。参牛汝辰

《中国水名词典》。

②僧格喀：即僧格喀巴布冈里，亦作"僧格藏布""森凯藏布"，今狮泉河，印度河上源，西藏自治区西部主要大河之一。发源于冈底斯山主峰冈仁波齐峰北面的冰川湖，自南向北流至邦巴附近转向西流，经革吉在扎西岗附近与噶尔藏布相汇合转向西北，流入克什米尔地区。玛部伽：即玛部伽喀巴普，亦作"马甲藏布""马甲喀布"，今孔雀河，发源于西藏阿里地区冈底斯山脉主峰冈仁波齐峰，由普兰县流入尼泊尔境内，流经印度最后注入印度洋。孔雀河与另外狮泉河、象泉河和马泉河这三大河流，并称为"四大圣河"。西藏人认为马泉、象泉、狮泉、孔雀四大圣河都源自冈底斯山，自冈仁波齐流向四方，奔腾万里后齐归入印度洋。孔雀河在阿里之南，和瑛自注为"西北"，当误。

通拉之罡风烈烈兮①，弥勒之神通具现②；第里浪古又名定日③，后藏西南行十二日。又自定日西行二十余里，上通拉大山。其山巅风劲异常，怪石陡崖，偏坡溜沙④，长百余里。相传弥勒于达摩在此山绝顶斗法。帕甲之石洞杳杳兮⑤，达摩之骩迹犹存⑥。通拉山迤西，聂拉木境内名帕甲岭，有喇嘛寺，寺旁有石洞，洞上一隙透光⑦，内有达摩坐像，乃面壁处也。

①通拉：即通拉山，在西藏定日县、聂拉木县交界处，为定日通往聂拉木必经之地。罡风：劲风。宋刘克庄《梦馆宿》："罡风误送到蓬莱，昔种琪花今已开。"烈烈：形容风声之象声词。三国魏曹植《七哀诗》："北风行萧萧，烈烈入吾耳。"

②神通：梵语意译，亦作"神通力""神力"。神通是佛、菩萨、阿罗汉等通过修持禅定所得到的神秘法力，意即神佛具有的神奇能力。《大萨遮尼干子所说经·如来无过功德品》："何者如来神通智行？答言：大王，沙门瞿昙神通行有六种：一者，天眼通；二者，天耳通；三者，他心通；四者，宿命通；五者，如意通；六者，漏尽通。"

③定日：即今定日县，隶今西藏日喀则市，地处喜玛拉雅山脉中段北麓珠峰脚下，东邻定结、萨迦两县，西接聂拉木县，北连昂仁县，东北靠拉孜县，南与尼泊尔接壤。

④偏：榕园本作"徧"。偏坡：即斜坡。溜沙：即流沙。

⑤帕甲：即帕甲岭，亦作"帕嘉岭"。杳杳：隐约，依稀之意。唐郑棨《开天传信记》："吾昨夜梦游月宫，诸仙娱予以上清之乐……其曲楚楚动人，杳杳在耳。"

⑥骭：即肋骨。《灵枢·经脉》："循膺、乳、气街、股、伏兔、骭外廉，足跗上皆痛，中指不用。"

⑦一：榕园本作"之"。

紫日、彭楚①，经协噶尔而环绕；紫日山、彭楚河在协噶尔②。达结、佳纳，窵聂拉木而洀桓③。达尔结岭、佳纳山俱在聂拉木。

①紫日：即紫日山，在今西藏定日境内。彭楚：即彭楚河，今彭曲河，亦作"朋出藏布江""喷曲""彭曲"，意为"花瓶河""净水壶河"，发源于西藏聂拉木县希夏邦马峰北坡的野博康加勒冰川，流经聂拉木、定日、定结三县，后流入尼泊尔被称"阿润河"，与孙科西河汇合后称柯西河，为恒河支流。

②协噶尔：亦作"胁噶尔""胁格尔"。

③窵：同"屌"，深远、遥远之意。宋李纲《再乞招抚曹成奏状》："虽已具奏道依近降圣旨，踏逐军马，道路窵远，见今阻隔，卒难办集。"洀：通"盘"。洀桓：即盘桓，逗留，徘徊。《管子·小问》："意者君乘驳马而洀桓，迎日而驰乎？"尹知章注："洀，古盘字。"

纳汝克喀衮其连冈兮①，维定日之保障②；定日沿边山名纳汝克卡。杏撒热卡嵌其迭嶂兮③，乃定结之屏藩④。自定结通杏撒热卡山，此外为哲孟雄境。**甘坝登洛纳而雪消兮**⑤，定日之南名甘坝，通洛纳山，地气稍暖，亦哲孟雄境。**帕里上支木而日暄**⑥。甘坝之东名帕克里，天和地暖，产稻谷花果，通支木山、臧猛谷，此外亦哲孟雄境。

①袤：伸展延续。《说文》："南北曰袤，东西曰广。"连冈：指山峰连绵不断。

②保障：保护，引申为起保护防卫作用的事物。晋陈寿《三国志·吴志·孙静传》："坚始举事，静纠合乡曲及宗室五六百人以为保障，众咸附焉。"

③嶔：形容山势高峻、高险。战国齐公羊高《公羊传·僖公三十三》："尔既死，必于肴之嶔岩，是文公之所辟风语者也。"

④定结：亦作"丁洁""丁吉""丁鸡"，即今西藏定结县。隶西藏日喀则，县驻地江嘎，位于西藏南部、日喀则地区南部、喜玛拉雅山北麓湖盆区，是西藏自治区边境县之一。

⑤甘坝：即今西藏岗巴县，位于西藏自治区南部、喜马拉雅山中段北麓，紧靠世界屋脊——珠穆朗玛峰，与萨迦、亚东、白朗、定结诸县相邻，南与锡金雪山接壤。

⑥暄：原作"喧"，据榕园本改。

擦木卡之煦妪兮①，**暖谷人烟簇簇**②；滚达、卓党适中之地有卡名擦木，有长桥三座，为藏界保障。由此西行，山明水秀，其瀑布更胜于打箭炉之头道水，林木参天，直抵济咙。天时温暖，稻畦遍野，一岁再熟。由济咙西南行计程十日，可抵廓尔喀之阳布城也。**甲错岭之潭泼兮**③，**炎天雪嶂昏昏**④。过拉孜一站⑤，至甲错岭，五六月间，重裘寒噤，雹雪时至，风尤劲烈，瘴烟逼气，令人作喘。约百二十里，东望积雪插空，忽闻雷声，乃雪块消落也。

①煦妪：亦作"煦姁"，温暖、暖和之意。《礼记·乐记》："天地欣合，阴阳相得，煦妪覆育万物。"郑玄注："气曰煦，体曰妪。"孔颖达疏："天以气煦之，地以形妪之，是天煦覆而地妪育，故言煦妪覆育万物也。"唐白居易《岁暮》："加之一杯酒，煦妪如阳春。"

②暖谷：指向阳的山谷。宋蒋祺："县南山水秀且清，天地坯冶陶精英。有唐刺史昔行县，访寻洞穴为寒亭。屈指于今几百祀，磨崖字字何纵横。相随栈道倚空险，来者无不毛骨惊。我此三载迷簿领，有时一到□余情。娱宾烹茗遽回首，孰知亭侧藏岩扃。成纪同僚到官始，居然心匠多经营。乃知物理会有数，絷天通塞因人成。鸠工畚筑忽累日，旷然疏达开光明。初疑二帝凿混沌，虚空之□罗日星。又若巨灵擘华岳，溪谷之响轰雷霆。大岩既辟小岩出，壶中之景真其□。洞门春风刮人面，其中安若温如蒸。累垂石乳似刻削，周环峭壁无欹倾。旧梯既去小人险，新径之易君子平。临流又广□方丈，迭石缔宇为轩楹。于嗟土石□□□，无情一旦建时荣。方今出震□大器，鼎新基构清寰瀛。我愿天下无冻馁，有如此穴安生灵。不烦吹律而后暖，千古宜以此为名。"人烟簇簇：指人口众多。

③滦泬：风寒、寒冷之意。《说文·仌部》："滦，风寒也。"段注："《豳风·七月》：'一之日觱发。'传曰：'觱发，风寒也。'"

④炎天：指出梅与初伏中间的天数，古有"一天炎天十天热，十天炎天一天热"之说。秦吕不韦《吕氏春秋·有始》："谓天有九野：中央曰钧天，东方曰苍天，东北曰变天，北方曰玄天，西北曰幽天，西方曰颢天，西南曰朱天，南方曰炎天，东南曰阳天。"雪障：雪气、雪雾之意。昏昏：指天色昏暗。晋王嘉《拾遗记·前汉下》："乐浪之东，有背明之国……在扶桑之东，见日出于西方，其国昏昏常暗，宜种百谷。"南朝陈阴铿《行经古墓》："霏霏野雾合，昏昏陇日沉。"

⑤拉孜：即今西藏拉孜县。地处西藏自治区日喀则市中部、念青唐古拉山最西部，具有重要的地理位置和战略地位。

巩汤、萨尔、江纳、常桑之迤逦兮①，由宗喀之元仗②；巩汤拉山在宗喀③，萨尔山赴萨迦沟大道，江纳山在汤谷，常桑山在常桑。浪卡、日蚌、拉古、硕布之络绎兮④，周后藏之四垠⑤。札什伦布之西及北有浪卡山、日蚌山、拉古隆古山、硕布巴拉山，皆围后藏也。冈坚兮天王剑跃，冈坚山由札什伦布西行一日，山阳有冈坚寺⑥，内供骡子天王像。相传天王除藏中妖贼时，手剑一挥，千人头尽落，成神于此，至今奉为护法。拉耳兮罗汉经翻。札什伦布西行三十里，山根有拉耳塘寺⑦，内供弥勒佛、十八罗汉像，收贮全藏经板。又有小铜塔，内藏舍利，斜长寸许，如牙黄色。又有铜钵，径尺余，以手摩之，声如长号。又有水晶拄杖、罗汉履，云古罗汉所遗。又刻罗汉足印，以金妆之。

①巩汤：即巩汤拉山，亦作"贡塘山""贡塘拉"，在西藏吉隆县境佩错湖之北。迤逦：指曲折连绵。南朝齐谢朓《治宅》："迢遰南川阳，迤逦西山足。"

②元仗：即玄仗、道路。《淮南子·原道训》："登高临下，无失所秉；履危行险，无忘玄仗。"高诱注："玄仗，道也。"

③汤：榕园本作"阳"。

④络绎：亦作"络驿"，连续不断。《文选·长笛赋》："繁缛络绎，范蔡之说也。"李善注："辞旨繁缛，又相连续也。"张铣注："笛声繁多，相连不绝，如范雎、蔡泽之说辞也。"

⑤周：环绕。四垠：指四境、天下。《魏书·郑道昭传》："九服感至德之和，四垠怀击壤之庆。"

⑥冈坚寺：即康坚寺，又称岗坚曲培寺，在今西藏自治区萨迦县境内，明正统七年由班钦桑布扎西创建，是藏传佛教格鲁派主要寺庙之一，主供强巴佛。

⑦拉耳塘寺：今称那当寺，亦作"那塘寺"，在西藏日喀则西南那当地方，藏传佛教格鲁派（黄教）寺院。南宋绍兴二十三年，由噶当

派僧人董敦兴建。13 世纪晚期，寺僧君丹惹墀曾将寺存大量藏译佛经编订为《甘珠尔》、《丹珠尔》，相传 14 世纪时曾有刻版，今已不存。15 世纪格鲁派兴起后，该寺并入格鲁派。传世那当寺版《甘珠尔》《丹珠尔》，系清雍正年间由当时西藏地方掌权人颇罗鼐督饬刻印。寺前大殿悬有雍正帝题"普恩寺"匾额。寺僧最盛时达三千人。寺内保存有合金弥勒、释迦牟尼佛像和明清两代文物甚多，今寺已毁。参郑天挺《中国历史大辞典》。

札什纳雅之踔踸兮①，彭错岭之险奇鹦鹉；札什冈、纳雅山，赴彭错岭大道，岭极险峻，逼仄临河。有名鹦鹉嘴者，五处尤险。札洞日洞之拱伏兮②，甘布拉之名著昆仑③。札克洞山、日洞山，赴巴则岭大道，曲水过河，上甘布拉，古称西昆仑。

①踔踸：指超越、越过。清张廷玉《明史·杨循吉》："（循吉）善病，好读书，每得意，手足踔掉不能自禁，用是得颠主事名。"
②拱伏：敬服、拱卫之意。明吴承恩《西游记》："若问时，先提起'取经'的字来，却也不用劳心，自然拱伏。"
③甘布拉：山口名，即甘不拉，亦作"西昆仑""康巴拉"，在今西藏贡嘎县西，为通往浪卡子县必经之路，北侧为雅鲁藏布江，南侧为羊卓雍湖。

噶如路转于宜椒兮，望多尔济帕姆之寺①；噶如山，出宜椒东沟口。望多尔济帕姆宫②，在海子山东岸山麓。世有胡图克图居之。其海子名曰洋卓雍错海。甘坝岭踰于巴则兮，直洋卓雍错海之门③。此海本名雅木鲁克余木楚海，广四百五十六里，周岸行四十八日。其中有三大山：一曰密纳巴，一曰鸦波土，一曰桑里。其水时白时黑，或成五彩。过甘布拉岭，沿海岸经白地亚喜、浪噶孜始进宜椒山口二百余里④，仅其西北角耳。

①多尔济帕姆：指清代西藏女性呼图克图，住羊卓白地方，就海中山巅建桑顶寺。乾隆四十年，二世女活佛为六世班禅巴丹益喜侄女。1921年，西藏为大贵族拉鲁家族族长之女十一世女活佛。现女活佛生于1941年，为十二世，名德庆曲珍。该寺之属寺位于拉萨北纳木错西岸之小岛上，一世之灵塔镶金、银，甚壮丽，女活佛虽属香巴噶举派，在拉萨甚受崇敬，清朝规定除达赖喇嘛、班禅外，女活佛外出亦可乘轿。参高文德《中国少数民族史大辞典》。

②多尔济帕姆宫：即今桑顶寺，又称"桑丁寺"或"桑定寺"，位于西藏自治区浪卡子县的羊卓雍湖南侧。关于该寺初建年代说法不一，《宗派源流镜史》中说，由香巴噶举派创始人琼波奈觉的四传弟子克尊循珠所建；也有说为珀东巴·却列南杰于15世纪初所建。该寺为僧尼合住寺院，由女活佛多吉帕姆为住持，至今已传十二世。参丹珠昂奔《藏族大辞典》。

③直：通"值"，面对、正对之意。

④白地亚喜：即白地宗，其地在今羊卓雍错西岸。

噶里噶布至拗折兮①，聂党之西，山极峭峻，江水环流其下。巴图鄂色之高扣②。登龙冈之西，为前藏西屏。墨羽拉兮雪窖③，前藏之西，积雪冬夏不消。克里野兮沙屯。前藏西北，途长淤沙积雪，烟瘴逼人④。由羊巴井至草地，过巴延图河，皆大山难行。克里野者，乌鸦也，蒙古语。其地多大嘴乌鸦⑤，故名。沙羽克冈兮，连喇根拉之北障；皆前藏北大山。乳牛郎路兮，接噶勒丹而东奔⑥。乳牛山、朗路山，皆前藏东北山也。噶勒丹山，俗名甘丹山，前藏正东噶勒丹寺之后山也。

①拗折：弯曲之意。

②高扪：向高空扪摸，形容极为高峻。

③雪窖：指常年被冰雪覆盖的地区。

④逼：八旗本、榕园本作"偪"。

⑤鸦：八旗本作"雅"。

⑥噶勒丹：即噶勒丹山，亦作"旺古尔山"，在达孜县境内拉萨河南岸。

札洋宗兮札古^①，前藏山南行二日，山名札洋宗，上建多尔济札古寺。附近桑鸢寺在札羊宗山顶，寺内有洞高二千余丈，梯木而上。洞内有石莲花佛座，座前有石几，盒内有白土，可食，味如糌粑，次日复生。其洞须燃火可入。座后有一大海。唐古特人云作恶之人至此，必失足堕海中。由是僧俗畏惮。锅噶拉兮奈园^②。前藏南山，在桑鸢寺背后，南路要道。

①札洋宗：山名，亦作"札羊宗""札央宗""查央宗"，在今西藏贡嘎县境，山上建有多杰扎寺。和瑛《卫藏通志》："萨木秧寺附近，在扎洋宗之巅，寺内有洞，高二千丈，梯而上，洞内石莲花佛座，座前石几盆，内有白土可食，味如糌粑，次日复出。"

②奈：同"柰"。奈园：即柰园。《维摩诘经·佛国品》："闻如是，一时佛游于维耶离柰氏树园，与大比丘众俱。"

盐池兮浩浩^①，阿里、达木，两处皆有。陆海兮沄沄^②。自札什伦布西至阿里，夏月随地皆水，故俗曰陆海。澎湃澄泓兮凹淳海淀^③，唐古特，凡淳水处皆曰海子，凡泉皆曰海眼。一曰洋卓雍错海，在甘布拉南；一曰纳错海，过定日一站；一曰补泥海，在宗喀赴萨迦沟大道；一曰甲木海，在热咙；一曰廓拉海，在星克宗；一曰春艮诺尔^④，在前藏北九日。氤氲兮沸燠野突泉温^⑤。唐古特谓温泉曰热水塘。一在前

藏山南，一在羊八井，一在拉孜东南萨迦沟之咱拉普，一在热咙，一在
拉里，一在巴塘东。惟里塘之温泉有三：一在里塘西十里，一在里塘南
二十里，一在喇嘛丫热水塘汛。三泉之水，四时常温。内有红虫，长二
三寸。有患疮疾者，浴之即愈。彼处番人珍重之。一在打箭炉东南五十
里榆林工地方，水性温暖，能除积疾。

①浩浩：形容水面辽阔。《书·尧典》："汤汤洪水方割，荡荡怀山
襄陵，浩浩滔天。"孔传："浩浩，盛大若漫天。"

②沄沄：形容水流汹涌。汉董仲舒《春秋繁露·山川颂》："水则
源泉混混沄沄，昼夜不竭。"

③澄泓：指水清而深。唐刘禹锡《历阳书事七十韵》："茧纶牵拨
刺，犀焰照澄泓。"淳：指水积聚而不流动。唐柳宗元《游黄溪记》：
"溪水积焉，黛蓄膏淳。"海淀：文中代指湖泊。

④春艮诺尔：即纳木错，藏语，蒙古语名称为"腾格里海"，均为
"天湖"之意，西藏的"三大圣湖"之一。纳木错是古象雄佛法雍仲本
教的第一神湖，为著名的佛教圣地之一。位于西藏自治区中部，是西藏
第二大湖泊，也是中国第三大的咸水湖。

⑤氤氲：亦作"烟煴""絪缊"，指湿热飘荡的云气、烟云弥漫的
样子。南朝陈徐陵《劝进梁元帝表》："自氤氲混沌之世，骊连、栗陆
之君，卦起龙图，文因鸟迹。"燠：形容热。《说文》："燠，热在中
也。"《三宝太监西洋记通俗演义》："若乃炎风之燠，夏日之长，寻头
扑面，入袖穿裳。"

尔其卓书特之西鄙兮①，大金沙之神泷②，衍达木楚克之派
兮③，成雅鲁藏布之江④。旧卓书特部落在阿里北。大金沙江，唐古
特名雅鲁藏布江，源出冈底斯，即达木珠喀巴普也。受库木冈前山水、
受伽木苏拉水、受查尔河水、受阿拉楮河水、受那乌克藏布河水、受郭
雍河水、受尼雅陆冈前山水、受萨楮河水、受瓮楮河水、受式尔底河

水、受满楮藏布河水、受冈里洼甘山水、受牛拉岭水、受萨噶藏布河水、受嘉木磋池水、受爪查岭水、受雅噶鲁山水、受隆左池、受莽噶拉河水、受钟里山水、受鄂尼楮河水、受婆色那木山水、受特楮河水、受达克碑彭楚河水、受萨布河水，东径日喀则城，在拉萨西南班禅之所住也。又东受年楮河水⑤、受商河水、受乌两克河水、受龙前河水、受聂木河水⑥、受噶尔招木伦江水、受噶勒丹庙德庆西水，曲曲流拉萨南。至西南，又受羊八井河水。径萨木陀庙布东城，受巴楮河水。径桑里城、野尔库城、鄂克达城，受亭里麻楮河水。径察木哈庙，受萨木陆水。径森达麻庙，南流入罗喀布占国，会冈布藏江⑦、彭楚藏布江⑧，西南流入额讷特克国，归南海⑨。

①尔其：连词，承接之用，辞赋中常用作更端之词，至于、至如之意。汉南朝梁刘勰《文心雕龙·史传》："尔其实录无隐之旨，博雅弘辩之才，爱奇反经之尤，条例踳落之失，叔皮论之详矣。"鄙：边远的地方。汉桓宽《盐铁论·本议》："匈奴背叛不臣，数为寇暴于边鄙。"

②泷：水流湍急。北魏郦道元《水经注》："桂阳蓝豪山，广圆五百里，悉曲江县界，岩岭干天，交柯云蔚，霾天晦景，谓之泷中。"

③衍：本义为水流入海，文中指水在江中流。《说文》："衍，水朝宗于海貌也。"达木楚克：即达木楚克哈巴布山。赵尔巽《清史稿》："雅鲁藏布江，即大金沙江，古之跋布川也。源出藏西界卓书特部西北达木楚克哈巴布山，三源，俱东北流而合，折东流，枯木冈前山水自西南来会。"

④雅鲁藏布：即雅鲁藏布江，曾称"藏波""央恰藏布"，是中国最高、也是世界上海拔最高的大河之一。赵尔巽《清史稿》："雅鲁藏布江，即大金沙江，古之跋布川也。源出藏西界卓书特部西北达木楚克哈巴布山，三源，俱东北流而合，折东流，枯木冈前山水自西南来会。又东北，江加苏木拉河自西北沙苦牙拉麻拉山东南流来会。又东，阿拉楚河北自色拉木冈前山水会而南流，又东稍北，拉乌克藏布必拉自东北

桑里池西南流，合数水来会。又东南，郭永河自东南昂则岭东北流，合数水来会。又东，萨楚藏布河自东北合诸水来会。又东，瓮出河、式尔的河、满楚藏布河、萨克藏布河，合诸水来会。又东南，加木租池水北自章阿布尔城合东一水南流来注之。又东南，受西南来一水，又正北流，折向西北，受西北隆左池水。又东北，莽噶拉河南自那拉古董察山来注之。又东北，钟里山水自东南来注之。又东北，经章拉则城北，又东北，鄂宜楚藏布河自西北札木楚克池合诸水东南流来注之。又北流，戒忒楚河、札克北朋楚河自北来注之。又东南，会萨普楚河。又东径普冬庙前，乌雨克河自拉公山来注之。又东过萨喇朱噶铁索桥，径林奔城北，龙前河自南合二水来注之。又东北，捏木河自西北来注之。折东南流，径拜的城北岸山北，受西北来一小水，东北过铁索桥，径楚舒尔城南，东南至日喀尔公喀尔城北，噶尔招木伦江自东北合诸水，西南流径卫地喇萨来会，疑即古吐蕃之藏河也。雅鲁藏布江既会噶尔招木伦江，东南流，至打格布衣那城北，共八百里。年褚河自北合诸水来会。又东经叉母哈庙北，受东北萨母龙拉岭水，南流入罗喀布占国。穆楚河合奈楚河，南流入哲孟雄。滕格里池，在境西北，藏地日喀则城东北，隔山即潞江源之布喀诸池。其北隔山即大流沙也。池广六百余里，周一千余里，东西甚长，南北稍狭，蒙古呼天为"滕格里"，言水色同天青。其东有三水流入，皆名查哈苏太河。西有二水流入，北曰罗萨河，南曰打尔古藏布河，合西来数池水，东流入此池。次曰牙母鲁克于木卒池，中有三山，水成五色。曰马品木达赖池，郎噶池，即狼楚河也。次曰布喀池，潞江源也。东噶尔山上有关。"

⑤年褚河：意为"尝味水"，相传莲花生大师所持盛甘露的宝瓶寄放在宁金岗桑雪山处。此后，甘露水就不断从雪山流下，让人们品尝甘露，故名"年楚"，亦称"酿曲""娘曲""年曲""年普""年曲河""羊曲河"，是雅鲁藏布江中游最大的支流，位于西藏自治区日喀则地区境内。发源于西藏中南部的宁金抗沙冰川。年楚河与雅鲁藏布江交汇处的是日喀则市，其上中游还有著名的江孜城，该流域土地肥沃，物产

丰美，自古是西藏发达的农业区，有"西藏的粮仓"之称。

⑥聂木河：即尼木河，亦作"尼木曲""尼木玛曲"。是西藏拉萨市尼木县境内的主要河流，也是拉萨境内注入雅鲁藏布江的一条重要支流，发源于县城北部的穷姆冈峰，自北向南，横贯尼木县全境，经麻江、帕江、色巴、雪拉、塔荣后注入雅鲁藏布江，其东侧支流续曲于林岗附近注入雅鲁藏布江。

⑦冈布藏江：即易贡藏布，亦作"野共藏布"，是雅鲁藏布江的二级支流，帕隆藏布的最大支流。其位于西藏东部，发源于西藏那曲地区嘉黎县念青唐古拉山脉南麓，由西北至东南在通麦注入帕龙藏布。其主体位于林芝地区波密县境内，处于雅鲁藏布大拐弯的顶端，自源头及沿江两岸分布着众多的冰川及雪山，高山耸立、河谷深切是其主要的地貌特征。由于山谷接近南北走向，印度洋的暖湿气流可以到达易贡藏布沿岸，因此易贡藏布附近从分水岭到河谷底部气候垂直分带明显，其河岸到山顶依次为亚热带、暖温带、山地温带、山地亚寒带及高山寒带。

⑧彭楚藏布江：即朋曲，西藏自治区外流河之一，发源于希夏邦马峰北坡的野博康加勒冰川。由西向东流，经定日、措果，在白坝附近开始穿切喜马拉雅山转向南流，在陈塘附近的龙堆村南流入尼泊尔境内后称为阿润河，最后汇入恒河。

⑨南海：即印度洋。

受东西南北之源源兮，会冈布彭楚之双双[①]。冈布藏江自拉里庙会察拉岭水，努工拉岭水、章阿拉水、尼楮河水、牛楮河水，径地雅尔山，入冈布部落[②]，俗名康巴也。又受博藏布河水[③]，又呼为噶克布河。径贡拉冈里山，南入罗喀布占国，入雅鲁藏布江。○彭楚藏布江，在萨喀东南，有三源，一西出舒尔穆藏拉山，一东出锡尔仲麻，一东出爪查岭。又受罗楮河、罗卜藏河、牛楮藏布河。帕克里藏布河、札木珠河水，东南径珠拉来部落，入额讷特克国界，入雅鲁藏布江。

①冈布：即易贡藏布，亦名"冈布藏江"。彭楚：即朋曲，亦作
"彭楚藏布江"。

②冈：榕园本作"江"。

③博藏布河：即帕隆藏布江，亦作"噶克布河"，为雅鲁藏布江主
要支流之一，发源于西藏八宿县然乌湖。主要由两条二级支流汇合而
成，涓涓流水，自东向西，经波密、通麦等地后，水流量逐渐加大，直
到在大拐弯处注入雅鲁藏布江时已是巨河。

绕班禅之法座兮，环达赖之禅幢。纳百川兮径罗喀布占之界，
入南海兮由额讷特克之邦。雅鲁藏布江自达木楚克环回往复，达前
藏、后藏，极及万里而入南海。有奔冈之潆濆兮①，出阿里之崆
峣②。发达赖而浮湍兮③，合麻楮而始泽④。乃达克喇之分支兮，
经作木朗而流淙⑤。冈噶江源出冈底斯山东南，名朗布切喀巴普山，
汇诸水为玛木匹达赖池。池南北百五十里，东西百里，受狼楮河水，又
受拉楮河水。拉楮河者，乃僧格喀巴普山所出也。又受悲喜大雪山所出
水。又西南径毕底城，为阿里极西界。又受玛楮河水。玛楮河者，乃玛
布伽喀巴普山所出。会狼河，又会拉河、玛河。水势盛大，名冈噶江
也。江水东南流出阿里界，径玛木巴、作木朗部落至额讷特克国，入南
海。今考此河至作木朗南流，应即为藏曲大河，为卫藏边界之西条
水也。

①冈：即冈噶江，亦名"象泉河""朗钦藏布"。阿里地区主要河
流之一，印度河最大支流萨特累季河的上源。北邻森格藏布流域，南与
甲扎岗噶河、乌热曲—乌扎拉曲流域以及印度接壤，东接内陆湖拉昂
错，西邻印度。该河发源于喜马拉雅山脉西段兰塔附近的现代冰川。自
南向北流经曲龙、东波、札达、札布让、努巴、什布奇、喜马拉雅山脉
后，在巴基斯坦境内汇入印度河，并改称萨特累季河。潆濆：广阔无际

之意。

②峥嵘：形容山极高。

③浮湍：形容水势湍急。

④泽：指大水泛滥。明袁可立《甲子仲夏登署中楼观海市》："云霭泽无际，豁达来长风。"

⑤流淙：流水发出的轻柔的声音。明冯梦龙《东周列国志》："血流淙淙有声，杨谷之水，皆变为丹，至今号为丹水。"

喀喇乌苏兮①，流沙之黑水；布哈鄂模兮，雍望之嘉湖②。喀喇乌苏自前藏东北行十日，皮船可渡，乃蒙古语黑水。《禹贡》："导黑水至于三危"，即此。为潞江上游③。番名鄂尼尔楮。其源出萨喀，北有巨泽④，名布哈鄂模，在流沙之东，广二百余里。其西南隔山即腾格诺尔，乃蒙古语天池也。布哈鄂模，布哈者，鹿也。其水东南流，又成一泽，曰伊达鄂模，广亦百余里。又东南为喀喇池，广百二十里，其水色黑，即古雍望之嘉湖也。又受布伦河水、喀拉河水、鱼克河水，又受骇拉河水、沙克河水、布克河水、库兰河水。东北始入察木多境，受索克占旦索河水，东南得索克萨玛木桥，又东南折西南流，始名鄂尼尔楮河也。其径洛隆宗东南，得札木雅萨木巴桥，东南径喀朔图庙，西又受鄂楮河水。又东南径密纳隆境。又东南入怒夷界，名曰怒江。又南流入云南丽江府界⑤，名曰潞江也。

①喀喇乌苏：蒙古语音译，即那曲，为雅砻江右岸的一级支流，发源于唐古拉山南麓的吉热拍格，河流由西北向东南流经曲登、泽洛，又折向东北流至觉吾，纳入较大支流莫曲沟和略西沟后，经竹青于日坝乡那扎卡注入雅砻江，流出西藏比如县后被称为怒江。参牛汝辰《中国水名词典》

②雍望：即雍州，古九州岛之一。《书·禹贡》：参牛汝辰《中国水名词典》。"黑水、西河惟雍州。"孔颖达疏："计雍州之境，被荒服

180

之外，东不越河，而西逾黑水。王肃云'西据黑水、东距西河'，所言得其实也。"

③潞江：水名，即怒江。

④巨泽：大湖。

⑤丽江府：明洪武十五年，废丽江路为府；三十年升军民府，属云南布政司，治所在通安州辖境约当今滇西北丽江、兰坪、福贡各县以北地区。清代属云南省，辖境还包有今剑川、鹤庆诸县。参史为乐《中国历史地名大辞典》。

溯澜沧之上游兮[①]，古鹿石之名区[②]；会鄂木楮而水盛兮，绕察木多而流纤[③]。澜沧江，番名杂楮河。有二源，一出察木多之杂坐里冈城西北格尔噶那山，即古和甸之鹿石也，其水东南受库克噶巴山水，又受大小三池水，始名杂楮河，东南折苏噶莽城，西南径察木多庙东境，又西南而与鄂木楮河水会。二水既合，统名杂楮河也。至察木多庙，名墨楮河。西南得札什达克咱木桥，乃喀木地方之大桥也。又受孜楮河水。又南得札什达萨玛桥。又西南径察哈罗巴西。又受雅尔玛山水，又受噶塔噶里布岭水。东南径曲崇第滚庙，径蒙番怒夷界，又东南至云南塔城关，入丽江境，曰澜沧江。此察木多境由北向东南流之大川也。

①澜沧：即澜沧江，藏语音译，意为"獐子河"，亦作"杂楚""拉曲""杂曲""扎曲""拉楚"，是湄公河上游在中国境内河段的名称。是中国西南地区的大河之一，是世界第七长河，亚洲第三长河，东南亚第一长河。澜沧江的上源扎曲、子曲，均发源于中国青海省唐古拉山北麓，东南流至西藏昌部与右岸支流昂曲汇合后，称澜沧江。澜沧江南流穿行于他念他翁山与宁静山之间，高山深谷，水流湍急且多石滩，为横断山脉狭窄的南北孔道之一。再南流至云南省境内，先后汇集漾濞江、威远江、补远江等支流，于西双版纳傣族自治州的景洪县流出中国

国境，流出中国国境后称湄公河。湄公河南流，成为缅甸、老挝及泰国的界河，经柬埔寨与越南南部注入南海。参丹珠昂奔《藏族大辞典》。

②古鹿石：即古和甸鹿石。齐召南《水道提纲》："澜沧江，即古兰苍水，疑即《禹贡》黑水，番名拉楚河。有二源：一出西藏喀木之匝坐黑冈城西北千余里格尔吉匝噶那山，名匝楚河，即古鹿石山也。"名区：指有名之地，名胜。南朝梁王中《头陀寺碑文》："惟此名区，禅慧攸托。倚据崇岩，临眺通壑。"

③流纡：流水曲折萦绕。朱沧鳌《芝水桥》："荫密修篁复，流纡锦石围。"

金沙兮木鲁乌苏^①，色楮兮俄隆拜图。金沙江，番名色楮河，亦名犁牛河，古丽江也。番名木鲁乌苏，蒙古语也。源出巴萨通拉木山东麓，山形高广，形似犁牛，故名。其西麓水名雅尔嘉藏布河，西流入卡契国者是也。东麓水为金沙江，亦曰不论楮河，亦曰色楮河。东北流与西北源合。其水与巴萨通拉木山之数百里，又东北与南源合。其水处拜图岭，曰拜图河。三源既合水，受阿克达木河，又受托克托乃乌兰木伦河。自此山绵亘而东，绕木鲁乌苏之北，数千里皆称巴延喀喇山。其阴乃黄河重源也。江水北折而东，受波罗河水，又受洞布伦山水。又东，径那木唐隆山、顾儿般波罗吉山，受图虎河水，东南受乌聂河水，又受那木齐图乌兰木伦河水。又东，受库库乌苏河水。又南，径殷得勒图西勒图山及特们乌珠山之西南麓，受古尔般托罗海山水。又南流，受伊克库库色河水。又东南，受巴罕库库色河水。又东南，受尼林哈喇乌苏水。又东，受齐齐尔哈纳库库乌苏水，又受特墨图水。又南，受足兰达租山水。又东南，受杂巴延喀喇山水。此水隔山，东北及雅龙江之源也。又南，受角克池水。又东南，入察木多境，始名布伦楮河也。又东，径仲果庙。又西南折流，至里木山西南，受拉都格巴水。折西南，至巴塘西境。江水至此亦有巴塘河之称也。东南，又受敦楮、马楮、索楮三河水。江水又东南，入云南丽江府西北塔城关，名曰金沙江。今考

《旧志》言金沙江源出俄隆拜图，乃鄂伦巴都尔山也，流数千里至巴塘
琫孜勒，入丽江，历宁番②、凉山，会雅龙江，总汇于四川叙州府③。
大江出夔州府巫峡④，为三江之上游。其巴塘渡口名竹巴笼⑤，乃通西
藏之大道也。

①木鲁乌苏：即木鲁乌苏河，蒙古语，意为"江水"，乃长江南
源，在青海省西南部，发源于唐古拉山北麓，东流到得列楚拉勃登和楚
玛尔河汇合后称通天河。主要支流有沱沱河、木曲、当曲、木哥曲、北
麓河、科欠曲等。曾称穆鲁乌苏河。参牛汝辰《中国水名词典》。

②宁番：今四川冕宁县。明洪武二十六年，改苏州卫置，属四川行
都司，治所在宁番城。清雍正六年，改为冕宁县。明曹学佺《蜀中广
记·宁番卫》："环而居者皆西番种，故曰宁番。"参史为乐《中国历史
地名大辞典》。

③叙州府：明洪武六年改叙州路置，治所在宜宾县，属四川行中书
省。清辖境相当今四川大凉山及雷波以东，富顺以南，隆昌、兴文以西
地区。参史为乐《中国历史地名大辞典》。

④夔州府：明洪武四年改夔州路置，治奉节县，辖境相当今四川万
源、达县，重庆梁平等市、县以东地区，明清属四川省。清时辖境缩
小，仅有今重庆开县、万县以东地区。参郑天挺《中国历史大辞典》。

⑤竹巴笼：即今四川巴塘县西南竹巴龙乡，金沙江重要津渡，为
川、滇、藏三地接合部。东邻亚日贡乡，北接竹巴龙乡水磨沟村，南靠
苏哇龙乡归哇村，西与西藏芒康县朱巴龙乡隔金沙江相望。参史为乐
《中国历史地名大辞典》。

雅龙之三渡兮①，中渡界乎川炉②；叙府之大江兮③，宁番入
于马湖。《旧志》载雅龙江在里塘，源出青海之酿蹉地方，流入霍尔咱
地方，用牛皮船渡，通林聪安抚司。至甘孜，用木船渡，通德尔格部
落，直达察木多。至上、中、下闸坝，亦用皮船渡，通里塘，通会盐营

之木里土司及云南中甸地。今考：金沙江，《汉书·地理志》之绳水
也，雅龙江则弱水也。源出巴延喀喇山，其山在里塘西北，杂佛洛巴延
喀喇山之东南，有东西二源④：一曰杂楮河，一曰齐齐尔哈河那河。又
东南受巴延图呼木达巴罕山水。又受玛木齐齐尔哈那河水。又南受协楮
河水。又折西南。又西南受鄂楚尔古河水。折西，又受噶义格拉岭水。
又西南，济渡曰伊尔玛珠苏木渡，即中渡也，在打箭炉西界二百余里。
通里塘、巴塘、察木多大道自此而南。江东为四川境，江西为西番
境也。

①雅龙：藏语"札曲"，意为"石缝之河"；又称"尼日曲"，意为
"多鱼之水"；即雅龙江，亦作"雅砻江"。位于青海省南部、四川省西
部，为金沙江支流。源于青海省巴颜喀拉山南麓。在石渠县西北入四
川，经石渠、甘孜、新龙、理塘、雅江、康定、九龙、木里等市县，在
攀枝花三堆子入金沙江。参丹珠昂奔《藏族大辞典》。三渡：指雅砻江
上、中、下三个渡口。

②中渡：在今四川雅江县，清末赵尔丰曾在此修建铁桥。川炉：即
四川打箭炉。

③叙府：即叙州府。

④东西：八旗本作"西南"。

若夫喇里险滑①，喇里大山在大寺西②，上下五十里，极险滑，
积雪四时不消。北接玉树③，乃通青海要道。濯拉峥嵘④。瓦子山，番
人呼为濯拉山，层层石片，状如瓦，故名。上下五十里，积雪崎岖。距
江塘二日程。

①喇里：即喇里大山，亦作"拉里""拉哩"，在今西藏嘉黎县西
北嘉黎。清乾隆《西域同文志·拉里》："西番语，神山也。地有大山，
故名"。康熙末设台站。宣统二年，改置嘉黎县。参史为乐《中国历史

地名大辞典》。

②大寺：即拉里寺。

③玉树：地名，藏语音译，意为"遗址"，即今青海省玉树藏族自治州。据传，玉树的第一代头人垦布那钦建立部落之地是格萨尔王妃珠牡的诞生地，故而得族名和地名。玉树一带隋朝前后为苏毗和多弥二部落领地，唐为吐蕃孙波如，宋为黎州属部囊谦小邦管辖，后为囊谦千户属下一百户领属。参丹珠昂奔《藏族大辞典》。

④濯拉：山名，亦作"瓦子山""瓦子雪山"，亦作"错拉""宁多错拉"，即今楚拉山，在今西藏嘉黎县境。和瑛《卫藏通志·山川》："瓦子山，番人呼为濯拉山，层层顽石，状如片瓦，故名。上下约五十里，多积雪，崎岖难行，离江达二日。"峥嵘：形容山的高峻突兀或建筑物的高大耸立。明袁可立《甲子仲夏登署中楼观海市》："浮屠相对峙，峥嵘信鬼工。"

鲁工雪顶①，多洞塘率水浒而上②，大山雪凌险滑③，长百余里，东与沙贡拉相连④，去拉里一日。丹达冰城。本名沙贡拉。由边坝至丹达塘六十里，上丹达山，颇侧难行，俯临雪窖，西望峭壁摩空，门通一线，乃冰雪堆成也。行人蜿蜒而上，过阎王塔⑤，凛冽刺肌夺目，无风乃可过也。丹达塘有丹达神庙，相传云南某参军于康熙年间押解军饷至此，没于雪窖中，屡着灵异，土人祀焉。过此山者须虔诚礼祷，乃得平稳云。

①鲁工：山名，即今鲁贡拉，亦作"鲁公拉""鲁共拉""鲁贡喇""努布冈拉""努康拉""鲁卜公拉岭""努卜工拉岭"，在今西藏嘉黎县东鲁贡拉。

②率：沿着、顺着。水浒：水边。《诗·绵》："率西水浒，至于岐下。"毛传："浒，水厓也。"

③雪凌：江浙方言，即冰锥子。

④沙贡拉：山名，即今夏贡拉，亦作"丹达山""斜贡拉""霞公拉""沙工喇山""沙尔冈拉""虾工拉""单达山"，在今西藏边坝县境。

⑤塌：指长条形的低平地。

朔马风烈[①]，巴里郎进沟三十里，上赛瓦合山。《通志》作"朔马拉山"。边风猎猎，乱山皆童[②]。二十五里至索马郎寨，又四十五里至拉孜。多溜沙，足却难行。铁凹霄撑[③]。洛隆宗慢坡上山，陡险。九十里过铁凹大山，二十里至曲齿，又名紫驼。

①朔马：清和瑛《卫藏通志·山川》："朔马拉山，一名赛瓦合山，在硕板多西，边风猎猎，乱山皆童，逾二十余里，至索马郎。"清和瑛《卫藏通志·程站》："巴里郎进沟三十里，上赛瓦合山，《通志》作：'朔马拉山，边风猎猎，乱山皆童，二十五里至索马郎。'又四十五里至拉子，沿山绕河而行，地多溜沙，足却不前。其地有塘铺，头人给役，柴草价昂，盖山兀地荒，至此不易耳。"

②童：山无草木。

③铁凹：即得嘎拉山。清和瑛《卫藏通志·山川》："得嘎拉山，在洛隆宗西，山路陡峭，九十里，过铁凹塘，交硕板多界。"

鼻奔足窘[①]，嘉裕桥西南行[②]，上得贡拉山[③]，山势陡峻，上下约二十五里。过桥至鼻奔山根。瓦合魂惊[④]。恩达寨西二十里过恩达塘，二十里过喇贡山，二十里至牛粪沟，过瓦合山，高峻百折，上有海子，雪瘴迷离。设望竿堆三百六十五，合周天度数，至大雪时借以向导。过此，戒勿出声，违则雪雹立至。山中鸟兽不栖止，四时严寒。上下百九十里无炊烟草木。过肮膊岭[⑤]，至瓦合塘。下山又二十里，至瓦合寨，有类伍齐番目供役。

①鼻奔：清和瑛《卫藏通志·程站》："嘉峪桥西南行，上的贡拉山，山势陡峭，上下二十五里，佶屈如蛇行，有松林，路悉险窄，多溜沙地。五里过桥，至鼻奔山根。五十里，至洛隆宗。"

②嘉裕桥：怒江大桥名，在今西藏洛隆县境，亦作"玉桥""晓叶桑巴"等，为川藏间重要通道之一。

③得贡拉山：清和瑛《卫藏通志·山川》："得贡拉山，在洛隆宗东，山势陡峭，上下约三十里，地土饶美，至嘉峪桥。"

④瓦合：即瓦合山，在今西藏洛隆县境北、类乌齐县境西南。

⑤肬膊岭：即胳膊岭。

乍丫雨撒①，雪瘴交并②；洛隆宗沿沟而上，傍山狭侧，多偏桥。四十里至俄伦多，又四十里至乍丫庙，石径梗塞，过大雪山，甚陡险，积雪如银。烟岚瘴气，中人往往作病。阿足石板③，夹坝狰狞④。石板沟过雪山二座，八十里至阿足。其地多劫道，番名夹坝也。

①乍丫：地名，藏语意为"岩窝"，亦作"察雅""乍雅"等，即今西藏察雅县。相传藏传佛教格鲁派高僧嘎曲·扎巴江措在克贡村附近山头的悬岩下修行，后人就把他修行的地方叫作"察雅"。位于西藏自治区东部、昌都市南部，北连昌都市卡若区，东邻贡觉县，南与芒康县、左贡县接壤，西与八宿县毗邻。雨撒：即雨撒塘。

②并：榕园本作"井"。

③阿足石板：清和瑛《卫藏通志·程站》："石板沟至阿足塘宿，计程八十里。石板沟西南行，过大雪山两座，寒辉腾耀，射目迷离，上下无可驻足，行人裹粮而至。阿足塘乍丫属，满性狡猾。"

④狰狞：指状貌凶恶可怕。明李东阳《题画鹰送罗缉熙》："大鹰狰狞爪抉石，侧目空岩睨秋碧。"

黎树江卡①，恶站吞声②；江卡西四十里至渌河，又十里上大雪山，又七十里至黎树沟。番民犷悍，沟通夹坝。古树莽里[3]，毒阱岩坑。莽里过新龙山，春夏积雪不消。八十里至南墩，又四十里至古树，云雾四垂，亦多瘴疠。四十里至普拉宿。

①黎树、江卡：皆驿站名，沿途皆险。清和瑛《卫藏通志·程站》："江卡行四十里，至渌河。十里，至山根，上大雪山，终年积雪，盛夏亦凉飙刺骨。复越小山，上下七十里。自黎树至王卡，称为恶八站。"

②吞声：指因害怕而不敢出声。唐刘禹锡《谢门下武相公启》："吞声咋舌，显白无路。"

③古树、莽里：皆驿站名。清和瑛《卫藏通志·程站》："莽里过龙新山，春冬多积雪，三十里过邦木，有碉房、柴草，有塘铺。中有宁静山，勒有与西藏分界碣石。南行至经大山，五十里至南墩，有汉人寺……过山，四十里至古树。"

大朔鬼哭，三坝山鸣[1]。大朔山，即古度朔山[2]，其地多鬼。进沟三十里，上大雪山，巅峭异常，冷瘴弥漫。踉跄而下[3]，至璨擦木。又立登三坝，乱石如林，风雪博空，瑟瑟有声，不闻鸟雀。五十里至松林口，则万树参天，千崖蔽日。又五十里至大朔塘。

①大朔、三坝：清林儁《由藏归程记》："傍晚始至古树塘，建有行馆，门列老树。次日至南墩，路通滇省，卖有普茶等物。晚住莽里，过空子顶，绿树成荫，野梅成熟，从人摘食，味甚酸，亦可望而止渴也。历竹巴陇，次公拉牛谷渡，上坡过茶树顶，入巴塘，居然内地风景。寓舍前有柳树一株，偃曲歌检势极奇古，殆百年物。遂由奔搓木上大锁塘，次松林口，低三物塘。行至雪山，约八九十里，气候凝寒。又自二郎湾历喇嘛亚，山形峭削，色杂青黄，壁立如屏。松杉万株，层层选翠，干诸山另具一格。由喇嘛哑行，正当刈割之际，寨落毗连，内有

八角战碉一座。二十里至喇嘛尔塘。一路空山荒寂，树木俱无。又数十里，至滥泥塘。登山，气候极冷。山头有干海子一处，人语马嘶，风雹立至，半晌方停，亦属怪事。又行三十里，至黄上冈，地颇平旷，各山竟似碎瓦乱砖堆积而成。计程百里，抵公撒塘。天气严寒，围炉而坐。至裹塘行馆小住，往喇嘛寺瞻玩。寺倚层峦，梵宇琳宫，高下层选，僧徒三千六百众，为大丛林。"

②山：榕园本作"内"。

③踉跄：指走路不稳，亦作"踉蹡"。唐韩愈《赠张籍》："君来好呼出，踉跄越门限。"

阿拉柏桑①，银海迷盲。里塘西南行三十里，过大桥，上阿拉柏桑山，雪日射目，须用青丝罩眼。二十里至厄凹奔松。折多提茹②，药气如酲③。打箭炉出南门十里，至贡竹卡。四十里，至折多山麓。药瘴逼人，气候殊常，令人喘哽。五十里至提茹山，大黄熏塞尤甚④，过此山顶，回首望，成云海。下山，坡水尽西流。

①阿拉柏桑：清和瑛《卫藏通志·程站》："里塘西南行三十里，过大木桥，上阿喇柏桑，峻岭层岩，日色与雪光交灿。二十里，至头塘，即贡撒塘，番名额凹奔松。"

②折多：即折多山，位于四川省甘孜州东部，康定县西北部，历为康定通西藏要道。关内、关外也以此为界山，折多山以东为"关内"，以西则为"关外"。藏语名"折拉卡"，意岩石山峰，属大雪山中段。北起道孚县东南，南至康定县西北。东坡为高山，山极高；西坡为立状高原，顶部开阔平缓。折多山为大渡河与雅砻江水系的分水岭之一。清代设塘房于此，名折多塘。参丹珠昂奔《藏族大辞典》。

③酲：本意指酒醉，此处指大黄气味使人昏沉。《文选·南都赋》："其甘不爽，醉而不酲。"

④大黄：一种蓼科多年生草本植物，气味特殊，根茎可入药。

飞越穿云①，筇笮悬霙②。飞越岭，雅州府属③。唐置飞越县，旋废。山势陡峭，懒云下垂，内地第一险阻也。筇笮山，名相公岭，诸葛武侯屯军于此，故名。山顶冰澌木介如兜罗锦④，冬夏不消，极称险滑也。〇以上自成都至藏，奇险怪俗，不能殚述也⑤。

①飞越：山名，即飞越岭。在今四川汉源县境西北，为与泸定县界山，亦为汉源至打箭炉必经之地。《元和志》："在县西北一百里。山西、北两面并接羌戎界，仪凤二年置飞越县，天宝初废。"

②筇笮：即今四川汉源县北与荥经县分界之大相岭，系大渡河与青衣江分水岭。霙：雪花。《埤雅》："雪寒甚则为粒，浅则成华，华谓之霙。"

③雅州府：清雍正七年升雅州置，治雅安县，属四川省。辖境相当今四川甘孜藏族自治州、雅安地区和西藏宁静山以东地。光绪三十年，升打箭炉厅为直隶厅，辖境缩小，仅有今四川雅安地区及泸定县部分地区。参郑天挺《中国历史大辞典》。

④冰澌：冰凌。宋苏辙《游城西集庆园》诗："冰澌片断水光浮，柳线和柔风力软。"木介：即木冰。因木冰如树枝披介胄然，故有此称。《汉书·五行志》："今之长老名木冰为木介。介者，甲。甲，兵象也。"兜罗锦：古锦名。明曹昭《格古论要》："兜罗锦出南蕃、西蕃云南，莎罗树子内锦织者，与剪绒相似，阔五、六尺，多作被，亦可作衣服。"

⑤殚：本用尽、竭尽之意，文中指全部。唐柳宗元《捕蛇者说》："殚其地之出，竭其庐之入。"

此皆赴三藏之要路①，骇孤旅之前旌②。一自鱼凫通鹿马③，万重山里万重程也。

①要路：指重要的道路、主要的道路。唐李延寿《北史·李崇传》："崇乃村置一楼，楼悬一鼓，盗发之处，双槌乱击，四面诸村，闻鼓皆守要路。"

②孤旅：孤立无援的军队。南朝梁萧子显《南齐书·高帝纪赞》："庸发西疆，功兴北翰。偏师独克，孤旅霆断。"前旌：指前军、前线。唐刘长卿《行营酬吕侍御时尚书问罪襄阳军次汉东境上侍御以州邻寇贼复有水火迫于征税诗以见喻》："不敢淮南卧，来趋汉将营。受辞瞻左钺，扶疾往前旌。"

③鱼凫：传说中古蜀国帝王名。汉扬雄《蜀王本纪》："蜀王之先，名蚕丛、伯灌、鱼凫、蒲泽、开明。"

时嘉庆二年岁次丁巳五月卫藏使者太庵和宁著

后　记

　　2009 年，在朱玉麒教授还未调离新疆之前，我们新疆师范大学西域文史研究中心一众青年教师即在他的带领下开始了对西域文献与文学的整理与研究。还记得，当初分配任务时分给我的是"和瑛及其西域著述"，当时我对与和瑛相关的知识一头雾水，更不用谈其西域著述了，所以最初对和瑛及其作品是有很大抵触情绪的。

　　后来，随着对和瑛的持续关注，我渐渐地对其产生了浓厚的兴趣，逐渐发现，和瑛虽然是蒙古人，但从小即接受汉文化教育，具有较高的汉文化修养，著述颇丰，有《读易汇参》《经史汇参》《古镜约编》《和瑛丛残》《杜律精华》等数十种之多，于经义探究颇深。同时，和瑛为官驻藏八年，在疆七年，具有疆臣与文人的双重身份。因此他虽生当于乾嘉之际，但又不同于乾嘉学派大多学者那样只注重传世文献的考订，而是留意现实、关注民生、关心边防、思考边疆经营等关系国计民生的大事。因此，和瑛最具价值的著述与思想，不是那些经义之作，而是那些体现其执行清政府管理西域边疆理念的著述：《回疆通志》《三州辑略》以及《西藏赋》《易简斋诗钞》。和瑛这些西域著述，是清代西北舆地学的重要组成，即使其诗集《易简斋诗钞》，也被符葆森誉为："诗述诸边风土，可补舆图之阙。"可以说，和瑛比林则徐、魏源更早地将顾炎武"经世致用"学术思想应用于边疆的管理思想之中，体现于学术研究与文学创作之中。因此，其西域著述极具价值。

和瑛西域著述的研究，既具有文献学、边疆史地学、西域文学的重大学术价值，同时也具有现实意义。利用和瑛西域著述还原清代中期西藏的立体场景，既是保证历史以事实说话的重要基础，也是新的学术观念对于历史阐释提出的新要求。西藏作为我国边境线最长而接邻国家最多的省区，在与内地共同发展的同时，国际交往、民族事务、宗教应对的复杂社会问题也最为集中，这在近三百年来可谓一以贯之。清代治理西藏的经验教训，能为今天的边疆治理提供借鉴。

当前，美国汉学界有所谓"新清史学派"，完全否认汉文化因素在清代多民族帝国建构中，特别是在统一和经营西域/新疆中的作用。蒙古族文人和瑛其人其文以及《西藏赋》中所蕴含的治边理念，将是对这种观点荒谬性的有力揭示。

也正是在这种认识的基础之上，2010 年，我承担立项并主持完成了国家社科基金项目《从〈回疆通志〉看清代中期中央政府对天山南路的管理与认识》，在此基础上完成并发表了一系列有关和瑛及其西域著述的论文。同时，我也开始对和瑛西域著述进行整理，完成了《〈回疆通志〉整理》《〈易简斋诗抄〉校注》的整理工作并即将出版，随后在这些成果的基础之上完成了我的博士论文《和瑛西域著述考论》的写作。在完成这一系列工作的同时，自 2009 年起，我也没有放弃对和瑛《西藏赋》的资料收集、整理与研究，始终没有间断《西藏赋》的笺证工作。

本书的完成历时近八年，在此期间我尽可能地参考了学界的研究成果，对于相关学者的工作，我表示衷心感激，虽限于篇幅、体例不能在笺证中一一致谢，但西藏民族大学池万兴、严寅春两位先生的《〈西藏赋〉校注》（济南：齐鲁书社，2013 年）对本书资料之完善、注文之更定等事善莫大焉，因此，对他们特别致谢。

此外，本书在写作过程中还得到了新疆师范大学崃睿教授、周珊教授，新加坡儒学会林丽清博士、新疆维吾尔自治区档案局（馆）宁燕女史以及《新疆大学学报》编辑部黄伟华先生的特别帮助，尤其是崃睿与周珊两位教授多年来的支持以及在我陷入困境时竭尽所能地施以援手，令我非常感动。人民日报出版社张炜煜、马苏娜编辑认真负责的工作，也使本书的笺证避免了诸多错误。在此，对他们深表谢意。

　　本书的出版，是我一个阶段的学习小结，但学无止境，我将在此基础上继续努力，不懈探索。唯本人学识有限，本书肯定仍有诸多疏漏、不妥之处，恳请专家同人批评指正。

孙文杰
2016 年 10 月 11 日